公務員のための

伝わる
情報発信術

東京都杉並区広報専門監
コミュニケーション・デザイナー

谷 浩明［著］

JN021688

学陽書房

はじめに

「伝えているのに、伝わらない」
「伝えたい相手に、届かない」
「伝えても相手に、響かない」

　本書は、こんな悩みを持つ公務員の皆さんに向けて、タイトルどおり"伝わる"情報発信のノウハウをお伝えします。

　自治体では日々、いろいろな部署が、いろいろなツールを使って、情報発信を行っています。
　広報紙を作る広報課はもちろん、その他の事業課も、チラシやポスター、ホームページ、SNS等を使って、住民に情報発信をすることが今や必要不可欠です。
　その内容は、まちの魅力や各種イベントの案内から、防災や環境等について啓発する情報まで、多岐にわたります。

　それらに共通する目的は、住民の「行動変容」を起こすこと。
　簡単にいえば、**住民に行動を促すこと、住民の行動を変えること**です。

　私はこれまで、東京都杉並区広報専門監として、杉並区の広報全般（広報紙、動画、SNS、チラシ・ポスターのデザイン相談、広報研修等）をサポートしてきました。また、その他の自治体やNPO等でも、研修等を通じて"伝わる"情報発信のサポートをしています。

　本書では、これらの経験をもとに、住民に"伝わる"情報発信のノウハウと、住民の行動を変えるコツをわかりやすく解説します。

"伝わる"情報発信に必要なことは、たった2つだけです。

1つ目は、住民のことをよく知ること。

一口に住民といっても、年齢・職業・悩み・願望・趣味・嗜好等、さまざまです。大切なのは、伝えたい情報を届けるために、届けたいターゲットを具体的に想い描くこと。また、実際にインタビューやアンケートを行うことも重要です。

その上で、

「こんなタイトルなら、興味を持ってくれるかな」

「この日程だときっと忙しいから、参加しやすい日程を考えてみよう」

「わかりやすくイメージできるように、イラストを入れてみよう」

「この時期に伝えれば、危機感を持ってくれるかな」

など、深く想像して、住民に行動を促すことができる情報発信の方法を考えるのです。

2つ目は、複数のツールを掛け合わせること。

どんなに見た目のよいチラシを作っても、公共施設のラックに置いただけでは、住民の行動変容にはつながりません。

広報紙、ホームページ、SNS、チラシ・ポスター等、それらのツールを理解し、効果的に組み合わせて情報発信を行うことが大切です。

この2つを意識して、情報発信を工夫すれば、住民に情報が"伝わる"確率はグッと上がります。

本書が、皆さんの"伝わる"情報発信を実現するヒントになることを心から願っています。

谷　浩明

目次

CHAPTER 3

"住民に届く"情報発信の進め方

CHAPTER **4**

"魅せる"デザインの考え方

CHAPTER 5

"刺さる"言葉の作り方

実例に見る "伝わる"情報発信

"伝わる"情報発信を実現するには、チラシ、ポスター、広報紙、ホームページ、SNS など、複数のツールを効果的に組み合わせて行うことが大切です。ここでは、"伝わる"情報発信の実例とポイントを紹介します。

東京都 文京区

チラシ × ハガキ × ポスター

子育てメルマガ周知の情報発信

情報発信の概要

　子育てメールマガジンの登録者数が減少（平成28年度：2,593件→平成29年度：2,479件）。チラシによる周知には努めていたものの、効果はいま一つで、メルマガの存在や内容を知らず、利用していない住民が多数いました。また、登録者の満足度は高い一方で、子育てに必要な情報がわからないために孤独を感じ、出産や子育ての不安・ストレスの増加や虐待のリスクが高まることが懸念されていました。

　そこで、文京区では、子育て世代の住民に向けて、チラシをリニューアル（次頁参照）。このチラシをもとに、ハガキとポスターも作成し、情報発信を行いました。

ターゲット 誰に伝えたいのか

■ 子育て中の保護者・妊娠中の方とそのパートナー
■ 保護者の祖父母

目的 なぜ伝えたいのか

■ メルマガを通じて不安やストレスを軽減してもらうため
■ 孤独な子育てが招く乳幼児虐待を防ぐため

内容 何を伝えたいのか

■ 専門家監修のアドバイスや区の子育て支援の情報が届くこと
■ 登録が無料であること

行動変容 どんな行動をしてほしいか

■ 出産・子育て情報を取得・活用してもらい、子育てに対する不安軽減に役立てほしい
■ 成果目標…利用者の満足度（98％以上）、登録者数（産前20％／産後40％）アップ

チラシの実例と情報発信のポイント

表

みんなが見守る、文京区の子育て応援メールマガジン

先輩パパ・ママが
登録して本当に良かった！

満足度※

98.2%

※平成29年度読者アンケートより

妊婦の方や乳幼児の保護者の方が、安心して出産や子育てができるように、
おなかの赤ちゃんの様子や産後のお子さんの成長・発達、区の子育てサービスなどの
タイムリーな情報を、メールマガジン形式でお届けします。

もちろん無料　子育て応援メールマガジン **登録のメリット**　保育施設やお出かけ情報も **盛りだくさん**　医師の確かな情報で **安心子育て**　ママの産後ケア・赤ちゃんケアを **サポート**

メールの登録方法　下記のアドレス宛に空メールを送信すると、登録手続きの案内メールが届きます。

妊婦さんとご家族　**産前メール** の登録アドレス
bunkyo@reg.kizunamail.com

内容
●おなかの赤ちゃんの様子
（赤ちゃんの大きさや身体の発達の様子）
●ママのからだのこと
（食事、生活のアドバイス）

毎日お届け！

0～2歳のパパ・ママとご家族　**産後メール** の登録アドレス
bunkyo_kosodate@reg.kizunamail.com

内容
●お子さんの成長の様子
（身長や体重、歩行、言葉の発達など）
●子育てアドバイス
（予防接種、ホームケア、授乳や離乳食、事故予防など）

定期的に配信！

※なお、登録の際は「重要事項の説明」をよくお読みの上、同意した上でご登録願います。メールマガジンの内容は、あくまで妊娠・出産・育児に関する一般的な情報、医学情報に基づくものであって、すべての方にあてはまるものでないことを予めご了承ください。
また、メールマガジンの登録は無料ですが、接続料、通信料は登録者のご負担となります。

1 チラシはラックに入れると上部しか見えなくなってしまうため、ラックに入れても見える上部に概要が伝わるサブタイトルとしてレイアウトする。

2 サービスの満足度を数字で全面に出し、事実を伝える。出所も忘れずに。

3 ターゲットにとってのメルマガ登録の「メリット」を入れる。

4 「妊婦さんとご家族」「0～2歳のパパ・ママとご家族」に分けてサービス内容をしっかりと記載し、登録のための情報をQRコードで誘導する。

情報発信の成果

　児童館や保育園、幼稚園、図書館等の公共施設でのチラシ配布、ポスター掲示に加え、「子育てフェスティバル」といった区のイベントではブースを出展。チラシは、イベントでも多くの方に手に取ってもらえるようになりました。

　また、社会福祉協議会や医師会、民生委員・児童委員等にも周知の協力を依頼したほか、区の公式SNS（Facebook・Twitter）でも子育てメルマガ周知のために情報を発信しています。

　さらに、令和2年4月には、新型コロナウイルス感染症による緊急事態宣言下に、子育て世帯への呼びかけのためのハガキをチラシと同じデザインで作成・送付。300件を超える登録があり、令和2年4月末時点で登録者数は3,051件に。また、利用者満足度も98.2％（平成29年度）から、99％（平成30年度）に上がっています。

担当者の声

子育て支援課

- -

　チラシはこれまでも作っていましたが、他事業のチラシと混在してしまい、見逃されてしまいがちでした。今回チラシをリニューアルしたことで、パッと目を引くデザインになり、伝えたいことが目に入りやすくなったためか、登録者が増加しました。可愛らしいデザインで、窓口等で目にしてくださる機会も増えた気がします。今後もこのチラシを活用し、事業の良さを周知できたらと思います。

担当部署：子育て支援課／協力団体：NPO法人きずなメール・プロジェクト
制作：合同会社MACARON（谷浩明）

チラシの実例と情報発信のポイント

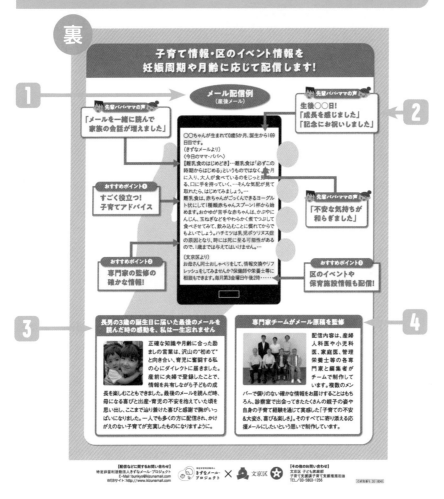

裏

子育て情報・区のイベント情報を
妊娠周期や月齢に応じて配信します！

メール配信例
（産後メール）

先輩パパ・ママの声
「メールを一緒に読んで
家族の会話が増えました」

先輩パパ・ママの声
生後〇〇日！
「成長を感じました」
「記念にお祝いしました」

○○ちゃんが生まれて0歳5か月、誕生から169日目です。
（きずなメールより）
〈今日のママ・パパへ〉
【離乳食のはじめどき】…離乳食は「必ずこの時期からはじめる」というものではなく、生後5か月に入り、大人が食べているものをじっと見る、口に手を持っていく、…そんな気配が見て取れたら、はじめましょう。…
離乳食は、赤ちゃんがごっくんできるヨーグルト状にして1種類赤ちゃんスプーン1杯から始めます。おかゆが苦手な赤ちゃんには、かぶやにんじん、玉ねぎなどをやわらかく煮てつぶして食べさせてみて、飲み込むことに慣れてからでもよいでしょう。ハチミツは乳児ボツリヌス症の原因となり、時には死に至る可能性があるので、1歳までは与えてはいけません。…
（文京区より）
お母さん同士おしゃべりをして、情報交換やリフレッシュをしてみませんか？保健師や栄養士等に相談もできます。毎月第3金曜日午後2時…

おすすめポイント❶
すごく役立つ！
子育てアドバイス

先輩パパ・ママの声
「不安な気持ちが
和らぎました」

おすすめポイント❷
専門家の監修の
確かな情報！

おすすめポイント❸
区のイベントや
保育施設情報も配信！

長男の3歳の誕生日に届いた最後のメールを読んだ時の感動を、私は一生忘れられません

正確な知識や月齢に合った励ましの言葉は、沢山の"初めて"と向き合い、育児に奮闘する私の心にダイレクトに届きました。産前に夫婦で登録したことで、情報を共有しながら子どもの成長を楽しむこともできました。最後のメールを読んだ時、母になる喜びと出産・育児の不安を抱えていた頃を思い出し、ここまで辿り着けた喜びと感謝で胸がいっぱいになりました。一人でも多くの方に配信され、かけがえのない子育てが充実したものになりますように。

専門家チームがメール原稿を監修

配信内容は、産婦人科医や小児科医、家庭医、管理栄養士等の各専門家と編集者がチームで制作しています。複数のメンバーで偏りのない確かな情報をお届けすることはもちろん、診療室で出会ってきたたくさんの親子の姿や自身の子育て経験を通じて実感した「子育ての不安&大変さ、喜び&楽しさ」。そのすべてに寄り添える応援メールにしたいという思いで制作しています。

【配信などに関するお問い合わせ】
特定非営利活動法人きずなメール・プロジェクト
E-Mail：bunkyo@kizunamail.com
WEBサイト：http://www.kizunamail.com

きずなメール・プロジェクト × 文京区

【その他のお問い合わせ】
文京区 子ども家庭部
子育て支援課子育て支援推進担当
TEL／03-5803-1256

1. スマホのイラストを入れて実際にメールが届いたときのイメージを伝える。

2. 「先輩パパ・ママの声」や「おすすめポイント」を具体的に掲載。

3. 実際の利用者からの具体的なコメントを掲載し、伝えたい人の共感を得る。

4. 専門家チームが関わっていることを掲載し、信頼性をアピールする。

改元記念の撮影スポット設置の情報発信

情報発信の概要

令和への改元日（5月1日）は、10連休の真ん中で、めでたいことに「大安」。婚姻届を出す予定の住民から、改元日の区役所の対応についての問い合わせが多数寄せられました。

「ミレニアム婚」と呼ばれた2000年1月1日にも多くの住民が訪れたことから、杉並区では10連休中の5月1日・6日の2日間に限り、臨時窓口を開設することを2月後半に決定。

その上で、「10連休中でも開庁すること」「一緒にお祝いができる撮影スポットを設置すること」について、マスメディアに情報提供し、報道として取り上げてもらえるよう働きかけました（パブリシティ・次頁上）。その結果、スポーツ報知（次頁下）をはじめとする新聞、テレビ、インターネットメディア等に大きく取り上げてもらうことできました。

ターゲット 誰に伝えたいのか	目的 なぜ伝えたいのか
■改元日に婚姻届を出したい人 ■改元日に出生届を出したい人 ■改元記念に撮影したい区内外の人	■めでたい改元日に区役所で楽しい思い出を作り、杉並区への愛着をより深めてもらうため

内容 何を伝えたいのか	行動変容 どんな行動をしてほしいか
■10連休も区役所を開庁すること ■おめでたい改元日に撮影スポットを設置すること	■設定した多くのターゲットに訪れてもらい、撮影スポットを利用してほしい

パブリシティ資料・新聞紙面と情報発信のポイント

改元撮影スポットイメージ図

マスメディアに配布した撮影スポットのイメージ図

情報提供の翌日、「スポーツ報知」に掲載

1 設置予定の撮影スポットイメージ図を配布。具体的なイメージをマスメディアに提供することで、翌日には新聞やネットニュースに取り上げられた。

2 他自治体に先駆けて「10連休中の開庁」を判断し、いち早く情報提供したことが、マスメディアの改元関連のニュース需要と合致。

情報発信の成果

　杉並区区政相談課及び広報課では、「改元」という国民の関心が高いイベントは、必ずマスメディアからも注目されると考えていました。

　自治体として最も大切なのは、「改元の対応」について、区の取組みをスピード感を持って判断・準備し、発信すること。そこで、臨時窓口を開設することを改元日の約1か月前の4月2日に発表。同時に改元記念の撮影スポットの設置についてマスメディアに情報提供しました。

　その結果、改元当日までの間、新聞・インターネットメディアはもちろん、NHKによるテレビの生中継など、多数のマスメディアが報道。

　改元当日は長蛇の列ができるほど多くの人が訪れ、364件の婚姻届、21件の出生届が提出されました。多くの方々が提出と共に撮影スポットで撮影（撮影者368組、うち撮影のみは53組）をしており、全部で1,000人以上の方が区役所を訪れる盛況ぶりでした。

担当者の声

広報課

- -

機運の高まりを捉え、伝わりやすいイメージをイラスト等で情報提供することで、メディアでの露出が増え、結果的により多くの区民に喜んでいただける機会を作ることができました。テレビや新聞を通して、我がまちの役所が他の自治体に先駆けた取組みをしていることが伝われば、役所への信頼感や地域への愛郷心向上にもつながります。これからもしっかりと情報のアンテナとイメージを持って広報活動に取り組みたいと思います。

担当部署：区政相談課・広報課

31.4.22
杉並区広報課

改元に伴う撮影スポットを設置します

杉並区役所では、婚姻届等の届出が集中すると見込まれる5月1日及び6日は、本庁の区民課窓口を開業いたします。加えて、5月1日は、改元初日の記念撮影ができる「撮影スポット」を1階ロビーに設置し、区民の皆さまとともに祝賀ムードを盛り上げていきます。

撮影スポットで"お祝い役"を担うのは、杉並区の公式キャラクター「なみすけ」と「ナミー」です。なみすけの世界観を表現したバックボードを背に、1m大のなみすけ、ナミーが「令和元年5月1日（水）」と表示したパネルを指し示します。さらに、撮影する区民が自由に利用できる「令和」、「私たち、結婚しました」「杉並区民になりました！！」などのフォトプロップス（演出用小道具）も用意し、婚姻届以外にもどなたでも撮影できるようにしました。

区民課には、すでに5月1日の令和の日に婚姻届を提出しようとする方々から、120件ほどの問い合わせが入っています。2,000年1月1日の「ミレニアム婚」初日にも約200組の婚姻届があったことから、5月1日も同件数の婚姻届を見込んでいます。さらに、大型連休を利用した転出入も見込まれることから、多くの区民が訪れることを予想しています。

■撮影スポットの開設
・場　所　　区役所1階ロビー
・開設日　　令和元年5月1日
・開設時間　午前9時から午後5時まで

【問い合わせ先】
　　総務部区政相談課　TEL　03-3312-2111（内線1121）
　　総務部広報課　　TEL　03-3312-2111（1502）

撮影スポット設置に関するプレスリリース

杉並区広報課 @suginami_koho · 4月22日
杉並区役所区民課窓口は、大型連休中の5月1日と6日に臨時開庁します。（午前9時から午後5時まで）また、1日には改元記念の撮影スポットを設置。なみすけ、ナミーとともに、お待ちしています！
city.suginami.tokyo.jp/news/h3104/104...
#杉並区　#区役所窓口　#令和　#撮影スポット

◯　　⟲ 10　　♡ 28　　✉

撮影スポット設置を伝える Twitter

児童館のイベントの情報発信

情報発信の概要

　従来、児童館が発行してきたおたよりは、情報量が多くて見づらく、まとまりがありませんでした。また、乳幼児親子向けと小学生以上向けの情報が混在していたため、読み手によっては必要のない情報も多く含まれていました。

　そこで、善福寺児童館では、情報をターゲット（乳幼児親子と小学生以上）ごとに分け、初めて見た人にも、記事のタイトルで行事をイメージでき、内容もわかりやすく、児童館に行ってみたいと思ってもらえるおたよりにしたいと考え、構成や内容を見直しました（次頁参照）。

　おたよりは区のホームページにも掲載し、連動して情報発信を行っています。

ターゲット　誰に伝えたいのか

- 乳幼児親子（最近引っ越してきて子どもと一緒にイベントに参加したい人たち）
- 小学生（放課後に児童館で遊びたいと思っている子どもたち）

目的　なぜ伝えたいのか

- 児童館のイベントに参加するきっかけを作るため
- 児童の利用者を増やし、活気のある児童館にするため

内容　何を伝えたいのか

- 児童館で行われるイベントの内容
- 児童館の施設の概要、児童館でできること、児童館の魅力など

行動変容　どんな行動をしてほしいか

- 児童館に興味を持ち、足を運んでほしい
- イベントをきっかけに児童館を知って、日常的に利用してほしい

おたより（乳幼児親子向け）の実例とポイント

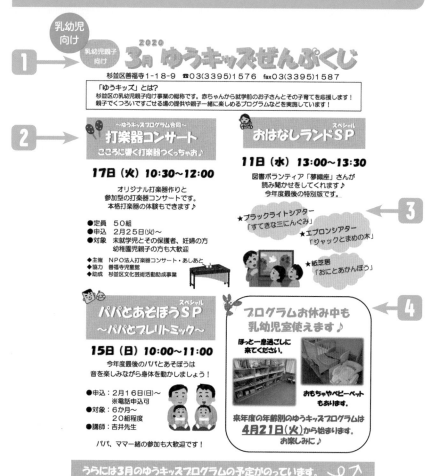

1. タイトルに誰向けの情報か、伝えたい人（読み手）を明記する。

2. 何をやるか、誰にでもわかるイベントタイトルにする。

3. 具体的なイベント内容をわかりやすく記載する。

4. イベント情報と内容が違うので別枠にして伝えたい人（読み手）の注意を引く。

情報発信の成果

　読み手が見やすいように余白を作るように意識した上で、初めておたよりを見る人にも、どんなイベントなのか一目でわかるようにイラストを活用。なおかつわかりやすい見出し（タイトル）をつけています。

　また、児童館として推したいイベントの記事の大きさや配置を目立たせるなどメリハリもつけました。

　さらに、児童館独自のテーマカラー（黄色）を設け、紙面に統一感を持たせています。情報を伝えたい対象（乳幼児親子と小学生以上）に分け、おたよりを2種類作成したことで、それぞれに必要な情報が伝えやすくなっています。

　子どもたちの社会性を育み、可能性を広げるために行われている児童館事業の役割をしっかりと伝え、利用につなげている情報発信の事例といえます。

担当者の声

善福寺児童館

- -

伝えたいことは、ズバリ「児童館って楽しそう！」ということ。「相手に伝えたい情報は何なのか」「相手に伝わりやすい表現ができているか」を意識しています。小学生が読んでもわかるよう、「見やすく、読みやすく」がモットーです。見た人の目に留まるよう、わかりやすいイラストを添え、明るい色使いやキャッチーな言葉選びを大切にしています。

担当部署：善福寺児童館／協力部署：児童青少年課／制作：善福寺児童館

おたより（小学生以上向け）の実例とポイント

3月 2020 ぜんぷくじじどうかん

杉並区善福寺1-18-9 ☎03(3395)1576 fax03(3395)1587

1

～中高生自主企画～
おばけやしき

26(木) 10:00～12:00

じどうかんがこわ～いオバケのいるやしきに
だいへんしん！おふだをあつめてみんなで
ゴールにたどりつけるかな？？
ばしょ　　3階
もうしこみ　3/12（木）～
＊くわしくは児童館にきいてね！

一輪車講習会
（いちりんしゃこうしゅうかい）

27(金) 3:00～4:00
☆のれるようになりたいひと☆

4:00～5:00
☆わざにちょうせんしたいひと☆

成田先生に一輪車ののりかたや
いろいろなわざをおしえてもらおう！
もうしこみ　：2/28（金）～
ていいん　　：それぞれ15人ていど
講師（こうし）：成田 貴子先生（なりた たかこせんせい）

練習会（れんしゅうかい） 24(火)・25(水)・26(木)
4:00～4:30

2

～上級生イベント～
君の調異世界がさらにレベルUPする！（リアル）
ボードゲーム体験会

15(日) 2:00～4:00

すごろくやさんおすすめのカードゲームやボードゲーム
をみんなで体験しよう！！
場所　　善福寺児童館
対象　　小学6年生・中学生・高校生20人
申込み　2/21（金）～
申込方法　善福寺児童館の窓口か、電話で申込んでね。
協力：

～てづくりじかん～
なんちゃって **メロンパン♪**

19(木) 4:00～5:30

簡単でおいしいメロンパンをつくって食べよう！
たいしょう　小学1年生～　20人
もうしこみ　3/1（日）～3/15（日）
ひよう　　　100円

JUMP-JAM（ジャンジャン）

25(水)27(金)31(火)
11:00～11:30

みんなが知っている遊びに
アレンジを加えて、
勝ち負けにこだわらず
たのしくあそぼう！

～わくわくたのしい～
ざりはるシアター

25(水)31(火)1:30～

児童館（じどうかん）で映画（えいが）がみられるよ！
内容はお楽しみに♪

～みんなで祝おう～
**1年生おめでとう週間
スタッフ募集！**

あたらしく児童館にやってくる
1年生に得意なことを
ひろうしてお祝いしよう！
もうしこみ　3/1（日）～
くわしくはじどうかんできいてね

4 うらにも3月（がつ）の予定（よてい）がのってるよ♪ チェックしてみよう！

---

1 メインのイベントの情報を大きく、目立つように、具体的に掲載することで
おたよりの紙面にメリハリが出て見やすくなる。

2 タイトルは初めて見た人でも内容が理解できる言葉を選び、組み合わせる。

3 イベントを枠で囲み、パズルのように組み合わせて情報を整理する。

4 裏面も見てもらうための仕掛けを施す。

消防団の活動認知の情報発信

情報発信の概要

　身近に起こりうる火災や地震・台風等の被害を最小限に食い止めるために活動している消防団。しかし、年々団員数が減り、団員の高齢化も進んでいます。

　市民からも「何をやっているのか、わからない」「行事が多くて大変そう」など、マイナスのイメージを持たれている懸念がありました。

　そこで、龍ケ崎市消防団では、活動内容、やりがい等を知ってもらい、少しでも消防団に興味を持ってくれる人や入団希望者を増やすことで、災害に強く、安心して暮らすことのできる龍ケ崎市を目指し、情報発信を行いました。

　全世帯（約 32,000 世帯）へのチラシ配布に加え、ホームページの充実、SNS（Twitter・LINE・Facebook）による情報発信に努めています。

ターゲット　誰に伝えたいのか

- ■18歳以上の市内在住・在勤・通学者
- ・地域コミュニティを求めている人
- ・興味はあるがきっかけがない人
- ・消防団活動の認識が全くない人

目的　なぜ伝えたいのか

- ■消防団の活動を理解してもらい、団員を増やすことで、災害体制を強化し、市民への被害を最小限に抑制するため

内容　何を伝えたいのか

- ■消防団の役割及び活動
- ■消防団のやりがいや使命
- ■年間報酬の受給、健康診断の無料受診などのサポート情報

行動変容　どんな行動をしてほしいか

- ■入団の申込
- ■消防団イベントへの参加申込
- ■消防団の活動への問合せ

チラシの実例と情報発信のポイント

表 一緒に 私たちは龍ケ崎市消防団です！
地域を守るために活動しませんか？

龍ケ崎市消防団ってどんな人たち？どんな役割があるの？

龍ケ崎市に在住・在勤・通学している18歳以上の方です。それぞれ仕事を持ちながら、火災時の消火活動による消防署のサポートなど、以下のような地域の防災活動を行っているチームです。

- 火災時の消火活動
- 災害時の救助活動
- 水害時の河川警戒活動
- 震災時の避難誘導

どんな活動をしているの？

緊急時の火災等の出動に備え、安全かつ的確に活動できるよう、様々な訓練、機械器具の点検を行っています。また、地域の防災訓練のお手伝いもしています。

規律訓練	操法大会	放水訓練	地域の防災訓練
消防団員の基本動作などを習得。	火災消火時の放水操作等を競う大会に参加。	消防車やポンプ操作をして放水訓練を実施。	地域の防災訓練で救助活動方法をサポート。

消防団員になると…？ 実は、いろいろな特典が！詳しくは裏面へ

1 自己紹介風なタイトルにして認知を促したうえで、「ターゲットにどんな行動をしてほしいのか」をストレートに表現。

2 消防団員、消防車、市のキャラクターが写った集合写真を入れることで、インパクトとオフィシャル感を出す。

3 消防団の活動内容や役割をしっかりと記載し、理解を得る。

4 消防団が普段どんな活動をしているか、実際の活動を写真と文章で紹介。

工夫したポイント

　情報発信は、火災が発生しやすい時期であり、総務省消防庁が「秋季全国火災予防運動」を実施するタイミング（11月）に合わせて行いました。

　SNS（Twitter）では、消防団の情報はもちろん、火災予防の重要性・具体的な対策に加えて、「龍ケ崎市周辺の火災発生原因で一番件数が多いものは次のうちどれでしょう？」（「たばこ」「たき火」「こんろ」の三択）といった親しみやすいクイズを掲載。

　目的である「消防団の認知向上・入団促進」に加え、「火災予防への意識向上」にも寄与しています。

　情報発信のタイミング、そして多様なツールを連携させることにより、チラシの情報を効果的に引き出せるような仕掛けを行いました。

担当者の声

危機管理課　消防グループ担当：鈴木崇生

- -

　私たち公務員は「市民を幸せにする」ことを最大の目的として日々の業務を行っていますが、チラシ作成の過程と非常に重なるものがあります。市民のことを考え、あらゆる手段による情報発信を検討し、いかに興味を抱いてもらい、行動するイメージを持ってもらうかを考える。そんな大切な要素がチラシ作成にはあると深く気づかされました。今後も多くの市民を幸せにする情報発信をしていきたいです。

担当部署：危機管理課（鈴木崇生・秋山朋哉）・シティセールス課（関口裕城）
協力部署：龍ケ崎市消防団（飯野寛太・櫻井壮・飯田良・仲村尭之・板橋裕介・舩戸敏之・鴻巣成希・大谷苑佳・横張渚）
制作：危機管理課　消防グループ担当（鈴木崇生）

チラシの実例と情報発信のポイント

裏

龍ケ崎のどんな役に立っているの?

火災現場に即座にかけつけ、消火活動や消防署をサポート!集中豪雨・台風・地震などの自然災害時には市民の皆さんの安全のため、様々な活動を展開!

1

2

第1分団第1部
飯野さん
(会社員)

「困ったときの消防団」
をモットーに

この活動を通じて、たくさんの地域の人たちとの関わりが持てるようになり、地元への愛着がさらに強くなりました。地域の人たちは、僕たちの活動を応援してくれています。そんな人たちを守るために、地域に密着した、頼られる消防団を目指していきます。

火災時のサポート
初期消火や消防隊員への後方支援など状況に応じて活動。

消防隊員の消防車への送水
第一線で消火活動を行う消防隊員の消防車への送水活動。

第5分団第8部
飯田さん
(会社員)

地域防災に消防団の
役割は重要です

東日本大震災の際、地域が大きな被害にあいました。僕たち消防団員は、「自分たちにできることは何か」を考え、給水活動や非常食の配布など、一致団結して地域における災害対応を行いました。消防団での経験が大いに役に立ち、地域の防災を担う消防団としての役割は非常に重要であることを強く感じました。

台風・集中豪雨時の活動
河川の水位状況を確認。
必要に応じて堤防決壊予防活動。

市民の皆さんへの避難支援
給水活動や避難所での支援など避難者へのサポート。

消防団員になると…? やりがいやいろいろな サポート がたくさん!

3

たくさんの消防団員や
地域の方との出会いがある!

地域のために貢献できる!

報酬がもらえる!
(年間36,500円〜)

訓練や火災出動の際に
手当がもらえる!

健康診断が
無料で受診できる!

活動中にケガをした際の
治療費の補償が受けられる!

消防団を応援する店で
割引の特典が受けられる!

お見合いパーティーなどの
消防団イベントに参加できる!

退団した際に加入年数に
応じて退職金が支給される!

消防団のことを知ってもらえたかな?
見学会を開催しているよ!

第8分団第3部
松戸さん
(建設業)

人との関わりが自分を
成長させてくれる

消防団は、自分の団のみならず、他の団の団員との連絡・調整など、たくさんの人との関わりを持って活動しています。また、活動を通じて、地域の方とのコミュニケーションもあります。
そのようなたくさんの人との出会いは宝です。様々な関わり合いを持つことで、人としても成長させてもらったという実感があります。
そして、地域の防災のために、仲間や地域の方々と活動することに、非常にやりがいを感じています。

4

消防団に少しでも興味がある方、随時見学会をしています。ぜひお問合せを!
【お問合せ先】龍ケ崎市役所 危機管理課 消防グループ(消防団事務局) TEL 0297-64-1111

詳しくはコチラ

---

1 消防団の活動・活躍を写真や文章で掲載し、消防団への理解をより深める。

2 実際に活動している消防団員の熱いメッセージを顔写真とともに掲載。

3 消防団のやりがいやサポートを伝え、活動への興味・理解を促す。

4 チラシを見て興味を持った人に対し、即入団ではなく、見学会を用意することで、入団へのハードルを下げている。

チラシ × 広報紙 × 出前講座

乗合いタクシー利用推進の 情報発信

情報発信の概要

石岡市では平成19年3月、利用者減少に伴い、巡回バスが廃止され、同年4月からは乗合いタクシーを運行しています。

しかし、予約が取りづらい状況にあり、この課題を改善するため、運行エリアや運行システムの見直しを検討しています。一方で、利用者に乗合いタクシーの現状とサービスを知ってもらい、さらに効率的に利用してもらうため、チラシ(次頁参照)を軸にした情報発信を行いました。

作成したチラシは広報紙の「公共交通特集」にも掲載(広報紙は自治会加入世帯に全戸配布)。加えて、ポスター掲示、ホームページへの掲載はもちろん、出前講座や各課によるイベントのほか、公民館や警察署とも連携し、情報発信をしています。

ターゲット 誰に伝えたいのか

- 乗合いタクシー利用者で予約が取りにくいと感じている人
- 運転免許を返納した人

目的 なぜ伝えたいのか

- 多くの人に乗合いタクシーの現状とサービス内容を理解し、利用してもらうため

内容 何を伝えたいのか

- 予約が混雑する時間の情報
- 運行に関する基本情報

行動変容 どんな行動をしてほしいか

- 混雑状況を把握し、上手に利用してほしい(利用時間の分散化)

担当部署：都市計画課／協力部署：秘書広聴課・コミュニティ推進課・石岡市社会福祉協議会
制作：都市計画課

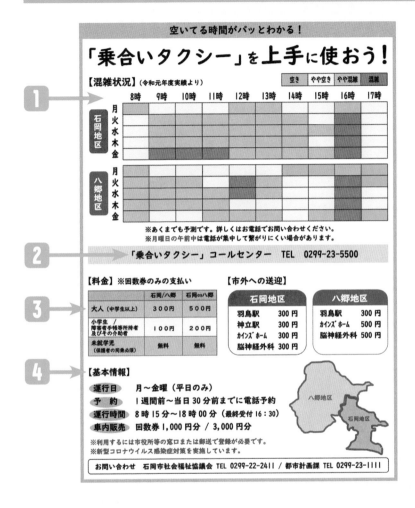

1 空いている時間が一目でわかるように、混雑状況を表にして可視化。

2 混雑状況を確認できたら、すぐ予約できるよう連絡先を記載。

3 利用者にとって関心の高い「料金」と「送迎の場所」を記載。

4 乗合いタクシーの基本情報を記載することで認知・利用推進につなげる。

1-6 市民団体 ねりとも100

チラシ × SNS × ブログ

多世代交流イベント周知の情報発信

情報発信の概要

都会に住む人々は、特に地域や人との関係が希薄になりがちです。

「ねりともカフェ」は、地元でゆるい「つながり」「接点」を作ることが、生活の充実や災害時の共助等に好影響を与えると考えて始まった多世代交流イベントです。

毎月1回、練馬区民を中心に開催。毎月開催するため、定期的にイベント周知の情報発信を行いました。イベント運営メンバーは全員ボランティアで、月1回の活動のため、メンバーの負担や予算を考慮し、チラシ（次頁参照）は、毎月同じデザインでチラシの色や日時だけを変更して作成し、公共施設に配布、SNSやブログでも発信しました。

毎月同じデザインやタイトルのチラシが多くの住民に見られ、印象に残る。この繰り返しが団体やイベントの認知につながっています。

ターゲット 誰に伝えたいのか

- 練馬区で知り合いを作りたい人
- 練馬区に引っ越したばかりの人

目的 なぜ伝えたいのか

- 地元で交流する場を作るため
- 災害などの際に助け合えるようなつながりを作るため

内容 何を伝えたいのか

- 毎月行うイベントの概要
- イベントの魅力・メリット

行動変容 どんな行動をしてほしいか

- イベントに参加し、区民同士で多くのつながりを持ってほしい

団体：市民団体ねりとも100／制作：合同会社MACARON（谷浩明）

1 チラシの中で最も伝えたい「友達作り」という言葉を強調するため、背景色や
デザインの工夫をしている。

2 初めて見た人・参加希望者へのおすすめポイントを入れている。

3 初めて見た人・参加希望者にイベントの雰囲気が伝わるような写真を掲載。

4 参加に必要な情報をチラシ下部にまとめて、情報を取得しやすくしている。

1-7 | NPO法人 楽膳倶楽部

団体創立記念イベント周知の情報発信

情報発信の概要

楽膳倶楽部は、「食」を通して地域福祉全般に貢献することを目的に活動する練馬区のNPO法人です。

団体設立20周年記念講演会の開催にあたり、大きな会場（定員500名）を設定したものの、集客に課題を感じていました。

多様化する関心の中で何を発信するのか、どんな表現にすれば関心を持ってくれるのか、手探りの中、講演会周知のためのチラシ（次頁）を作成。インパクトのある脳のイラストを用いたチラシの反応は良好でした。口コミによる情報発信にも尽力した結果、当日は満席となり、関係者は立ち見の状況。ホール始まって以来の収容人数を数え、参加者の満足度も100％となり、非常に多くの好意的なコメントが集まりました。

ターゲット　誰に伝えたいのか

- 健康長寿・認知症に興味がある人
- 健康長寿・認知症に不安がある人（主にシニア層）

目的　なぜ伝えたいのか

- 健康について考えてもらうため
- 健康食を通じた団体活動について知ってもらうため

内容　何を伝えたいのか

- 脳科学と認知症や健康長寿の関係
- 認知症を予防して「健康脳」を維持する方法

行動変容　どんな行動をしてほしいか

- 講演会に参加してほしい（定員500名を満員に）
- 認知症予防に取り組んでほしい

団体：NPO法人楽膳倶楽部／制作：合同会社MACARON（谷浩明）

チラシの実例と情報発信のポイント

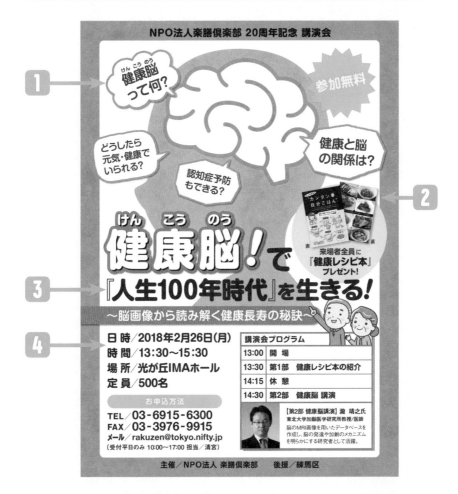

1 脳のイラストで紙面にインパクトを出し、吹き出しで健康・認知症に不安を持つ人の声や疑問を掲載している。

2 参加者全員に健康レシピ本をプレゼントするという「メリット」をわかりやすく示し、参加動機につなげている。

3 トレンドワード「人生100年時代」を入れ、ターゲットであるシニア層の興味・関心を掘り起こしている。

4 参加に必要な情報をチラシ下部にまとめて、情報を取得しやすくしている。

「色」を知り、「色」を組み合わせる

　情報発信のツールを作成する際、「色」も"伝わる"情報発信にとって大切な要素です。個人差はありますが、身近にあるたくさんの「色」には、それぞれに想起させる印象・イメージがあります。

赤	情熱的・アクティブ・愛情	**紫**	神秘的・高貴・知的
オレンジ	楽しい・元気・親しみ	**青**	落ち着き・冷静・誠実
茶	落ち着き・安定・温もり	**白**	純粋・清潔・正義
黄	明るい・陽気・希望	**灰**	大人・クール・安定
緑	安らぎ・健康・自然	**黒**	高級・自信・威嚇

　これらの色を組み合わせることで、ツールに掲載の文字以外の情報（視覚）として、受け手が想起するイメージと共に伝えることができます。

 ＝クリスマス

 ＝台風・梅雨

ピンク × 水色＝お花見（春）

 オレンジ × 茶＝紅葉（秋）

緑 × 水色＝青空（夏）

 ＝雪（冬）

CHAPTER 2

"行動を促す"
情報発信の考え方

情報を伝えたい相手（ターゲット）である住民のことを
理解しなければ、住民の行動を変える情報発信はで
きません。ここでは、住民を理解するための考え方を
お伝えします。

2-1

"伝わる"情報発信は「聴く」ことから始まる

情報は「伝えたい人(住民)」に向けて発信するもの

「日々の業務に追われ、発信すべき情報が後回しになってしまう」

「『文字が多い』『専門用語が多い』『わかりづらい』と指摘された」

「伝えたいことを詰め込みすぎて文字だらけになってしまう」

情報発信を行う中で、こんな悩みを抱いたことはありませんか？

その結果、起こるのは「全然人が集まらない」「応募・問い合わせが数件しかない」「本当に情報が伝わっているのかわからない」といった事態。

せっかく住民に発信した大切な情報なのに、なぜ伝わらないのか。

その理由の1つは、準備不足です。当然ながら、情報発信をする相手、機械でもなければ、動物でもなく、人(住民)です。住民に"伝わる"情報発信をするためには、発信する情報に関して、人(住民)に前もって「聴く」ことが必要です。

大切なのは、「聞く」ではなく、「聴く」ということ。「聞く」というのは「音や声を感じとったり、内容を知ること」です。一方、「聴く」は「注意して耳に入れること」であり、「聞く」よりも積極性が強いイメージです。情報発信をする前に、この「聴く」を心がけるだけで、住民への伝わり方は大きく異なります。

なぜ「聴くこと」が大切なのか？

事前に伝えたい相手（住民）に情報発信の内容に関する感想・印象等を聴いておくと、いろいろな意見をもらうことができます。

例えば、「そもそもこのイベントは何をやるの？」「この文章よくわからないよ」「文字が多すぎて見づらいな」「この時間は参加が難しいかも」「雨天の場合はどうなの？」など、**情報を受け取る相手が"伝わるヒント"を教えてくれる**でしょう。

情報発信をする前に伝えたい人（住民）に「聴く」ことで発信内容が変わるだけでなく、新たな気づきも生まれるかもしれません。その結果、情報発信の質もブラッシュアップされていくのです。

あなたの身近な人に聴いてみよう

実際に伝えたい住民に「聴く」ことが難しければ、身近にいる、伝えたい「住民」のイメージに近い人に聴いてみましょう。

例えば、子育てイベントの情報発信であれば、子育てをしている友人に「このイベントどう思う？　行きたい？」と聴いてみる。シニア向けの講演会の情報発信であれば、「このチラシ見やすい？　理解できる？」など、自分の親や知り合いのシニアの方々に聴いてみる。

また、**「正直なところ、どんな内容だったら行きたい？」「この日程は参加しやすい？」**など、一歩踏み込んで**本音も聴ければ、ベスト**です。

対面で「聴く」以外にも、「アンケート」を配布し記入してもらうのも効果的です。イベントのアンケートであれば、満足度・感想をはじめ、改善すべき点など、情報の受け手である参加者のリアルな声がたくさん詰まっています。

これらの声は情報発信だけでなく、今後の事業にも大いに役立てることができると思います。"伝わる"情報発信は、まず情報を受け取る相手に「聴く」ことから始まります。

2-2

住民との「関係性」の土壌を作る

"伝える"と"伝わる"は違う

「人に"伝える"と"伝わる"の違いはわかりますか?」

これは、自治体やNPO・市民団体向けの広報・情報発信の講座を行う際に、私が参加者に質問するお決まりのフレーズです。情報発信を考えるためには、まずこの違いをしっかりと押さえておきましょう。

"伝える"と"伝わる"の違い

"伝える"	メッセージの送り手が受け手に情報を一方的に流すこと。一方的な発信のため、相手によってメッセージを受け取っているかもしれないし、受け取っていない可能性もある。また、受け取っていても無視しているかもしれないし、送り手の意図とは異なる情報として受け取っているかもしれない。つまり、相手の行動や気持ちがわからない状態。
"伝わる"	メッセージの送り手が伝えたい人に発信した結果、受け手が理解し、期待通りの返信や行動変容を起こしてもらうこと。"伝わる"には、メッセージの送り手と受け手との双方向性が重要。さらに、コミュニケーションの考え方も大切となる。

「受け手との関係作り」で"伝わる"は実現できる!

情報発信に悩みを抱えている人たちの多くに共通するのは、「送り手中心の一方的な"伝える"情報発信」になってしまっていることです。

やってしまいがちな情報発信

・ターゲットが曖昧

・受け手が内容を理解できないタイトル・文章

・受け手が参加しづらい日程

・内容がわかりづらいチラシ

・文字だらけのチラシ　等

　上記のような情報発信で、情報の受け手は情報に目を通してくれるでしょうか。また、理解してくれるでしょうか。そして、"伝わる"上で最も大切な返信や行動変容が起こるでしょうか。

　"伝わる"情報発信で必要なことは、情報の送り手が受け手の立場になって情報を加工・編集してあげることです。

　そして、**"伝わる"情報発信は、情報の送り手が受け手との「関係 (関わり) 作り」をしていく意識を持つことが第一歩であり、その積み重ねの結果が"伝わる"情報発信につながっていく**のです。

加工・編集し、工夫された情報発信

・ターゲットが明確

・受け手が内容を理解できるタイトル・文章

・受け手が参加しやすい日程

・内容がわかりやすいチラシ

・文字だけでなくイラストも入ったチラシ　等

2-3
友達や同僚との
付き合い方にヒントがある

こんな人、どう思いますか?

　情報の受け手との「関係作り」は、人間関係に置き換えると、身近な「仲の良い友達や同僚との付き合い方」に似ています。

　皆さんは、自己中心的な人と友達になれるでしょうか。自分の話ししかしない人や、上から目線で話す人と、関係を築きたいと思うでしょうか。やはり友達であれば、自分勝手ではなく、相手を思いやることのできる、信頼できる人がいいですよね。

　実は、普段の「人間関係」や「人との付き合い方」の中に、"伝わる"情報発信を実現するヒントがあります。つまり、皆さん自身が考える「人との関係性を作れる人」を「人との関係性を作れる情報」に置き換えると見えてきます。

人との関係性を作れる人

・相手の話も聴く人

・誰にでも対等な意識の人

・ブレていない人

・誠実な人

・気遣いができる人　等

　もし、皆さん自身が「人との関係性を作れる情報」を毎回発信してい

くと、情報を発信するたびに、伝えたい相手が共感をし、相手に情報が届く可能性が高まります。つまり、伝えたい相手との関係性が構築されていくのです。

人との関係性を作れる情報

- 相手のニーズも含まれた情報
- 公平性のある情報
- 一貫性がある情報
- 正確な情報
- 気遣いや思いやりが感じられる情報　等

「関係性」とは何か、わかりやすく説明すると、あなたが突然、**初対面の人から「私の情報発信を手伝ってくれませんか？」と言われたときにどう思うか**です。おそらく、「なぜ、見ず知らずの人の情報発信を、私が手伝わなければならないのか？」と思うでしょう。なぜなら、皆さんと初対面の人との「関係性が作られていない」からです。それゆえ、見ず知らずの相手からの依頼の言葉に疑問を感じるし、「情報発信を手伝う理由も見つからない」と思ってしまうのです。

　一方、普段から接していて、関係性を築いている人から「私の情報発信を手伝ってくれませんか？」と声をかけられたとしたら、どうでしょうか。「〇〇さんの頼みなら、私でよければ微力ながら手伝いますよ」となりませんか。

　普段あなたが日々発信している情報は、情報の受け手との「関係性を作れる情報」になっていますか？

2-4

2つの コミュニケーション・モデル

簡単に使いやすい言葉「コミュニケーション」

人（住民）との関係作りにおいて、「コミュニケーション」という言葉はとても便利です。

「住民とのコミュニケーションを良好にしよう」とか、「首長と住民とのコミュニケーションの場としてタウンミーティングを開催しよう」「庁内のコミュニケーション活性化のために庁内報を発行することになった」など、自治体でもよく使われます。

多くの人が日常的に使っている言葉なので、使いやすいし、伝わりやすい。そのため、業務はもちろん、普段の生活でも使われており、耳にする機会が多い言葉です。

2つの「コミュニケーション」の形

多くの人が使っているこの「コミュニケーション」という言葉には、2つのモデルがあります。

1つ目は、「伝達モデル」（One-way communication）です。"One-way"と言われるとおり、**直線的で送り手中心の一方的なコミュニケーション**です。実際にコミュニケーションのモデルとして存在するものの、メッセージが一方通行なため、受け手が見ていなかったり、無視していたりする可能性もあり、メッセージが受け手に届いているかわかりません。

つまり、この「伝達モデル」では、相手にメッセージは「伝わった」とはいえません。「伝えた」にとどまります。

伝達モデル（One-way communication）

送り手 → メッセージ → 受け手

2つ目は、「交流モデル」（Two-way communication）です。**「コミュニケーションとは、送り手と受け手とのキャッチボール」という考え方であり、まさに"伝わる"情報発信に必要不可欠なもの**です。

この「交流モデル」では、送り手のメッセージに受け手が反応して行動を変えたり、返信があることによって、お互いのメッセージのキャッチボールが続いたりします。

実際に、キャッチボールをするときも、スムーズに続けるには、「相手は誰か」を意識する必要があります。さらに、その相手が捕りやすいボールの「スピード」や「高さ」「渡し方」を考えて投げなければ続きませんよね。コミュニケーションにおいても、これは同じことです。

すでに述べたとおり、"伝わる"とは、メッセージの送り手が情報を伝えたい人に発信した結果、受け手が理解し、行動変容や返信をしてもらうこと。この「交流モデル」の考え方を理解・意識することが、"伝わる"情報発信においては、とても重要です。

あなたは伝えたい相手が気持ちよくキャッチできるボールを投げられていますか？　相手は受け止められているでしょうか？

交流モデル（Two-way communication）

送り手 → メッセージ → 受け手

← **行動変容・返信** →

2-5

「自分ゴト化」で住民の心と体を動かす

「自分ゴト化」が住民の無意識と無関心を変える

　情報発信を行うにあたって、押さえたいポイントが2つあります。

　1つ目は、「無意識」。多くの住民は日々、無意識に生活をしています。例えば、「朝起きたら必ず水を飲む」や「毎日同じルートを通って出勤する」といった行動は「習慣化」されており、無意識に体が動いています。

　2つ目は、「無関心」。一般に、好きの反対は嫌いではなく、無関心であるといわれます。「好き」「嫌い」を意識している場合、良かれ悪かれ関心はあります。つまり、関心がある層には情報は伝わりやすいものの、**"伝わる"情報発信で大切なのは、興味すら持たない「無関心」の層にいかに関心を持ってもらうか**です。

　このことをふまえて、大切なのは、住民目線で考えること。皆さんは情報の送り手ですが、受け手である住民になったつもりで発信する情報を考えてみましょう。すると、こんなことが考えられるはずです。

- 住民のニーズは？（どんな情報を求めているのか？）
- 住民にとってのメリット・デメリットは？（その情報で得すること・困ることは？）
- 住民にとってのベネフィットは？（その情報で得られる未来の自分の姿は？）

　このように、情報の送り手が当事者意識を持ち、「自分が情報を受け取る住民だったらどう思うかな？」というように、伝えたい住民のことを具体的に想像する。いわば**「自分ゴト」として住民のことを考えることができれば、発信した情報は住民に伝わり、住民の行動が変わる**はずです。

「完全整理」シリーズ　地方公務員昇任試験問題研究会[編著]

歴代の合格者が勧める参考書の決定版。法律が苦手な初学者にオススメ

完全整理 図表でわかる 地方自治法
〈第5次改訂版〉
本体2500円+税／A5判・224頁／2018年7月刊

完全整理 図表でわかる 地方公務員法
〈第2次改訂版〉
本体2300円+税／A5判・208頁／2019年1月刊

完全整理 図表でわかる 行政法
〈第1次改訂版〉
本体2300円+税／A5判・224頁／2015年9月刊

「これで完璧」シリーズ　地方公務員昇任試験問題研究会[編著]

択一対策の切り札！多くの問題を解きたい方にオススメ

これで完璧 地方自治法250問
〈第5次改訂版〉
本体2400円+税／四六判・268頁／2018年2月刊

これで完璧 地方公務員法200問 電子書籍あり
〈第3次改訂版〉
本体2300円+税／四六判・216頁／2019年1月刊

スッキリわかる! 自治体財政のきほん
武田 正孝［著］／本体1800円+税／A5判・152頁／2016年4月刊
「複雑で難しい」と言われる財政を、できるかぎりやさしく解説した入門書！

「それって自分に関係がある！」が行動につながる

　伝えたい住民は普段どんな生活をしていて、どんなことを思って日々生活しているのか、想像してみましょう。そして、実際にインタビューやアンケートなどで住民のニーズや声を探ります。その情報を参考に、住民にとってのメリット・デメリット、ベネフィットを含んだ情報を発信すれば、住民は「自分に関係がありそうだ」と感じるはずです。

　住民がそう感じた瞬間、「期待（面白そう）」や「義務感（自分に必要なのかもしれない）」などの感情が芽生えてきます。その結果、住民自身の行動が変わり“伝わる情報発信”となるのです。

　発信されたメリット・デメリット、ベネフィットの情報が住民の「頭」で整理・理解される。そして、**住民が「面白そう」「期待してよさそう」「自分に必要だ」と感じたとき、発信された情報は住民の「体」を動かすことになり、具体的な行動につながっていく**のです。

「自分ゴト化」する情報発信

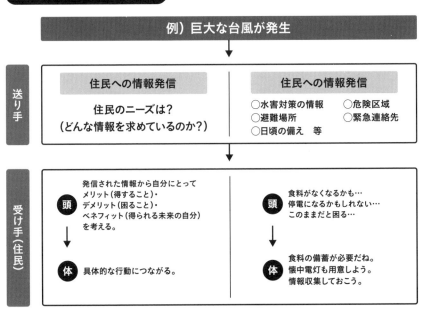

「柔らかい情報」と「堅い情報」を織り交ぜる

　自治体が発信する SNS の内容が、まちの魅力やイベントだけだとしたら、住民は喜ぶかもしれません。楽しそうで、魅力的な情報は、誰だって好きです。

　しかし、自治体が発信するべき情報は、まちの魅力やイベントだけではありません。「自治体として伝えなければいけない、まちの未来や住民の生命・財産に関わる重要な情報」もあります。

　では、どのように住民を意識しつつ、行政として伝えるべき情報を発信していけばいいのでしょうか。

　住民にとって魅力的な情報（イベント等）を「柔らかい情報」、自治体として伝えなければならない情報（総合計画・予算・パブリックコメント・防災情報等）を「堅い情報」として考えてみましょう。

　例えば、ある住民が SNS で自治体のアカウントをフォローしていたとします。フォローしている理由は人それぞれですが、まちの魅力やイベントの情報を期待している住民もいるでしょう。にもかかわらず、自治体の SNS からの情報が毎日「堅い情報」ばかりだとしたら、どうでしょうか。「つまらない情報ばっかりだからもういいや」と、フォローを外してしまうかもしれません。

　そうならないために、最初は、「柔らかい情報」を 7 割、「堅い情報」を 3 割くらいを目安に織り交ぜて発信するといいでしょう。住民の反応が見えてきたら「堅い情報」の比率を徐々に上げていくイメージです。

　大切なのは、「柔らかい情報」と「堅い情報」のバランス。危機発生時の情報発信ではさまざまなツールを考慮し、住民がどんな情報を必要としているのかを具体的に考え、スピード感を持って情報発信をすることが求められます。

"住民に届く"
情報発信の進め方

「何のために伝えるのか」「誰に向けて伝えるのか」「どんな行動をしてほしいか」「どんなツールで伝えるのか」を事前に確認して情報発信を行い、振り返る。このステップを踏むことが、"住民に届く"情報発信の基本です。

3-1

目的・手段を整理する

「なぜ、情報発信をするのか」を考える

　情報発信を行う際に、最初にすべきことは、目的を確認することです。「なぜ、この情報発信をするのか」という、出発点に立ち返り、情報の送り手側として「なぜ？」の視点から、目的を確認しましょう。

　目的意識のない情報発信は、「とりあえず情報を発信している（垂れ流している）」ことと同じになってしまいます。

　住民に「情報を発信したい」という動機の背景には、必ず目的があるはずです。目的を吟味せずに情報発信をしてしまうと、受け手に、「情報の垂れ流し」であることが伝わってしまいます。また、目的を意識することによって、当初想定していたものと発信内容が変わることもあるでしょう。**情報の送り手側が発信する目的を強く意識することで、受け手である住民に届く確度が高まります。**

「目的」と「手段」を混同しない

　情報発信に限らず、何かを行う際によくありがちなのが「目的」と「手段」を混同してしまうことです。ここで一度「目的」と「手段」を整理しておきましょう。目的は「目指すもの」、「手段」は「目的を遂げるために必要な方法」です。

　例えば、山登りでは、「目的」は山頂に登ることです。そして、「手段」は安全に山登りをするための方法（徒歩・ロープウェイ等）ということになります。

例えば、自治体が「環境イベントへの集客」に関する情報発信を行う場合、「目的」は「地球環境改善のための住民の環境意識の啓発」です。そして、この「目的」を達成するための「手段」が「環境イベント」であり、イベント内容（さまざまな環境に関する企画やワークショップ）、告知するためのチラシ・ポスター等ということになります。

　こうしたイベントに関する情報発信でありがちなのが、「イベントの告知」が情報発信の「目的」になってしまうことです。しかし、一番大事なのは、最終的に目指すものである「地球環境改善のための住民の環境意識の啓発」ですよね。

　そもそも何のための「イベント」や「内容（企画やワークショップ）」「チラシ・ポスター」なのか？　それらは、あくまで「地球環境改善のための住民の環境意識の啓発」を実現するために必要な「手段」なのです。まずは、「なぜ情報発信をするのか？」を確認しましょう。そして、考えられた「手段」が「目的」の達成につながるのか、一度確認することをおすすめします。

「手段」が「目的」の達成につながるかを確認する

手段

目的を遂げるための方法
（徒歩・ロープウェイ等）

目的

目指すもの
（山頂）

手段

目的を遂げるための方法
（イベント・チラシ・ポスター等）

目的

目指すもの
（環境の改善）

3-2

ターゲットを選ぶ

どんな住民に向けて情報発信をするのか？

目的を確認したら、次はターゲットを設定しましょう。

やってはならないのは、「すべての住民」をターゲットに設定すること。なぜなら、情報発信の内容にもよりますが、住民は必ず多面的な顔を持っているからです。例えば、ある住民は、〈男性、独身、会社員、地域活動に積極的〉だったり、ある住民は、〈女性、子育て中、主婦、地域に興味なし〉だったり、一口に「住民」といってもさまざまです。また、生活スタイルも多様で、情報収集の手段も人によって異なります。

ターゲット設定で大切なのは、住民は住民でも「どんな生活をして、どんなことに困っているのか」「どんなことに興味・関心があるのか」など、深く掘り下げてイメージすること。つまり、**「すべての住民」として括るのではなく、細かく具体的に思い描く**のです。また、イメージするだけでなく、実際に住民に「聴く（話を聴く・アンケートをとる）」ことも大いに役立ちます。

ターゲットの「属性」と「気持ち」で絞る

住民を深くイメージし、より細かく具体的に思い描くためには、2つのことに着目してみましょう。

1つ目は、「属性」です。つまり、人や物に備わっている固有の性質や特徴です。2つ目は、「気持ち」です。普段住民が困っていたり、悩んでいたり感じたりしていることです。

住民の「属性」と「気持ち」

属性	年齢・年代	20歳／若者世代／子育て世代／シニア世代　等
	職業	学生／サラリーマン／経営者／フリーランス／個人事業主　等
	居住地	○○市に在住・在学・在勤　等
	所有物	不動産／自動車・バイク・自転車／ペット　等
気持ち	悩み	○○で困っている／○○に悩んでいる／どうしたらよいかわからない　等
	願望	○○してみたい／○○だったらいいなあ／○○を求めている　等
	興味・関心	○○が好き／○○が気になる　等

　住民は多面的な顔を持つことをふまえて、伝えたい住民に当てはまる「属性」や感じているであろう「気持ち」を意識することが大切です。この**「属性」と「気持ち」を意識した情報を届けることで、住民に「自分に関係があるかも！？」と感じてもらい、行動変容につなげる。**これが、"伝わる"情報発信です。

住民は多面的な顔を持つ

旅行が趣味　写真が趣味
子育て世代　主婦　免許を持っている　環境に関心がある

3-3

ターゲットを可視化する

ステークホルダーシートでターゲットを掘り起こす

　ターゲットを具体的に設定する際に有効なのが、ステークホルダーシートの作成です。

　ステークホルダーとは、いわば利害関係者です。普段から関係性がある人も含めて、**発信した情報に対して「喜ぶ人」「笑ってくれる人」「怒る人」「悲しむ人」**と考えるとわかりやすいでしょう。

　次頁の図のように、シートの中央に情報の発信者（送り手）を記入し、関係性のあるステークホルダー（情報の受け手）を放射線状に記入していきます。**思いつくかぎり、細かく具体的に書いてください。**

　記入が一通り終わったら、一番情報を伝えたい相手に★を記して優先順位をつけていくと、ターゲットが見えてきます。シートに書き出すことで、実は気づいていないターゲットを見つけることにもつながります。

ステークホルダーシートから協力者を見つける

　このシートに記入することで、伝えたいターゲットを掘り起こすことはもちろん、情報発信の協力者も見つけることができます。

　また、新たに掘り起こされたステークホルダーとの関係性が良好であれば、彼らが情報発信に協力してくれる可能性も高いでしょう。まずは自分たちの周りにいるステークホルダーを把握する。このステップを踏むことで、明確なターゲットをイメージでき、効果的な情報発信を実現することができます。

ステークホルダーシート（利害関係者一覧）

ステークホルダーとは組織の目的達成に影響を与える、
あるいは目的達成の影響を受ける集団または個人

○情報発信の内容
（ 子育てイベント周知 ）

★★★ 優先1位／★★ 優先2位／★ 優先3位
優先度が高いステークホルダーに★をつけてください。

○○市

○○市教育委員会

★★★市内に住む子育て世代
共働きの子育て世代
子ども（未就学児）
妊娠中の方／パートナー
おじいちゃん／おばあちゃん

子育て
支援課職員

★地域住民
町会・自治会に
入っていない住民

○○市
子育て支援課

★市職員・
保育士
（応援）

★町会
1丁目町会・2丁目町会
4丁目町会

★企業
（地元含む）
子育て関連企業
CSR関連部署

★商店街
（地元）
○○銀座商店会
□□□北商店街・
□□□南商店街

★メディア（地元含む）
新聞・雑誌（フリーペーパー）・
ラジオ・Tv／ケーブルTv

★教育機関
市内の小学校・保育園・幼稚園
○○学習塾・□英会話

市内のNPO★★
イベント出店予定団体
子育てすくすく（子育て）・
プレパークわくわく（環境）他

できるだけ "具体的" に記入してください

本シートは、学陽書房 HP からダウンロードすることができます（詳細は 115 頁参照）

3-4

ターゲットの行動変容を設定する

どんな行動をしてほしいのか？

すでに述べたとおり、"伝わる"とは、発信された情報を理解した受け手に、送り手側が思い描く行動を起こしてもらう（行動変容してもらう）ことを意味します。

そのために欠かせないのが、**「発信した情報で、ターゲットにどう行動変容してほしいのか」**を具体的に設定しておくことです。情報発信をする側があらかじめ「住民の行動をどう変えたいのか」までを考えておくことで、効果測定もでき、伝わった実感や成果を得ることができます。

つまり、ターゲットにどのような行動を起こしてもらえると成功なのかを前もって決めておくことで、情報の流しっぱなしを防げます。

効果測定のポイントは、「目的」に立ち返ること。そもそもの「目的」が明確であれば、「どうなれば目的達成に近づけるか」を決めることによって「ターゲットの行動変容」を具体的に設定することができます。

行動変容だけでなく、意識変容にも着目する

それでは、毎年開催している住民参加型のウォーキングイベントの情報発信を例に考えてみましょう。

情報発信の「目的」は「日頃から運動をするきっかけを作り、住民の健康作りに貢献すること」。そして、このイベントは、例年100名程の参加者で盛り上がるとします。

こうした前提条件の下、「ターゲットの行動変容」を設定しましょう。

例年よりも人数を増やして開催するのであれば、参加人数を 150 名に設定した上で、その人数に対して何名応募がきたのかをイベントまでに把握しておきます。この時点で、発信された情報が住民に伝わったのかがわかります。

　また、イベント当日には、参加者数を把握した上で、終了後にアンケートを用意し、回収します。できればこのアンケートは回収率 100％を目指したいところです。そのために、住民にとって答えやすいアンケートの仕様や項目数、アンケートを記入できる環境の整備等を工夫します。

　アンケートでは「ターゲットの行動変容」とともに「ターゲットの意識変容」まで盛り込みましょう。さらに、備考欄も設けておくと「目的達成により近づく情報発信」のヒントが見つかるかもしれません。

受付時やアンケートで把握したいターゲットの行動変容

【例】

応募者○○人以上

参加者○○人以上

アンケート回収率○○％以上

アンケートで把握したいターゲットの意識変容

【例】

満足度○○％以上

「意識が変わった」○○％以上

「今後も実践したい」○○％以上

　せっかく情報を発信したのに「ターゲットの行動変容」を把握することができなければ、情報の流しっぱなしで終わり、これでは次につながりません。期待する行動変容を設定した上で、その成果をしっかりと把握し、今後につなげることを忘れないでください。

3-5

効果的なツールを選ぶ

情報発信に用いるツールの特徴と効果

目的・手段、ターゲット、行動変容を押さえたら、どのように情報を伝えるか、具体的に用いるツールを考えましょう。

それぞれのツールが持つ特徴をふまえて、効果的なものを選ぶことが大切です。また、1つだけを用いるのではなく、複数のツールを組み合わせて情報発信を行うことも重要です。

なお、ツールの作り方は、CHAPTER4・5で紹介します。

チラシ ——多くの人に配布しやすい

チラシはA4サイズの片面または両面で作られることが多く、**枚数を多く配布でき、なおかつコストが安く抑えられる**ため、日々の情報発信に必要不可欠なツールです。

内容やターゲット、配布場所などがしっかりと設定されていれば、非常にメリットが多く、とても有効。その反面、配布しただけでは情報発信の効果が測れないため、しっかりとしたターゲット設定等の計画、アンケート等の設計が必要になります。

◀ チラシの特徴

・多くの住民に周知ができ、対面での手渡しが可能
・紙1枚のため手に取ってもらえれば読んでもらえる可能性が高い
・イベントや公共施設で配布可能

- 町会、自治会の回覧板や掲示板で閲覧が可能
- PDFや画像データに加工すればホームページ・SNSでも利用が可能
- 効果測定がしづらい（アンケート等の工夫が必要）
- ターゲットの設定などの計画が不明確だと、内容や配布場所が合わず手に取ってもらえない可能性がある

こんなときに「チラシ」がおすすめ！

- 多くの住民に配れる環境（イベントや公共施設等のラック）が整っている場合
- 予算が少ない場合

ポスター ——掲示して多くの人に周知できる

　ポスターは、**不特定多数が集まる場所に掲示することで、多くの人に周知する**ことができます。

　西川潔監修『屋外広告の知識　デザイン編〈第3次改訂版〉』（ぎょうせい）によれば、移動中に人の目が1か所に留まる時間は、0.3秒とされ、その0.3秒で判読できる文字数は、なんと最大で15文字程度だといいます。移動の速度が上がれば、判読できる文字数はさらに少なくなります。

　このことから、駅のような頻繁に人の移動がある場所に掲示するポスターには、人の目を向けさせる工夫（インパクトのある写真・言葉・イラスト）が求められます。

　逆に、人の移動がない公共施設等の掲示では、インパクトはもちろん、じっくりと読んでもらえる工夫をすると、休憩・待ち合いの際に見てもらえる可能性がアップします。

◀ ポスターの特徴

・人が集まる場所で掲示が可能
・チラシを拡大して流用可能（内容・場所によっては工夫が必要）
・制作コストが高い
・見てもらえれば、気になって後日ネットで検索される可能性が高い
・PDF や画像データに加工すればホームページ・SNS でも利用が可能
・効果測定がしづらい（アンケート等の工夫が必要）
・ターゲット設定と掲示場所が合致しないと見られない可能性が高い

こんなときに「ポスター」がおすすめ！

・人が集まる場所に掲示できるスペースがある場合
・予算に少し余裕がある場合

ハガキ・封書 ── ターゲット宛てに直接届ける

　ハガキ・封書は、**さまざまな種類の情報を住民に直接届ける**ことができます。ターゲットに直接届くため、開封してもらうことができれば、効果的に情報を伝えることのできるツールです。

　しかし、開封されなければ意味がないため、住民に「自分にとって必要な情報だ」と思ってもらい、開封してもらうような工夫（言葉やデザインなど）が必要になります。

◀ ハガキ・封書の特徴

・ターゲットが明確なため、情報を直接届けられる
・効果測定がしやすい（返信や反応）
・制作時間や印刷・郵送コストがかかる
・開封されないと情報が届かないため工夫が必要

・個人情報の管理は厳重に

こんなときに「ハガキ・封書」がおすすめ!

- 伝えたい住民が特定できていて、彼らの返信や反応が欲しい場合
- 住民の意見を収集したい場合(アンケート等)

広報紙 ——住民全体に情報を届ける

　自治体にとって中心的な情報発信ツールといえば、紙媒体である広報紙。税金から子育て、イベントなど幅広い情報が掲載されています。

　自治体によって違いがあるものの、**全戸配布や新聞折込等、配布範囲が広く、住民全体に向けて情報が届く**という想定で配布されています。

　しかし、配布方法が全戸配布ではなく新聞折込の場合、近年の新聞購読率の低下で広報紙が届かなくなっていることも事実です。また、読者の年齢層も高めです。

　広報紙の情報が届いていない住民に向け、ホームページや SNS などを効果的に組み合わせて発信する工夫が求められます。

📢 広報紙の特徴

・広く多くの住民に向けて情報発信ができる

・読者の年齢層が高い

・効果測定がしづらい(アンケート等の工夫が必要)

・制作時間や印刷・配布コストがかかる

・情報の発信スピードが遅い

・紙面の掲載スペースに限界がある

・配布方法により情報が行き届かない場合がある

こんなときに「広報紙」がおすすめ！

- 多くの住民に伝えるべき情報がある場合（パブリックコメントや基本計画・予算等）
- 情報弱者（低所得者・高齢者層）に向けて情報発信をする場合

ホームページ ——リアルタイムで詳細情報を掲載できる

　広報紙と並び、代表的な情報発信ツールであるホームページ。インターネットを利用し、パソコン、スマートフォン、タブレットを所有していれば閲覧可能であり、広い住民に向けた情報発信が可能です。広報紙等の紙媒体には紙面のスペースに限りがありますが、**ホームページではより詳細な情報をインターネット上に掲載する**ことができます。このことから広報紙やSNSとの相性が良く、情報の最終的な受け皿としての機能もあります。さらに修正・更新作業がリアルタイムで可能なため、速さと正確さが求められる危機管理の情報発信においても非常に大切なメディアです。

　一方、インターネットにアクセスが難しい低所得者・高齢者層の住民の情報取得に関しては広報紙、はがき・封書、職員の訪問や地域の協力を並行して行うなどさまざまな工夫が必要となります。

◀ ホームページの特徴

- 広く多くの住民に向けて情報発信ができる
- 効果測定ができる（アクセス数が測れる）
- 情報をリアルタイムで修正・更新でき、発信できる
- 詳細な情報を掲載できるため他のメディアとの連携が可能
- 掲載スペースに制約はないものの、整理をしないと情報が埋もれてし

まい、わかりづらくなる
・運営コストがかかる
・情報弱者(低所得者・高齢者層)に情報が届かない場合がある

こんなときに「ホームページ」がおすすめ!

・災害時等の危機管理情報をリアルタイムで発信したい場合
・情報を正確に理解してほしい場合

SNS ── 双方向で情報発信・伝達・拡散ができる

情報発信のメディアとしてすっかり身近になったSNSですが、今やスマートフォンの普及により幅広い層の住民に利用されています。

SNSの強みは、スマホがあればいつでもどこでもアクセスできること。そして情報伝達・拡散のしやすさです。また投稿した情報の詳細をホームページに誘導することもできます(メディア連携)。

発信した情報に対して、住民の行動変容をリアルタイムに数字で把握でき、広聴機能としても有効。住民とのコミュニケーションメディア、双方向の情報発信ツールとして利用されています。住民の反応の把握や情報の出し方等の効果検証ができ、今後の情報発信に活用できます。

さらに広報紙やホームページなどと相互にリンクすることで、多くの情報を伝達・拡散、そして運ぶメディアとして活用されています。

また、キーワードにハッシュタグ"#"をつけることで情報の検索ツールとしても活用されています。

以下に代表的なSNSの特徴とおすすめポイントをまとめておきます。

📢 SNSの特徴

〈Twitter〉

・利用者は20代が最も多い。多くの年代で利用
・全角140字以内でつぶやき（投稿し）、リアルタイムに発信できる
・リツィートで拡散される反面、炎上を引き起こす可能性がある

〈Facebook〉

・10代が極端に少なく、30代・40代が半分以上で、男性がやや多い。
・実名登録による個々のつながりが中心でコメントが荒れにくい
・写真・イメージとともに長い文章が投稿できるため、まとまった情報として発信できる

〈Instagram〉

・20〜40代が中心、30代以下は女性比率が高い。10代、40〜50代の利用者も増加率が高い
・写真や動画がメインで加工しイメージを訴求できる
・情報内容は感覚的で趣味性が強い
・ニックネームで登録が可能
・写真や動画に加え、テキストも掲載可能
・ハッシュタグ" # "自体をフォローできる

〈LINE〉

・若年層から年配層までの幅広いユーザーが利用している
・文字・写真・スタンプ（画像）を使った「トーク」と呼ばれるメッセージのやりとりが中心で、家族や友人とのコミュニケーションに利用
・アカウントを「友だち」登録してもらうことでプッシュ型の情報発信が可能
・「トーク」でチャットボットを活用できる

〈Twitter〉

・情報発信の頻度を高くしたい場合

・災害時等の危機管理情報をリアルタイムで発信したい場合

〈Facebook〉

・新しいデジタルコンテンツを発信したい場合（連載企画など）

・年配ユーザーを意識して発信したい場合

・人とのつながりを利用して発信したい場合

〈Instagram〉

・写真や動画中心の情報発信をしたい場合

・まちの観光地やおすすめスポットなど画像を中心に魅力を発信したい場合（趣味性が強いため投稿テーマを1つに絞るとよい）

〈LINE〉

・「友だち」登録をしてもらった住民に情報を一斉送信したい場合

・チャットボットを活用し、問い合わせ対応のコストを削減したい場合

CHAPTER 3

“住民に届く”情報発信の進め方

3-6

情報発信の全体像を整理する

情報整理が"伝わる"情報発信につながる

①目的・手段、②ターゲット、③ターゲットの行動変容、④ツールを設定したら、具体的な情報を「情報発信整理シート」に書き出します。気をつけるポイントは2つです。

◀ ターゲットに「効果的なツール」は何か？

具体的なターゲットのイメージがあれば、そのターゲットがよく利用するツール（チラシやポスター、広報紙、SNSなど）が見えてきます。ターゲットに適したツールを利用しつつ、「口コミ（口頭による伝達）」を同時に行うことで情報発信の幅が広がります。

ターゲットと情報との接点を整理するとともに、「効果的なツール」とセットで考えることをおすすめします。**ターゲットにしっかりと情報を届けるために「情報」と「ツール」との接点を考えましょう。**

例えば、自治体が主催する子育てイベントの告知の場合、情報発信の整理は次頁のようになります。

◀ ターゲットが情報と「出会う場所」はどこか？

せっかくターゲットを設定しても、情報が届かなければ伝わりません。3-2【ターゲットを選ぶ】、3-3【ターゲットを可視化する】で具体的に設定した理由はここにあります。ターゲットを細かく具体的にイメージすることができれば、**発信した情報とターゲットが集まる場所、つまりターゲットと情報との接点が自ずと見えてくる**はずです。

情報発信整理シート

○内容

| 市主催の子育てイベント
開催の告知。 |

○日時/期間

| 令和○年○月○日
10時から16時まで |

○場所

| ○○市市民会館 |

○そもそもの事業の目的は？

| ○○市で安全で安心できる子育てをしてもらい、○○市で楽しい生活を送ってもらうため。 |

①ターゲットはどんな人ですか？
（気持ちも含め、具体的に記入してください）

| 子育て情報を知りたい…子育てに不安がある
（子育て世代や共働きの子育て世代・
　妊娠中の方/パートナー）

未就学児/小学生
おじいちゃん/おばあちゃん |

②情報発信する目的は？

| 子ども/子育て情報のイベントに
参加してもらうことで
市やNPOの子育てサービスの認知・利用や
取組みの理解・共感を得るため。 |

③ターゲットに伝える内容は？

| 市の子育て支援サービス/取組み。
子ども/子育て関連のNPO法人の
子育てに役立つ情報や体験。 |

④ターゲットにどんな行動をして欲しい？
（どうなったら成功？情報発信の成果は？）

| 本イベントに500名以上の
設定したターゲットの参加。
イベントの参加満足度。 |

○情報発信の手段（使用ツールは？）

| 広報紙・HP・チラシ・ポスター・SNS（Twitter/FB）。
パブリシティ。
口コミ（商店街やNPOに情報発信を協力）。 |

○情報との接点（どこで知ってもらう？）

| 市の広報紙・HP・SNS Or NPOのHPやSNSなど。
公共施設（市役所・保育園・図書館）や
町会の回覧板・まちの掲示板。
商店街の店舗。
地元メディア（新聞・テレビ・ラジオ）。 |

○効果測定や今後の振り返りの方法

| 〈アンケート〉ターゲットの確認/どこで知ったか？/イベント満足度/子ども・子育てサービスの
認知度&サービス利用意向の調査。次回のためのイベント内容の意見収集。 |

※情報発信の内容によって記入内容が変わります。

本シートは、学陽書房 HP からダウンロードすることができます（詳細は 115 頁参照）

3-7

情報発信の計画を立てる

住民に"伝わる"情報発信は、計画があってこそ

「いつ、何の情報を発信するのか」という具体的な行動スケジュールも"伝わる"情報発信には必須です。

例えば、防災の日や梅雨、台風の時期は、住民に情報が"伝わる"のに適切なタイミング。この時期であれば、住民は「防災」や「水害」に対し、「自分ゴト」として意識が向いているため、とても効果があります。

しかし、具体的な情報発信のタイミングには、注意が必要です。発信が早すぎると住民は忘れてしまうし、遅すぎるとすでに関心が別にあったり、今更感が拭えなかったりします。そうならないためには、**"伝わる"タイミングを見計らって発信すること**が大切です。適切な情報発信のタイミングと内容、そして**受け手である住民の興味や関心をセットで考えましょう。**情報の受け手である住民のことも忘れてはなりません。

防災関連の情報発信の計画

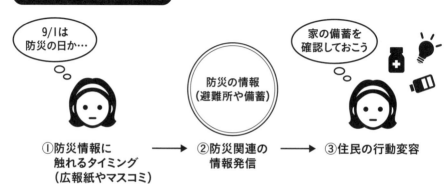

9/1は
防災の日か…

防災の情報
(避難所や備蓄)

家の備蓄を
確認しておこう

①防災情報に
触れるタイミング
(広報紙やマスコミ)
→
②防災関連の
情報発信
→
③住民の行動変容

◀◁ 参考にしたい情報発信のタイミング（例）

・季節関連（夏休み、クリスマス、正月、成人式、確定申告など）

・週間・月間関連（自殺予防週間、地球温暖化防止月間など）

・防災関連（梅雨、ゲリラ豪雨、防災の日など）

・生活関連（年末年始・入学式・卒業式・ゴミ・転入・転出など）

・社会動向関連（選挙、世界的なスポーツイベントなど）

・過去１～２年の情報発信の傾向

単発ではなく、複数のツールを組み合わせる

　情報発信のツールには、「広報紙」「ホームページ」「チラシ」等、さまざまなものがありますが、これらを単発で使うのではなく、複数の組み合わせを意識してみましょう。

　例えば、あなたがイベントの情報発信をするとします。目的はイベントへの集客（行動変容）、そして意識の醸成（意識変容）です。伝えたいターゲット等を設定した上で、①チラシの作成・配布、②マスコミへの情報提供、③情報をホームページや SNS 用に加工、④口コミ（口頭による伝達）でチラシ配布……というような情報発信を実行してほしいのです。

　１つのツール（チラシ）をベースに複数の手段を組み合わせてターゲットに届けることで、最終目的であるイベントへの参加を促します。次頁の「情報発信計画マップ」を参考に計画を立ててみましょう。

複数のツールを組み合わせて行動変容につなげる

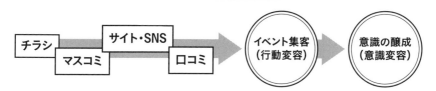

CHAPTER 3

"住民に届く"情報発信の進め方

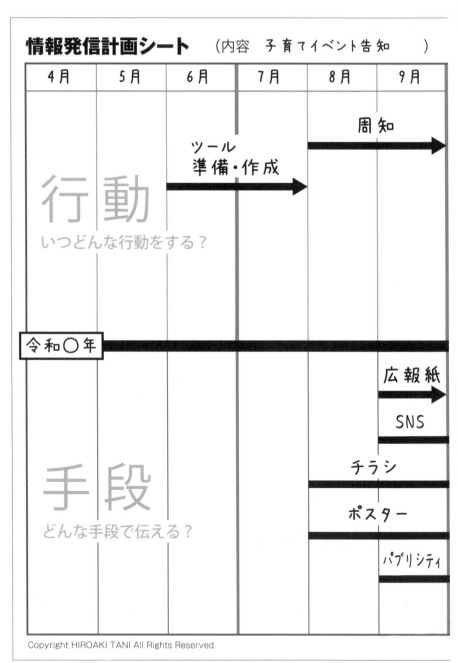

情報発信計画シート　（内容　子育てイベント告知　　）

| 4月 | 5月 | 6月 | 7月 | 8月 | 9月 |

行動
いつどんな行動をする？

ツール
準備・作成

周知

令和〇年

広報紙

SNS

チラシ

ポスター

パブリシティ

手段
どんな手段で伝える？

本シートは、学陽書房HPからダウンロードすることができます（詳細は115頁参照）

（目標　参加者300名　　　）（結果　　　　　　　　）

10月	11月	12月	1月	2月	3月

子育て
イベント
素材撮影
→

アンケート
回収・集計
→

→ 令和△年

→
→
→
→

口コミ
→

見本

3-8

情報発信の振り返りを行う

“伝わる”情報発信に欠かせない「振り返り」

　ここまでお伝えしてきた手順に沿って、無事に情報を発信したら、それで終わりではありません。その後にも、行うべきことがあります。日々の仕事に追われ、忙しいと見落としがちですが、「情報発信の振り返り」は必ず行いましょう。

　仮に、そのときに“伝わる”情報発信に成功し、成果を上げたとしても、必ず課題が残されているはずです。**継続的に“伝わる”情報発信を行うために、「振り返り」は不可欠です。**

設定した行動変容に対して結果はどうなったのか？

　3－4【ターゲットの行動変容を設定する】で定めた目標が、情報発信の結果、どうなったのかを必ず振り返りましょう。これを評価・分析しなければ、「とりあえず情報を発信した」で終わってしまいます。

　例として、3－4で挙げた住民参加型ウォーキングイベントの情報発信に対する評価・分析をしてみましょう。

　この情報発信では、参加人数を100名から150名に増やしています。つまり150名の住民の行動変容を設定しています。しかし、実際の応募人数は120名で、イベント当日の参加者数が95名だとしたら、この時点で目標を大幅に下回っています。

　ここで考えてほしいのが、なぜ下回ったのかです。「設定人数が多すぎたのか」「天候（雨や暑さ・寒さ）はどうだったのか」「開催日時は適

切だったのか（連休の中日に開催したり、他イベントとバッティングしたりしていないか）」「情報発信の内容やツール、配布方法は適切だったのか」など、原因を探ります。大切なのはこれらの原因を検証し、しっかりと対策をして次の情報発信につなげることです。

実際の会話・アンケート等で気づき・課題はあったか？

　加えて振り返りで必要なのは、情報発信をしたターゲットに「聴くこと」。住民と対面での会話はもちろん、アンケート等を利用し、リアルな声を聴くことで、必ず発信した情報に関する「気づき」や「課題」が見えてくるはずです。

　この気づきや課題も、次回からの情報発信をより良くするための大切な要素です。**情報発信が設定どおりうまくいった点は、何が功を奏したのかを分析・確認しておきましょう。設定どおりにいかなかった点は、どこに問題があったのかを検証し、改善点を考えてみてください。**

　先述のウォーキングイベントでは、参加者に直接ヒアリングをしたり、アンケートを実施したりすることで「応募はハガキではなく、スマートフォンからにしてほしい」「時間は午前中がよかった」「ハガキの文字が小さい」などの声が得られました。このような点は、情報の送り手だけではなかなか気づきにくいものです。また、「給水所があったほうがいい」「距離やコースを選びたい」など、イベント運営に関連したヒントも得られるでしょう。

　このように実際の声を聴いたり、アンケートを集めたりして評価・分析し、次回に活かしていくことが継続的に"伝わる"情報発信につながっていくのです。

住民に"伝わる"ために確認したい5W1H

　"伝わる"情報発信を行うためには、情報を受け取る住民が困らないよう、正確・的確な情報を伝える必要があります。

　そうした正確・的確な情報を伝えるために大切な要素が、5W1Hです。ビジネスフレームワークにはさまざまなものがありますが、5W1H は最も汎用性が高く、いろいろな場面で活用できます。

　"伝わる"情報発信においても、この 5W1H をしっかりと意識して情報を整理しましょう。伝えたい内容が明確になり、過不足なく情報を伝えることができます。

When [いつ行うのか]	日程・開始時間・終了時間・期限・季節等を明記しているか
Where [どこで行うのか]	場所・地図等を明記しているか
Who [誰が行うのか] [誰に向けて行うのか]	主催者や運営者等を明記しているか 対象者や参加条件等を明記しているか
What [何を行うのか]	テーマ・問題・事業・サービス内容等を明記しているか
Why [なぜ行うのか]	実施する目的・理由・目標・課題・背景・ねらい・社会的意義等を明記しているか
How [どのように行うのか]	プログラム・持ち物・費用・予算・問い合わせ先・連絡先・申込み方法等を明記しているか

　情報発信のツールを制作した後も、これらに沿ってチェックすることを忘れずに、抜け・漏れのない、住民に"伝わる"情報発信を心がけてください。

"魅せる" デザインの考え方

デザインに正解はありませんが、押さえておけば必ず役立つ考え方があります。ただし、「デザイン＝見た目」だけではありません。「計画」もきちんと考えることで、住民にとって魅力的な情報発信になります。

4-1

いきなりパソコンはNG！

パソコンに向かう前に、情報を整理する

　ここで皆さんに質問です。

　チラシなど、情報発信に使うツール（制作物）をデザインするときのことを考えてみてください。最初に何をしますか？　いきなりパソコンでチラシを作り始める？　ちょっと待ってください。

　チラシなどをデザインする前に、必ずやってほしいことがあります。それは、いきなりパソコンで作り始めるのではなく、まずチラシに掲載する情報を整理すること。

　なぜなら、そもそも、**伝えたい情報自体が曖昧だと、パソコンで作っても、制作物そのものが曖昧なものになってしまう**からです。つまり、せっかくチラシを一生懸命作っても、受け手にとっては「曖昧な情報」となり、結果、伝わらなかったり、誤解を招いたりしてしまうおそれがあるのです。

"伝わる"ための下書き（設計図）を描く

　まずは、伝えたい情報を整理・確認することから始めましょう。CHAPTER3のうち、特に、3－1【目的・手段を整理する】、3－2【ターゲットを選ぶ】、3－4【ターゲットの行動変容を設定する】を改めて確認してください。

　この工程を経ることで、チラシをデザインする前に、伝えたい情報・必要な情報がはっきりと見えてきます。

チラシに必要な情報が整理できたら、その情報を実際のチラシのサイズの紙に鉛筆で手描きしてみましょう。チラシが A4 判であれば、A4 の用紙のスペースの中に、タイトル、文章、写真・イラストの配置等をパソコンに向かう前に書き込んでみるのです

　この下書きが、チラシの設計図になります。「面倒だな」と思うかもしれませんが、手描きは気軽に鉛筆を走らせることができ、やり直しも簡単にできます。**いきなりパソコンで作り始めると、レイアウトをやり直すにも手間がかかり、近道に見えてかえって遠回りになってしまう**のです。

　まずは手描きで全体の設計図を描いておく。このひと手間を加えるだけで、デザインを驚くほど効率よく進めることができます。

まずは手描きで設計図を描く

情報を整理しないで
いきなりパソコンで
作り始めてしまう

情報を整理して
どこに何を入れるか
紙に手描きで書いておく

4-2

情報の3つの要素を意識する

伝えたい情報は順番に見せる

"伝わる"情報発信のツールを制作する際に意識してほしいことは、情報を見せる順番です。

人に伝わるチラシをデザインするポイントは、**「そのチラシを使って、伝えたい人に説明できるか？」**です。チラシは、いろいろな場所に置かれたり、配布されたりしますが、常に作り手がそのチラシについて口頭で説明することはできません。そのため、チラシを見ただけで情報の受け手が内容を理解できるようにする必要があります。そこで、チラシの内容を口頭で説明する順番を意識しながら、情報の要素を区切ってみましょう。

情報の要素は3つに区切る

情報の要素は、3つに区切るのがおすすめです。

まずは、**①チラシを手に取ってもらうための「心をつかむ情報」**です。ターゲットを具体的にすればするほど、「そのターゲットにはどんな言葉が刺さるのか」「どんなイラストや写真ならインパクトがあるのか」などが見えてきます。次頁の例でいえば、「友達作り」がキーフレーズです。

そして、**②このチラシに目を留めてくれたターゲットに対して、「さらに興味を持たせる情報」**を掲載します。「どんなことをやって友達作りをするのかな」「どんな人がいるのかな」「どんな雰囲気なのかな」など、

ターゲットがさらに気になるような情報（おすすめ要素や写真・メリットなど）を載せていきます。

　最後に、③**ターゲットに参加を促すための「行動してもらう情報」**を5W1Hの視点で整理して掲載すれば、ターゲットの行動変容を喚起させる"伝わる"情報に仕上げることができます。

情報は3つの要素に区切る

デザインは「見た目」+「計画」の両輪で考える

デザインは「見た目」と「計画」

"伝わる"情報発信を行うために、デザインは欠かせないものです。

この「デザイン」について、皆さんは「見た目（モノや形）」のことだと思っていませんか？　確かに、それも正解です。

しかし、「デザイン」を考える上でもう1つ大切な考え方があります。それは、**「計画」することも「デザイン」に含まれる**ということです。

デザインが持つ2つの意味

広義の "デザイン"	狭義の "デザイン"

調査をする　分析をする　設計をする	チラシ　　自動車　　バッグ
計画する	モノに形を与え、見た目を整える

つまり、「デザイン」とは、見た目はもちろん、機能性、コミュニケーション、実現性、経済性、社会情勢といった、課題解決・目的達成に関わるさまざまな要素をふまえ「計画」することを意味します。

もちろん、狭義の「デザイン」（見た目）も大切です。しかし、それだけではなく、**課題解決・目的達成に向けて、どのように情報発信をしたら伝えたい人に"伝わる"のか、全体を見据えた「計画」も併せて考え**

る必要があります。それが「デザイン」なのです。

デザインがカッコいいだけでは伝わらない

　私が普段行っているチラシデザイン講座では、「デザインは少しハードルが高い」「私にはセンスがない」「デザインをカッコよくしたい」といったデザイン（見た目）に関する悩みをよく聞きます。これに対して、私はいつも「デザインに正解はない」とお伝えしています。

　確かに、チラシのデザイン（見た目）がカッコよかったり、オシャレだったりすれば、目に留まるかもしれません。しかし、実際に"伝わる"かどうかは別問題です。伝えたい人に伝わるためには、「見た目」だけではなく、しっかりとした計画までをセットで考えなければ、きっと"伝わる"までには至らないでしょう。

　ターゲットに"伝わる"きっかけの1つとして、「カッコよさ」「オシャレ感」も大切です。しかし、もっと大切なのは、伝えるべきターゲットをしっかり意識・想像し、「このデザインは受け入れられるのか」「文字だけでなく適度にイラストが入っているか」「文字は見やすいか」といった見た目はもちろん、配布先や内容などの計画についての配慮を施すことです。

　チラシをデザインする目的が「カッコいい・オシャレなチラシを作ること」になってしまわないよう、注意しましょう。

レイアウトを知る

「レイアウト」とは何か？

　"伝わる"情報発信を行うにあたって、特に具体的な制作物を作る際に、「デザイン」とともに知っておきたいのが「レイアウト」です。

　もしかしたら「レイアウト＝デザイン」というイメージが強いかもしれませんが、少し違います。「レイアウト」は、デザインの中の一部と考えるとわかりやすいでしょう。

　この「レイアウト」という言葉は、私たちの身近な場面でよく使われています。例えば、「部屋の家具をレイアウトする」だったり、「制作物（広報紙・チラシ・ポスター）の紙面をレイアウトする」だったり。一般的に「配置する」という意味で捉えられています。

　辞書を調べてみても、「レイアウト＝配置」で間違いないのですが、ここで注意することがあります。

　「レイアウト」は、限られた一定のスペースの中に、構成要素（文字・写真など）を最も効果的に配置する作業であるということです。

　例えば、部屋に家具をレイアウトする場合、住む人にとって気持ちよく生活できる配置でなければ、良いレイアウトとはいえません。同様に、紙面をレイアウトするのであれば、読み手にとって見やすく、わかりやすい配置でなければ、良いレイアウトとはいえず、伝わりません。

　つまり、伝わる制作物を作るには、目的もなく、とりあえず「置く」のではなく、**適切な場所に目的を持って「配置する」必要がある**のです。

　例えば、次頁の例でもわかるように、顔として認識してもらうには、図形をどう配置すればいいのかを考えなければなりません。

レイアウト＝配置すること

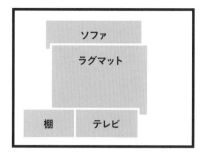

【家具の配置】
家具を部屋のどこに置くか？

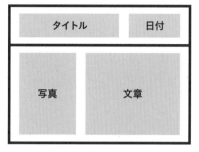

【制作物の編集】
文字や写真を紙面のどこに置くか？

「顔」と認識してもらいたい場合のレイアウトの例

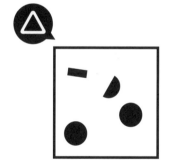

とりあえず配置する
（ただの図形に見えてしまう）

顔を意識して配置する
（顔に見える）

　つまり、「レイアウト」とは、ターゲットに "伝わる" ために「見た目」（モノや形）を構成する要素（色・文字サイズ・書体・写真等）を目的を持って配置するということなのです。

　わかりやすく伝わるために、どう配置すればよいか。「なんとなく」「とりあえず」ではなく、「目的を持って」配置する。これが、"伝わる" レイアウトの基本です。

「四つ折り」と「箱」で
簡単レイアウト

ラックにチラシを入れるときは「四つ折り」で作る

一生懸命チラシを作っても、伝えたい人に手に取ってもらえず、見てもらえなければ意味がありません。「見た目」の観点からデザインを整えるだけでなく、「計画」の観点から見てもらうための工夫を施すことも必要です。

そこで、チラシを見てもらうためのレイアウトのコツを2つ紹介しましょう。

写真提供：茨城県龍ヶ崎市

1つ目の工夫は、「四つ折り」のレイアウトです。公共施設では、写真のようなラックにさまざまなチラシが入れられている光景をよく目にします。このような場合、チラシ同士が重なり合い、それぞれのチラシは上の部分しか見えません。

そこで、チラシがA4サイズであれば、チラシを作る前に下書き用紙を四つに折って設計図を

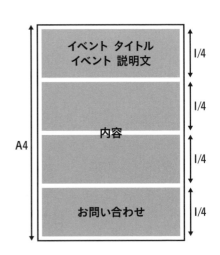

作ってみてください。そして、必ず**ラックに入れた状態でも見える上部には、どんな内容かが一目でわかるタイトル、説明文を入れておく**のです。こうすれば、他のチラシがたくさん入っているラックに入れても、埋もれず、ラックを見た人に手にとってもらえる確率が高まります。この方法は、特にチラシ作成の初心者におすすめです。

「箱」単位でレイアウトすれば、見やすくなる

2つ目の工夫は、「箱」でレイアウトすることです。

つまり、伝えたい情報を5W1Hを意識して整理した上で、それらの要素をすべて「箱」で区切り、パズルのように配置します。要素の優先順位、情報量に応じて箱のサイズを変えて配置し、下部にまとめると、簡単に見やすいレイアウトにすることができます。

箱で区切ってパズルのようにまとめる

4-6

読み手の目線は 「N」「Z」「F」の動きで誘導する

受け手の「目線」を意識する

　チラシを情報の受け手が見やすいように作るために、気をつけたいポイントの1つに「目線」があります。

　チラシやポスターは、ほとんどが長辺を縦に使う「縦位置」で作られていますが、中には、長辺を横に使う「横位置」もあります。そして、チラシやポスターに記載されている日本語は、「縦書き」「横書き」の2種類。**この制作物の「縦位置」「横位置」と文字の「縦書き」「横書き」の組み合わせを考えれば、情報の受け手が見やすい「目線」がわかってきます。**この「目線」をふまえ、文字を太くしたり、大きくしたり、インパクトのある言葉を考えたりするなど、工夫をするといいでしょう。

「縦位置（制作物）」×「縦書き（文字）」

「横位置（制作物）」×「縦書き（文字）」

文字が縦書きの場合、
見た人の目線は右上にいく。
目線が「N」の動き

「縦位置（制作物）」×「横書き（文字）」

「横位置（制作物）」×「横書き（文字）」

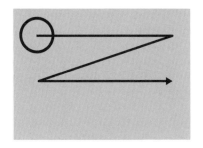

文字が横書きの場合、
見た人の目線は左上にいく。
目線が「Z」の動き

デジタルツールも「目線」を意識する

　パソコンやスマートフォンによる情報発信でも、「目線」の考え方は大切です。しかし、チラシやポスターとは少し異なります。デジタルツールは「横書き」なので、「目線」は左上からスタートします。さらに記事等の内容を読み進めていく際は、縦に画面をスクロールします。つまり、受け手の「目線」は左から右へ、そして下にスクロールする動きになります。

「横位置（制作物）」×「横書き（文字）」

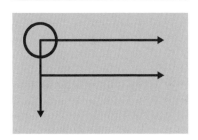

「縦位置（制作物）」×「横書き（文字）」

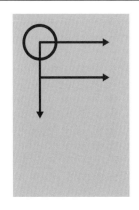

見た人の目線は左から右へ
そして下にいく。
目線が「F」の動き

4-7

「見やすさ」は
余白の取り方で決まる

「見やすさ」が"伝わる"につながる

A4の用紙いっぱいに文字がびっしりのチラシを見ることがあります。このようなチラシを見るたびに「読み手のことを考えていないな……」と思ってしまいます。

チラシを作り、情報を発信する側が「せっかく作るのだから、いろいろ載せたい」と思う気持ちもわかります。しかし、よく考えてほしいのです。余白もなく、文字がびっしりのチラシを見て、一語一句読んでくれる人がどれだけいるでしょうか？　どんなに一生懸命作っても、見てもらえなければ、伝わりません。

"伝わる"制作物を作るには、「見やすさ」も大切です。情報発信の先には、必ず情報を受け取る相手がいます。チラシも受け手にとって見やすいほうが、"伝わる"確率が上がります。言いたいことだけを載せた一方的な情報発信になっていないか、注意しましょう。

下書き時に外枠の「余白」を作っておく

見やすいチラシを作るための第一歩として、まず盛り込む要素をレイアウトする前に、**外枠の上下左右に設ける「余白（幅）」の長さをできるだけ統一してみてください。**

上下左右の「余白（幅）」が統一されるだけで、見た目が落ち着きます。チラシを作るときは、まず外枠に余白を作ってからレイアウトを始める。このクセを身につけておきましょう。

上下左右の余白（幅）を統一する

　また、各要素（4-2、4-5 参照）の間隔も一定のスペースがあると見た目に余裕が感じられ、見やすくなります。細かいかもしれませんが、この配慮が受け手の「見やすさ」につながるのです。

各要素の間隔に一定のスペースを設ける

4-8

文字にメリハリをつける

大きさ・太さ・色を変える

チラシの内容をわかりやすく伝えるためには、文字の大きさや太さに変化をつけることも重要です。変化をつけるポイントは、「①大きさを変える」「②太さを変える」「③色を変える」の３つです。

【見本1】文字の大きさ・太さにメリハリがない例

第49回 ねりとも100 ワールドカフェ
（多世代交流会）

練馬のみなさん！
一緒に友達作り、しませんか？

様々な世代を越えて"つながる"交流会に
あなたも参加しませんか？
多世代交流の新しい手法"ワールド・カフェ"
で楽しく語り合います。

こんな人にオススメ
○練馬で友達が欲しい！
○練馬で何かしたい・盛り上げたい！
○練馬をもっと知りたい！
○若者・シニア世代と交流したい！
○パパ・ママだけど子連れで参加したい！
○区外の方も参加できます！

開催日／2020年1月19日（日）14：00〜16：30
定員／25名　参加費／500円（配布資料代等として）
場所／ココネリ3F 多目的室1・2（西武池袋線 練馬駅 徒歩2分）
※満席が見込まれますのでご予約をお願いします。
【問い合わせ・申し込み方法】
電話／03-5241-8116（担当：西江）
受付時間／10：00〜17：00
メール／neritomo100@gmail.com
WEBサイト／ねりとも100で検索！

主催：ねりとも100　チラシデザイン：合同会社MACARON

86

【見本1】は、タイトルと説明文の文字の大きさ、太さがあまり変わらず、ただ文字を打っただけの印象です。

一方、【見本2】は、タイトルとそのすぐ下にある説明文の文字の大きさが異なり、何を伝えたいのかが明確です。さらに、タイトルの中で最も伝えたい「友達作り」というキーワードを強調し背景に色を配置することで目立たせています。このように、文字要素にメリハリや色をつけることで、「何を伝えたいのか」が明確になります。

【見本2】文字の大きさ・太さにメリハリをつけた例

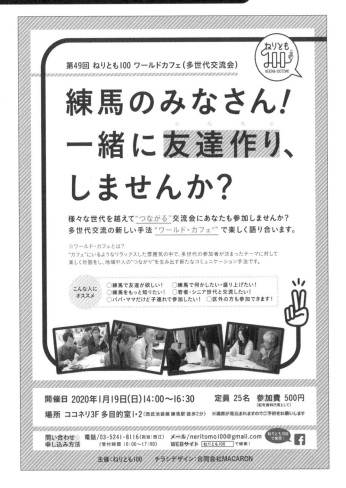

4-9

書体は「目的」で使い分ける

書体の特徴と与える印象

　どんな書体を使うかも、"伝わる"情報発信の大切な要素です。大切なのは、情報の受け手にとっての「見やすさ、読みやすさ」です。

　そこで知っておきたいのは「ゴシック体」「明朝体」「丸ゴシック体」「ポップ体」の大きく4つの書体。加えて文字の太さも種類があります。

　使う書体や太さによって、受け手に与える印象や使いどころなどが違うので、特徴を押さえておきましょう。

　気をつけたいのは、チラシやポスター等でたくさんの書体を使いすぎてしまうこと。**いろいろな種類の書体を使うと、読みづらくなってしまうため、できるかぎり書体は1、2種類に絞って使うようにしましょう。**また、多くの住民にとって読みやすいUD（ユニバーサルデザイン）フォントもあります。使える環境があれば使ってみてもよいでしょう。

ゴシック体

伝わる情報発信　**伝わる情報発信**

　「ゴシック体」は、縦横の太さが均一で飾りがほとんどないのが特徴です。**視認性が高く、太くするとタイトルや見出しに向いています。**細くすると、スマートな印象にもなり、本文や説明文などにも使えます。短文でお得感や親近感・元気な印象を演出する際に使用すると効果的。また、プレゼン資料などの「見せる」情報発信にも向いています。

明朝体

伝わる情報発信 　伝わる情報発信

　「明朝体」は、真面目・高級感・上品なイメージを演出する際に使用すると効果的な書体で、女性ターゲットの場合にも向いています。レポートや報告書、企画書等の長い文章を「読ませる」ときには、細い明朝体を使うのがおすすめ。**長い文章に太い明朝体を使うと、紙面全体が黒く見えてしまい可読性が低下するなど、受け手の目にも負担がかかるため、注意が必要です。**

丸ゴシック体

伝わる情報発信 　**伝わる情報発信**

　「丸ゴシック体」は、ゴシック体の角や端を全体的に丸くした、カジュアルでやさしい印象や楽しさが伝わる書体です。ゴシック体と同様に視認性が高く、**親子・子ども向けやシニア向け、さらにイベント等の情報発信におすすめの書体**でもあります。

ポップ体

伝わる情報発信 　**伝わる情報発信**

　「ポップ体」は、手書き風や装飾が施された書体の総称で、さまざまなものがあります。**親しみやすさや可愛さという印象を与える反面、長い文章に使うと可読性も視認性も低いため、基本的にはおすすめしません。**ただし、イベントのお知らせや折込チラシ等、多くの人たちに楽しさや魅力等を伝える際に使うと効果的な書体になります。

4 - 10

文章5割、写真5割で構成する

写真・イラストを効果的に使う

　写真やイラストは、実は文字よりも多くの情報量（色・形・雰囲気・イメージ）が詰まっています。そのため、**文字と写真・イラストを併用すれば、内容をよりわかりやすく伝えることができます。**

　写真やイラストを入れる割合は、「文章5割、写真（イラスト）5割」を目安にするといいでしょう。

　ただし、ターゲットによっても目安の割合は変わります。若者向けであれば、イラストや写真を多めに、文字はできるだけ少なめ（「文章4割、写真（イラスト）6割」など）にします。

　また、例外もあります。「歴史・文化」などの専門性の高いテーマで、かつターゲットが「歴史・文化」に興味がある層であれば、文字情報が少し多めでも見てもらえる可能性は高くなります。

◀ 写真を使う場合

・人を取り上げる場合（著名人・住民）

・雰囲気を伝えたいとき（イベントの様子・雰囲気）

・正確な情報を伝えたいとき（報告・事実・証拠）

◀ イラストを使う場合

・ポジティブなイメージを伝えたいとき（ワクワク感・魅力）

・ネガティブなイメージを緩和したいとき（生々しさ・衝撃的なもの）

・文字や数字などを直感的に伝えたいとき（統計・数値）

写真を使った広報紙の例

「広報すぎなみ」平成 29 年 7 月 15 日号

イラストを使った広報紙の例

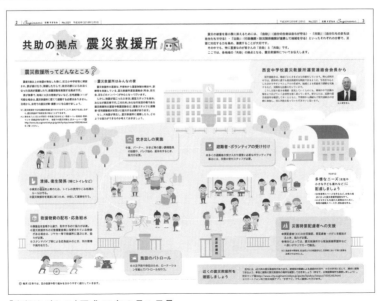

「広報すぎなみ」平成 30 年 2 月 1 日号

4-11

写真は「目的」を持って撮る

何のための写真か、何を伝えたいのかを明確に

　カメラを始めた人は、上手な写真を撮ろうとして、技術を追い求めがちですが、それだけでは "伝わる" 写真は撮れません。

　「"伝わる" 写真」とは、撮影者が目的を持って撮影している写真です。目的に沿って撮影すれば、技術がなくても必ず伝わります。一方、たとえ優れた技術を持っていても、「目的もなく、とりあえずシャッターを押した写真」だと、何を伝えたいのかがわからない写真になります。

　まずは、**あらかじめ「何のためにその写真を撮影するのか？」（目的）を明確にしましょう。**イベントの報告書に使う場合と、イベント案内のポスターに使う場合では、目的が異なります。目的が違えば、当然、撮影すべき写真も変わってきます。

　目的が明確になれば、何をどのように撮影すべきかが見えてきます。つまり「伝えたいこと」です。イベントの報告書に用いる写真であれば、目的は「イベントの開催結果を理解してもらうこと」です。住民が参加している様子を全体が写るように「引き」で撮影すればよいでしょう。

　一方、イベント案内のポスターの写真であれば、目的は「イベントに参加してもらうこと」です。写真を見た人に「参加してみたい」「楽しそう」と思ってもらうことが大切です。例えば、参加者の楽しそうな笑顔やさまざまな催し物の様子等を被写体に近づいて「寄り」で撮影しておくことで、イベントの雰囲気をリアルに伝える写真になるでしょう。

　"伝わる" 写真を撮影するには、事前に「目的」と「伝えたいこと」を明確にしておくことをおすすめします。

"伝わる"写真の例

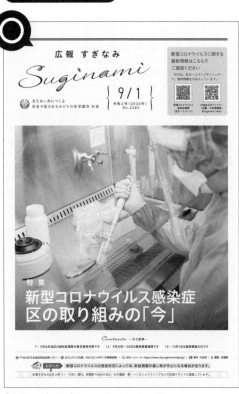

「広報すぎなみ」令和2年9月1日号

【OKなポイント】
表紙写真の目的は、コロナ関連の区の取組みを伝えること。「寄り」で撮っているため、視点が定まり、「検査の様子」がよくわかる。

"伝わらない"写真の例

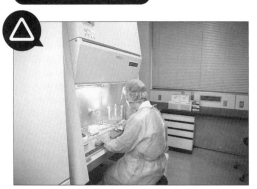

写真提供：市村智宏

【NGなポイント】
「引き」で撮っているため、写っているものが多く、視点が1つに定まらず、「検査の様子」がわからない。

CHAPTER

4

"魅せる"デザインの考え方

4 - 12

SNS をデザインする

SNSにおける情報の「伝達」と「拡散」

　よく「SNS を使えば拡散される」といった話を耳にします。

　しかし、SNS を使ったからといって、誰でも簡単に情報を拡散することができるわけではありません。SNS を使えば、一定の人たちに情報を「伝達」することができますが、**「拡散」されるためには、仕組みを理解した上で、工夫することが必要です。**

　まず、SNS による情報の「伝達」について考えてみましょう。

　投稿者が情報発信をすると、投稿者を知っている友達・フォロワーに伝達されます。そして、友達・フォロワーは、共感すれば、「いいね」や「シェア」などの形で反応します。共感する理由は場合によって異なりますが、多くの場合、「○○さんのことだから」といった、自分が親近感を持つ（関係性のある）相手の投稿だからです。

　しかし、投稿者の友達・フォロワーが行った「いいね」や「シェア」を見た、投稿者とは直接関係のないユーザー（第三者）がさらに反応を起こすことは、あまりありません。なぜなら、第三者にとって、投稿者は見知らぬ他人にすぎず、親近感を持つことは稀だからです。

　一方で、第三者であり、投稿者と直接関係のないユーザーが、「いいね」や「シェア」をし、それがさらに広がる場合もあります。これが、情報の「拡散」です。

　情報の「拡散」を起こすためには、投稿者と直接関係のない第三者にも共感される内容、さらにいえば、心の琴線に触れる必要があります。つまり、発信された情報が、投稿者との関係性の有無にかかわらず、受

け手の心の琴線に触れる内容だったときに、「いいね」や「シェア」が連鎖的に起こり、情報が「拡散」されていくのです。

　このように、情報拡散のポイントを理解した上で、4－3で述べた「デザイン」の広義の意味（計画）も意識しながらSNSを活用することが、"伝わる"情報発信のコツです。

SNSにおける情報の「伝達」

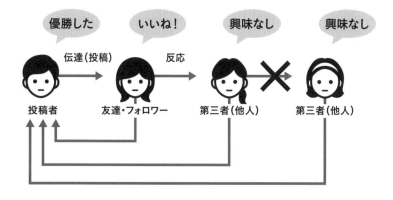

例）SNSの情報「伝達」の場合

SNSにおける情報の「拡散」

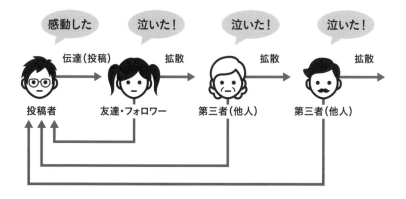

例）SNSの情報「拡散」の場合

拡散に必要なキーワード「琴線」

　SNSの情報を拡散させるためには、情報の受け手の「琴線」に触れる情報発信を心がけることが大切です。ターゲットや伝えたいこと、行動変容などを設定しつつ、受け手の琴線に触れる情報はどのようなものかを考えてみましょう。

　人は感動したり共感したりすると周りの人に伝えたくなります。 まさに **「自分の気持ちをわかってほしい」「みんなに知らせたい」** といった気持ちです。

「琴線」に触れた拡散の例①（感動、感謝）

 杉並区広報課 @suginami_koho・May 22
区民の皆さまから #ごみ収集 に対する多くの励ましのお手紙をいただいております。通常時に比べてごみ量が増えて収集時間が遅くなるなどご迷惑をおかけしているにもかかわらず、温かいお声をいただき、それを励みに職員一同頑張っています！心から感謝申し上げます。
#杉並区

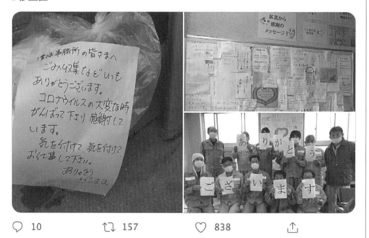

💬 10　　　⟲ 157　　　♡ 838

「琴線」に触れた拡散の例②（怒り、心配・困惑、恐怖）

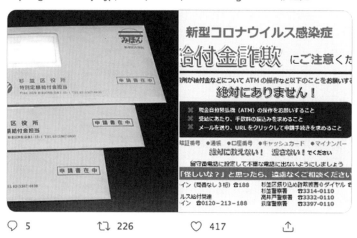

↻ 杉並区広報課 Retweeted

 杉並区（地震・水防情報等） ✔ @suginami_tokyo · May 19　　∨

給付金詐欺にご注意ください！区では5月18日から月末にかけて順次、特別
定額給付金の郵送申請に必要な書類を全世帯主宛に送っています。区からこ
ちらの封筒以外でお送りすることはありません。「おかしい」と思ったら
「詐欺被害ゼロダイヤル」03-5307-0800へ

city.suginami.tokyo.jp/news/r0205/105... #suginami #杉並区

💬 5　　　　↻ 226　　　　♡ 417　　　　⬆

「琴線」に触れるポイント

【驚き】	【興味】
これはすごい！びっくり!!	面白い！自分は好き！
【発見】	【納得】
すごく便利！	へえ～なるほど！わかる！
【感謝】	【感動】
ありがとう！	感動した！考えさせられた！
【怒り】	【疑問】
許せない！	なぜ？よくわからない……
【心配・困惑】	【恐怖】
気になる、困る……	恐ろしい！怖い！

CHAPTER 4

"魅せる"デザインの考え方

繰り返す「なぜ？」のススメ

"伝わる"情報発信をするにあたり、ターゲットにとって魅力的で、斬新な内容や面白いアイデア・企画を考えられれば、話題になり、伝わりやすくなるかもしれません。

しかし、斬新な内容や面白いアイデア・企画を考えることは、なかなか難しいもの。すぐに頭に思い浮かぶことはないでしょう。そこで、普段の生活の中で簡単にできる発想力・企画力を鍛えるトレーニングをお伝えします。

それは、皆さんの身の周りにある情報に対して、常に「なぜ？」を問いかけ続けることです。CMやチラシ、ポスター、他自治体の広報紙・情報発信……気になったものなら何でもOKです。

例えば、テレビを見ているときに、ある商品のCMが流れていたとします。そのときに、「なぜ、この商品でこの表現なのか？」「なぜ、このCMはこのタレントを使っているのか？」「なぜ、この時期（時間帯）にCMを流しているのか？」「なぜ、テレビCMなのか？」など、さまざまな視点から細かく掘り下げて考えてみるのです。

この掘り下げる作業を日々繰り返すと、本書で掲載した「情報発信の目的（なぜ伝えたいのか？）」「ターゲット（どんな人に伝えたいのか？）」「情報発信の手段（どのツールを使って伝えるのか？）」「情報との接点（どこで知ってもらうか？）」などの項目が自然と分析できるようになります。

つまり、このトレーニングを行うことで、CMが制作された背景が読み解けるようになります。CMを例に挙げたように、皆さんの課題感に近い情報を取り上げてこのような視点で掘り下げていく。そうすることで、次第に発想力・企画力が身に付き、ターゲットに"伝わる"情報発信を実現することができるはずです。

CHAPTER **5**

"刺さる"
言葉の作り方

どんなに見映えのいいデザインでも、書かれている
言葉が魅力的でなければ、住民の心はつかめません。
行政が発信する情報として、信頼感も大切にしながら、
住民に"刺さる"言葉を作りましょう。

5-1

ベネフィットを盛り込む

受け手に「未来の姿」をイメージさせる

　"伝わる"情報発信を行う上で、すべての工程に共通することは「受け手中心で考える」ということです。

　タイトルも、「受け手が何を求めているのか」「どのような問題を解決したいのか」を考えます。

　具体的には、次の3つのポイントがあります。

①悩　み……○○で困っている
②願　望……○○だったらいいなあ
③価値観……○○が好き、○○に興味がある、○○をしてみたい

　これらをイメージし、「ベネフィット」を言葉に入れて受け手に訴えかけましょう。「ベネフィット」とは「商品やサービスで受け手が得られる利益や変化（未来の姿）」です。この「ベネフィット」をタイトル等の言葉に盛り込むことで"伝わる"情報発信、つまり行動変容の後押しをしてくれます。

　実際のチラシを見てみましょう。次頁のチラシ（例①）のタイトルに含まれた「ベネフィット」は、「伝えたい人に『伝わるスキル』が身に付く3日間！」です。このタイトルを見た受け手は、「この講座を受ければ『伝わるスキル』が3日間で身につくのか。受けてみようかな」と、講座後に変化（成長）した自分、つまり未来の姿をイメージできるのです。

ベネフィットを盛り込んだチラシの例①

2019年度フミコム広報力アップ講座

伝えたい人に『伝わるスキル』が身に付く3日間！

フミコムPRカレッジ

前回、前々回と大好評だった広報講座「あなたのそのチラシ、伝えたい人に伝わっていますか？」の講師がお送りする、「広報の本質」と「伝わるスキル」を身につけるための3日間。少人数制・ゼミスタイルでの実践型講座です。本気で広報力をアップしたいあなたのご参加をお待ちしています！

9/7 第1回
13:00〜15:30
広報のキホン
伝えたい人を見つけよう
広報とは何かの基礎を学び、伝えたい人は誰なのかをワークを通じて確認・整理をします。

9/21 第2回
10:00〜12:30
チラシタイトルのキホン
チラシデザインのキホン
伝えたい人に伝わるメッセージ・見せ方をギュッと凝縮した座学とワークで学びます。

9/28 第3回
13:00〜15:30
みんなで考える
伝わるチラシクリニック
第1回・2回をもとにどうしたら伝えたい人に伝わるのか？チラシを講評しながら考えます。

講師	**谷 浩明さん** コミュニケーションデザイナー 杉並区広報専門監
会場	フミコム C-base
費用	3,000円(全3回) ◎実践ファンドレイジングゼミを受講している方は2,000円
定員	8名程度（申込順/1団体2名まで/3回全部出席できる方）
対象	主に文京区内で地域貢献活動を行っている団体・個人で広報に課題を感じ、伝え方を学びたい方
申込	電話またはメールにてお申込み ◎必要事項：氏名、団体名、電話、メール

申込み問合せ

地域連携ステーション フミコム
文京区本郷4-15-14文京区民センター地下1階
電話：03-3812-3044 FAX：03-5800-2966
メール：fumikomu@bunsyakyo.or.jp

フミコムは、文京区社会福祉協議会が区や地域住民・ボランティア・NPO・企業・大学等と連携して新たなつながりを創出し、地域の活性化や地域課題の解決を図っていくための協働の拠点です。

制作：文京区社会福祉協議会・地域連携ステーションフミコム（根本真紀）

CHAPTER 5

"刺さる" 言葉の作り方

101

受け手の立場に立って考える

　もう１つ例を挙げましょう。次頁のチラシ（例②）のタイトルにも「ベネフィット」が入っています。どの部分がベネフィットでしょうか？

　それは「あなたのチラシが大変身!?」という言葉です。このチラシを見た人は、「この１日集中講座を受ければ、自分の作ったチラシが人に伝わるように大変身するかもしれない！」と、講座の恩恵を受けている未来の自分を想像できるでしょう。その結果、**期待感を喚起させ、講座参加という行動変容につながる**ことになります。

　さらに「ビフォー・アフター」という言葉も、受講前・受講後で大きく変わる姿を想像させるでしょう。

「ベネフィット」と「メリット」の違い

　「ベネフィット」と混同されがちなのが、「メリット」です。

　メリットとは、「商品やサービスの売りや特徴」です。

　つまり、例えば、アルバイト募集の場合であれば、「未経験者歓迎」や「週２回・平日可」などは、メリットです。これに対し、「正社員登用あり」であれば、適性や能力次第で正社員になれる可能性があることがわかり、ベネフィットといえます。

　「メリット」と「ベネフィット」の関係は、必ず「メリット」があって「ベネフィット」が発生します。この**「メリット」と「ベネフィット」をセットで考えられると、情報発信ツールに盛り込む言葉の説得力や受け手の納得感を高めることができる**でしょう。

市民活動スキルアップ講座　広報・デザイン編

あなたのチラシが大変身!?
"伝わる"チラシの
ビフォー・アフター!
1日集中講座

「チラシを作っても人が集まらない…」「自分で作ったチラシを見直したい…」
を1日で解決!!
制作したチラシを講師からアドバイス。伝えたい人により伝わるチラシに変身させる講座です。

日　時	**2019年7月27日（土）13:00〜17:00**
会　場	**菊川市市民協働センター**（菊川市堀之内61 菊川市役所北館1階）
対　象	NPO、市民活動団体、自治体職員、地域活動に関心のある方など
参加費	1000円　**定員** 限定10組　**持ち物** パソコン 制作したチラシ（現物とデータ）
申込方法	お名前、ご住所、電話番号、メールアドレス、性別、所属団体（あれば）をご記入の上 TEL・FAX・メール・お申込みフォームまたは来館にてお申込みください。

講師：谷 浩明氏【東京都杉並区広報専門監、コミュニケーション・デザイナー】

広報・情報学修士（MICS）。藤枝市出身。常葉学園菊川高等学校美術デザイン科卒。
デザインだけでなくコミュニケーションをデザインすることを主軸とし、NPO・市民団体などのデザインや広報サポート、
研修を多数実施。2016年からは東京都杉並区広報専門監として、行政組織が行う広報・コミュニケーション活動もサポート
している。H29年度東京都広報コンクール最優秀賞受賞など受賞歴多数。

申込み 問合せ　**菊川市市民協働センター**
TEL / FAX：0537-35-2220　メール：kikucen1g@gmail.com

お申込みフォーム

担当部署：菊川市市民協働センター／制作：NPO法人アートコラールきくがわ

ニュース性を訴求する

人はニュースが好き

　"伝わる"ための言葉を考えるときに意識したいポイントの1つが「ニュース性」です。これは、新規性や話題性など、ニュースにする価値があるかどうかを意味します。"伝わる"言葉を作るために注目してもらうための「ニュース性」を訴求する4つのポイントを挙げます。

📢 「初」「新」

　新規性のある事柄は「自治体初」「新発見！」といった言葉を使うと、よりインパクトのあるニュースになります。注意点は、その事実が本当に「初」「新」なのか。正確な事実確認をした上で用いましょう。

📢 「ついに」「いよいよ」「話題の」「期待の」

　待望感を表す言葉です。主体は情報の受け手。これらの言葉も本当に受け手から待ち望まれていたものか、確認が必須です。

📢 「発表」「公開」「宣言」「告白」

　話題性をアピールする言葉です。主体は情報の送り手であり、一方通行の情報発信になりますが、「ニュース性」が高いのは間違いありません。

📢 「特別に」「今なら」

　限定感や希少性を訴求する言葉です。注目されやすく、受け手の行動変容のスピード感も期待できます。

26. 12. 11
杉並区広報課

全国初の自治体間連携
南伊豆町に特別養護老人ホームの整備を合意！

介護が
護老人ホ
に達し、

今後、
ても入所希
入所希
地との財
護老人ホ

現行の
民が入所
きな壁と
もに、厚
した「都
課題とし
この度
たことか
県の三者

【基本合
① 杉並区
絆を深
② 両自治
③ この間
よる特

【杉並区

平成
検討
都
るも
とし
今後

【問い

「広報すぎなみ」平成29年7月1日号

5-3

初めて読んだ人にも わかりやすい言葉を使う

難しい言葉は「言い換え」か「補足説明」をする

デザインやタイトル、キャッチコピー等のすべてに共通して大切なことは、「初めて読んだ人でも理解できるか」です。

よくある例として、横文字（英語）や業界内で使っている専門用語などを使ってしまっている制作物を見ます。多くの人は、わからないことがあったとき、興味がなければわざわざ調べようとはしません。「面倒だから、もういいや」となりがちです。もし、横文字や専門用語等を使う場合は「言い換える」か「補足説明」をするようにしましょう。

補足説明を入れる

様々な世代を越えて"つながる"交流会にあなたも参加しませんか？
多世代交流の新しい手法"ワールド・カフェ※"で楽しく語り合います。

※ワールド・カフェとは？
"カフェ"にいるようなリラックスした雰囲気の中で、多世代の参加者が決まったテーマに対して
楽しく対話をし、地域や人の"つながり"を生み出す新たなコミュニケーション手法です。

読まれなければ、伝わらない

ダラダラ長い文章や、回りくどくて瞬時に理解できないタイトルやキャッチコピーは、受け手の読む気を失わせます。読まれなければ、伝わりません。読んでもらうために、次の2点を意識しましょう。

1点目は、一瞬で内容を理解できるタイトルを考えること。受け手がそのタイトルや文字を見た瞬間に、「結局何が言いたいのか」を理解できることが大切です。ターゲットに一瞬で内容が伝わり、興味・関心を惹くものでなければ、手にとってもらえません。

2点目は、メッセージは1つに絞ること。わかりやすく、簡単に主題を伝えましょう。主題と関係のない無駄な言葉を長々と書くことは避けましょう。

どうしても伝えたいことがあるものの、タイトルにすると長くなってしまう場合は、**メインの言葉とサブの言葉、2つに分けて考えましょう。**

メインタイトルは「伝えたいメッセージ」にして、その他の情報はサブタイトルにすることで、まとまった情報発信が可能になります。

メインの言葉とサブの言葉に分ける

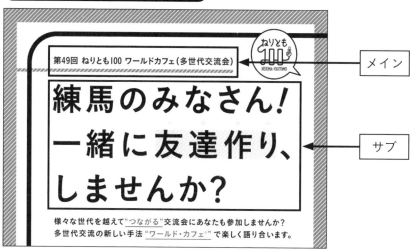

5-4

ハードルを下げる

受け手にとっての「手軽さ」を考える

　行動変容を促すには、情報の送り手が発信する言葉を、受け手に受け入れてもらう必要があります。「難しそうだな」とか「面倒だな」と思われてしまっては、伝わらないし、行動も変わりません。そこで、受け入れてもらえるタイトルを考えるときには、「手軽さ」を感じられる言葉を考えましょう。

　つまり、**受け手に「これなら自分でもできそうだ！」と思ってもらう**のです。「ハードルを下げる」ともいえます。まずは自分自身が受け手の気持ちになって、どんな言葉だと手軽さを感じられるか、よく考えてみましょう。

　例えば、「初心者向けパソコン教室」という言葉を例にしてみましょう。この言葉から受ける印象は、文字どおり「初心者が通う普通のパソコン教室」といったところであり、それ以上でもそれ以下でもありません。これに対して、次のタイトルはどうでしょうか。

> ## 「初心者でも簡単！快適！パソコン活用講座」

　「簡単！」という言葉から「手軽さ」を伝えることができ、「快適！パソコン活用」という言葉で受け手にとってのベネフィットを含んだ期待感も感じさせることができます。

「心の声」が受け手の行動変容につながる

タイトルに「なるほど！」「納得！」「こんなの欲しかった！」「そうだったのか！」といった「心の声」を表す言葉や、「ワクワク」「ドキドキ」といった「心の動き」を表す言葉も、ハードルを下げ、行動変容を喚起することができます。

ハードルを下げて行動変容を促すチラシの例

5-5

「数字」を使い、信頼を得る

裏付けされた具体的な数字を出す

抽象的な言葉では、情報の受け手は具体的なイメージを持つことはできません。そこで、最も具体的な言葉、「数字」を使いましょう。

「数字」は受け手に具体的な情報を与え、インパクトのあるリアルなイメージを持たせることができます。

次頁のチラシは、CHAPTER1で紹介した、東京都文京区の「子育て応援メールマガジン登録のためのチラシ」です（再掲）。この子育て応援メールマガジンに登録すると、医師の確かな子育て情報や赤ちゃんのケア情報、保育施設やイベント情報等が届きます。

チラシを作る際に注目したのは、利用者のアンケートでした。

アンケートでは、この「子育て応援メールマガジン」を利用した区民の98.2％が満足と回答しています。98.2％という満足度は非常に高い数字です。そこで、この98.2％という「数字」をチラシのタイトルとして全面に大きく出し、これから新しい利用者になる可能性のある層にインパクトと信頼感を与えようとしたのです。

このチラシを見た人たちは、「そんなに多くのパパ・ママが満足しているサービスなら使ってみようかな。自分にとっても役立ちそうだ」と思うでしょう。このように、裏付けのある具体的な「数字」を出すことで、ターゲットが自分ゴトとして捉えるとともに、ベネフィットを感じることで、行動変容にまでつながります。まさに"伝わる"情報発信となるのです。

気をつけたいのは、**使う数字が本当に正確なのかを確認し、情報の出**

所をしっかりと記載すること。この点を押さえていないと、その情報自体の「信頼」は「疑い」に変わってしまうし、情報の送り手への「信頼」も失墜してしまいます。十分に気をつけましょう。

タイトルに数字を用いたチラシの例

5-6

その言葉に「共感」はあるか？

伝えたい相手から「なるほど！」を引き出す

共感とは、他人の意見や感情に対し、「なるほど！」や「いいね！」と同意することです。“伝わる”情報発信では、住民の「なるほど！」「いいね！」といった感情を引き出すことが大切です。

そのためには、情報の送り手が抱く「伝えたいこと」と、情報の受け手である住民が持つ「興味・関心」が重なる部分を言葉にし、タイトル等に盛り込むことで、「共感」を得ることができます。

まずは、伝えたい住民はどんな人たちなのか、どんなことを思っているのか具体的にイメージした上で、その人たちの興味・関心を確認しましょう。そして、自分たちが伝えたいことを整理します。

「共感」のための3要素

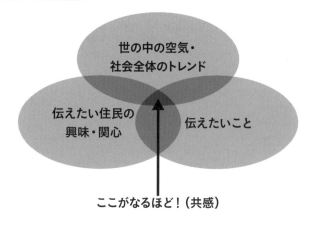

世の中の空気・
社会全体のトレンド

伝えたい住民の
興味・関心

伝えたいこと

ここがなるほど！（共感）

共感を引き出す言葉の作り方

　共感を引き出す言葉の作り方は、以下の4つのステップで考えます。

　①住民の興味・関心をイメージし、その住民が「なるほど！」「いいね！」と感じる言葉をたくさん書く。②その言葉が住民の「なるほど！」「いいね！」を引き出せるかを客観的に判断、精査（送り手の伝えたいことと照らし合わせる）する。③住民に響くものになるよう言葉を見直す（その言葉で住民にどう行動してほしいのか？　その言葉は住民に理解できるか？）。④考え抜いた言葉を声に出して読み違和感なく心地よいリズムで読めるか確認する。

　なぜわざわざ声に出して読むのか？　それは、住民にとって心地よいリズムの言葉にするためです。人は文字を読むとき、頭の中で音読しています。声に出して読んでみて、読みやすさ（スムーズさ）が感じられ、反対に読みづらさ（違和感）を感じない言葉を作ることが、住民に理解・共感してもらうためには欠かせない要素です。

　では、「広報すぎなみ」（令和2年10月1日号）の16面「『わたしは大丈夫！』…と思っていませんか？」を例に説明してみます。紙面では、特殊詐欺のリスクを啓発するための記事が掲載され、そのタイトルを考えました。まず、①「詐欺は怖い」「騙される人が増加中！」「あなたは本当に大丈夫？」など、住民の関心を惹きそうな言葉をたくさん書いていきます。②書いた言葉を住民の立場で精査し、「『詐欺は怖い』は当たり前すぎて共感を得るのは難しい？」「『あなたは本当に大丈夫？』はドキッとさせることができるかもしれない！」など、伝えたいことが住民に響くかをを考えます。③「大丈夫」をキーワードにしつつ、「あなた」ではなく「わたし」を用いて、住民がより自分ゴトとして捉えられるように「『わたしは大丈夫！』…と思っていませんか？」としました。④実際に声に出して読んでみてスムーズに違和感なく読めるかを確認します。これが共感を引き出す言葉の作り方の一連の流れです。皆さんも、住民に共感される言葉を作ってみてください。

住民にとって魅力的なこと（もの）を伝える

　4－3【デザインは「見た目」＋「計画」の両輪で考える】でも述べたように、"伝わる"情報発信を行うにあたっては、デザインは「見た目」だけでなく、「計画」についても配慮する必要があります。

　このことをふまえた上で、それ以前に重要なことがあります。それは、そもそも、情報発信の内容が住民にとって大切だったり、魅力的だったりすること（もの）なのか？ということです。

　この話をする際に、よくお寿司屋さんに例えています。

　例えば、繁華街の一等地に、高級そうな外観で、内装もきらびやかなお寿司屋さんがオープンしたとしましょう。

　期待に胸を膨らませ、ワクワクしながら足を運び、いざ口にしたところ、肝心のお寿司が美味しくなかったとしたら、どうでしょうか。あるいは、店員の態度がひどかったとしたら――。

　きっと皆さんは、二度とそのお寿司屋さんを訪れることがないでしょう。それだけではなく、知り合いにお寿司屋さんにとってネガティブな情報を発信してしまうこともあるかもしれません。

　この例からも言えるように、どんなにすばらしいデザイン（見た目）のイベントチラシを作っても、肝心のイベント内容が住民にとって魅力を感じられないものだとしたら、イベントに参加しようとはせず、行動変容にもつながらないでしょう。

　デザイン（見た目）は、"伝わる"情報発信に欠かせない要素ですが、囚われるのは禁物。

　ぜひ、情報発信をする前に、そもそも発信する情報（内容）は住民にとって、本当に魅力的なこと（もの）なのかを確認してみてください。

シートのダウンロード

　本書でご紹介した以下のシートは、学陽書房ホームページからダウンロードすることができます。

　ぜひ "伝わる情報発信" を行う際にお役立てください。

・ステークホルダーシート（51 頁）

・情報発信整理シート（63 頁）

・情報発信計画シート（66 〜 67 頁）

http://www.gakuyo.co.jp/book/b548029.html

おわりに

この本に興味を持ち、読んでくださった皆さんへ。

いかがだったでしょうか。

"伝わる"情報発信の方法をイメージできたでしょうか。

最後に、この本を読んだ後に、皆さんにしてほしいことを3つ、お伝えしたいと思います。

1つ目は、本書の中で、自分が気になった内容をチェックし、自分なりに咀嚼することです。

読んでみて、少しでも【面白そうだなと思ったところ】や【自分でもできそうだなと思ったところ】について、もう一度読んでみてください。そして、自分の仕事で活かすとしたらどうするかをイメージし、自分なりに考え、咀嚼してみてください。そうすることで、本書の内容が、「あなただけの使える知識・ノウハウ」になります。

2つ目は、自分なりに咀嚼したことを「すぐに」実践することです。

これは情報発信だけでなく、物事すべてに言えることですが、いくら頭でわかったつもりでも、実際にやってみなければ、意味がないし、自分のスキルとして身につきません。

これまで、多数の自治体等で研修を行ってきて思うことは、意欲的に研修を受けた方は、必ず「すぐに」実践し、成果に結びつけているということです。

うまくいったら繰り返し実践し続ける。うまくいかなかったら、「なぜうまくいかないのか?」を分析し、違う方法を考えてみてください。

3つ目は、明日から「なんか、いいよね」と言わないことです。

「なんか、いいよね」禁止。

　この言葉は、コピーライター・谷山雅計氏の言葉です（『広告コピーってこう書くんだ！読本』）。
　皆さんも、つい、「なんか、いいよね」と口にしてしまうことがあると思います。
　でも、本当に"伝わる"情報発信を実現したいとしたら、「なんか、いいよね」は禁句です。なぜなら、そう口にした瞬間、思考停止に陥り、「なぜ、いいと思ったのか」を考えなくなってしまうからです。
　COLUMN4でも述べたとおり、日々、目にするさまざまなものに対して、「なぜ？」を繰り返すことで、発想力・企画力は磨かれます。

　本書を読み、この3つを実践することで、皆さんが住民に"伝わる"情報発信を実現していただけたら、これに勝る喜びはありません。

　最後になりましたが、本書は多くの方々の多大なる協力で作ることができました。
　本書を出す機会をくださった学陽書房の村上さん、東京都杉並区役所・善福寺児童館の皆さんをはじめ、「広報すぎなみ」の制作にご協力いただいている株式会社文化工房の皆さん、事例を紹介させていただいた自治体・団体の皆さんに、心より御礼申し上げます。

谷　浩明

●著者紹介

谷 浩明（たに・ひろあき）

東京都杉並区広報専門監／静岡県知事戦略局広報アドバイザー／東京都
中小企業振興公社広報強化アドバイザー／コミュニケーション・デザイ
ナー（合同会社 MACARON 代表）
広報・情報学修士（MICS）。デザインだけでなくコミュニケーション
をデザインすることを主軸とし、NPO・市民団体等の広報活動のサポ
ート、広報研修を多数実施。平成28年度からは東京都杉並区広報専門監
として、基礎自治体の広報活動（広報紙、動画、SNS、広報相談、広報
研修など）をサポートしながら他自治体の広報研修も精力的に行う。令
和2年度からは静岡県知事戦略局広報アドバイザーとして広域自治体の
広報活動もサポートしている。平成29年度東京都広報コンクールで最優
秀賞、平成30年度／令和元年度で二席など受賞歴多数。日本グラフィッ
クデザイナー協会会員。

公務員のための伝わる情報発信術

2021年1月27日　初版発行

著　者　谷 浩明

発行者　佐久間重嘉

発行所　学 陽 書 房

〒102-0072　東京都千代田区飯田橋1-9-3
営業部／電話　03-3261-1111　FAX　03-5211-3300
編集部／電話　03-3261-1112
http://www.gakuyo.co.jp/

ブックデザイン／スタジオダンク
DTP制作・印刷／精文堂印刷　　製本／東京美術紙工

日本語にちょっとした工夫を加えて、わかりやすく伝える方法を紹介！

多文化共生時代の必須スキル「やさしい日本語」を使った応対の仕方をわかりやすく解説。「外国人が来ると慌ててしまう」「うまく説明する自信がない」。そんな不安を取り除き、"易しく・優しく"伝えるノウハウが身につく一冊。

「やさしい日本語」で伝わる！
公務員のための外国人対応

岩田一成・栁田直美［著］

A5判並製／定価＝本体2,000円＋税

法規担当の仕事へ
ようこそ

1│1 ◎…法規担当の
　　　　仕事って？

▶▶ 法規担当の仕事とは

　新たに法規担当として配属された皆さんの所属部署は、どのような名称でしょうか。「総務課」「法務課」「文書課」など、その名称は自治体によってさまざまです。

　名称がそれぞれ異なるように、その仕事内容も自治体によって違いがあります。情報公開や公文書の管理に関する仕事のほか、人事や給与、行政改革までを担当したり、規模が大きくない自治体では、選挙管理委員会や固定資産評価審査委員会などの行政委員会事務局の職員を併任されている例も少なくありません。

　しかし、「法規担当の仕事といえばコレ！」と、経験者なら誰もが思い浮かべる3つの仕事があります。ここでは、①例規審査、②法律相談、③訴訟対応について、はじめて法規担当になった皆さんに、その概要をご説明しましょう。

▶▶ 例規審査とは

　まず1つめは、いうまでもなく「例規審査」です。法規担当の主要な仕事だといってよいでしょう。

　自治体では、例規を改正する場合、まず、事案を所管する各部署（以下「原課」といいます）が原案を作成します。この原案をもとに、長など決裁権者の決裁を経るまでに、施策の法的適合性のほか、用字用語などの形式的事項のチェックが行われ、完成へ向けて形を整えていきます。この過程で行われるのが例規審査です。その内容としては、例規に

引用した法令の改正に伴う「条項ずれ」への対処から、政策的な自主条例の制定まで多岐にわたります。

　なお、例規の作成過程における法規担当の関わり方は、地方分権以前は、原課で意思決定が行われた後に形式的な見直しを行うことが主なものでしたが、地方分権に伴う自治体の条例制定範囲の拡大とともに、政策形成過程からの関与の割合が大きくなってきています。

　例規審査の対象になるものとしては、議会での審議が必要な「条例」のほか、長が制定する「規則」や、上級機関から下級機関への職務命令である「訓令」などがあります。内部規程である「要綱」までを守備範囲とするかは、自治体によって違いがあります。

　例規審査には、「法制執務」という独特の「約束ごと」があるので、最初のうちは戸惑うことが多いと思いますが、この分野は参考書が充実しています（巻末のブックガイド・参考文献を参照）。

　参考書は、あらかじめ通読するよりも、事案ごとに内容を確認していくなど、実務に触れながら知識を習得していくのが効果的です。繰り返し参考書を調べれば、そのうちどこに何が書いてあるかの見当がついてきます。

▶▶ 法律相談とは

　2つめは、庁内の原課からの法律相談への対応です。法規担当に持ち込まれる相談の内容は、法律改正に伴う国からの通知の解釈から、住民や事業者との問題解決に関するものまでさまざまです。

　ミスリードは、かえってトラブルを招く原因にもなりかねません。過度に慎重になる必要はありませんが、内容を理解して適切な助言を行う必要があります。

　相談の内容によっては、弁護士に助言を求めることもあるでしょう。その際は、事案を担当する原課の意向を弁護士に伝えるとともに、弁護士の助言の内容が原課の職員に伝わるよう、適切な橋渡しを行う役割が法規担当には求められます。

▶▶ 訴訟対応とは

　3つめは、訴訟への対応に関する仕事です。アメリカ並みとはいかないまでも、最近は社会の法化が進んでいます。「法化」とは、社会経済の複雑化に伴い利害関係者間の調整が困難になってきている現状で、問題解決の手段として訴訟など法的手段の占める比重が大きくなっていることをいいます。

　小規模な自治体では、今まで訴訟に関わる機会は、あまりなかったかもしれません。しかしながら、近年、行政を相手にした提訴は増大していますし、また、公営住宅の未納家賃対策をはじめとした債権回収など、行政課題の解決のために自治体が法的な手段を利用する例も多くなってきています。

　訴訟になれば、決められた手順に従って手続を進めることになりますので、法規担当は、弁護士と相談しながら、行政の窓口としての役割を適切に果たしていくことになります。

▶▶ 心配はいりません

　このように法規担当の職務は、専門的で幅広い内容にわたります。配属された方の中には、「法律や例規なんてわからないよ」という方もいらっしゃるでしょう。

　まずは焦らずに、これら主要な3つの仕事の概略を理解することから始めましょう。法規担当の仕事は、慣れや経験が大切です。日々の業務で覚えた知識や小さな気づきが、いずれ役立ち、自分を助けてくれることになるはずです。

12 ◎…法規担当の一日

▶▶ 法規担当の一日

　法規担当は、大規模の自治体を除けば、他の業務との掛け持ちなのが普通なので、仕事がないということはありませんが、法規関係の業務に限ってみると、どうでしょうか。

　目の前に審査すべき案件があれば、当然それに取り組むことになりますが、審査以外で、毎日行っておくべきルーチンワークのようなものはあるでしょうか。法規担当のある一日を追ってみましょう。

▶▶ 8時30分　始業

　登庁後、メールチェック、今日のスケジュール確認、また、他の職員と例規審査の進捗状況の相互確認などを行います。

▶▶ 8時40分　官報、ニュース等の情報収集

①官報等のチェック

　法規担当には、例規に関し、的確に情報を入手し、原課へ提供することが求められます。情報の入手先としては、官報（インターネット版）、国のパブリックコメント、国会ウェブサイト・各省ウェブサイト、といったところが挙げられます（7−4「法令の情報を収集しよう」参照）。

　これらを順次確認していき、例規の改正を要することとなる法令の公布等があった場合は、官報の写し、改正を要する例規の該当箇所の写し

某市法規担当のある日のスケジュール

✓	8:30	始業
✓	8:40	官報、ニュース等の情報収集
✓	9:00	環境担当課と新規条例の打ち合わせ
✓	10:00	改正対象例規のリストアップ
	11:30	例規の公布
✓	12:00	昼食
	13:00	議会事務局との連絡調整
✓	13:30	公園担当課からの法律相談対応
	15:00	例規の審査
✓	17:15	終業

等を原課に提供し、作業への着手を依頼します。

　法規担当の姿勢としては、このような情報のキャッチからすべて原課に任せるというやり方もありますが、やはり、自治体における例規の整備に手落ちのないよう、積極的に案件を掘り起こし、働きかけていく姿勢が望ましいでしょう。

②ニュース等のチェック

　自治体に関するニュースには、政策法務的観点から参考になる新しい取組だけでなく、訴訟等で法的な論点を抱えるもの、法令等の解釈・運用の誤りに関わるもの、といったものもあります。

　このうち、訴訟や誤りについては、「人のふり見て我がふり直せ」ではありませんが、原課に情報を提供し、自分の団体において問題がないか、あるとしたら対処をどうするかを考えてもらうことが望ましいでしょう。

　また、ニュースのほか、X（旧ツイッター）などのインターネット上の情報も参考にするとよいでしょう。こうしたニュースやウェブサイトをチェックすることで、日頃から見聞を広め、例規等の検討の下地とすることができます。

▶▶ 9時00分　例規の相談

　法規担当への相談には、審査に着手してからのやりとりとは別に、企画段階の、事前の相談も少なくありません。事前の相談があったときは、原課のやりたいことを引き出し、方向づけをしっかりと行うことが大切です。

　また、私的諮問機関を要綱で置きたいといった相談には、要綱設置ではなく条例が必要とのダメ出しをするのも、事前での役割の1つです。

▶▶ 10時00分　制度改正の予習

　国では、社会的に大きな制度改正を行うことがあります。過去には、公益法人制度改革（社団法人・財団法人の見直し）や行政不服審査制度の見直しといったものがありました。このような改正は、各方面への影響が大きいため、2、3年かけて行われることも珍しくありません。

　法規担当は、こうした改正で特定の所管部署を定めがたい案件に対しては、自ら内容を理解し、庁内の改正作業をリードしていく役回りを務めなければなりません。したがって、そのような改正を控えている場合には、時間を見つけて、制度の「予習」をすることも必要になります。改正対象例規を事前にリストアップしたり、改正時期が近づいてきたら、改正案が漏れなく出されたか確認したりするといったことも望まれます。

▶▶ 11時30分　例規の公布

　例規の公布を掲示によって行っている団体では、公布用の書面を掲示場に貼りにいく仕事があります。公報によって行っている団体では、編集やウェブサイトへの掲載といった仕事があります。

▶▶ 13時00分　連絡調整

　議案の関係で議会事務局と連絡調整をしたり、庁内に例規審査会を設置している場合にはその日程調整をしたりする仕事もあります。

▶▶ 13時30分　法律相談

　法規担当には、法律上の問題に関する相談も舞い込みます。原課から顧問弁護士と相談したいという案件があったときは、話をよく聞いた上で（8−1「法律相談の勘どころ」参照）、相談資料（事実経過、現場写真、関係法令など）の作成などを依頼します。

　また、自分でも論点を整理して、制度を調べたり、類似の事案を書籍やインターネットで探してみたりすると、その後の相談において、より的確に支援できます。

▶▶ 15時00分　例規の審査

　法規担当にとって本業ともいえる例規の審査ですが、朝からとりかかる日もあれば、時間がとれない日もあります。

　例規の審査とは、原課の案を、正しい書き方、目的とする内容に仕上げることですが、その書き方をどうするか、内容をどうするかで悩むこともよくあります。その調査・検討も、審査のうちです（5−5「改め文に迷ったときは」、7−8「「規定すべき内容」の固め方」参照）。

▶▶ 17時15分　終業

　引き続き、審査をしていたいところですが、今日はノー残業デー（定時退庁日）なので、明日行う課題を確認して、帰ることにします。

1|3 ◎⋯法規担当の一年

▶▶ 法規担当の一年

　法規担当が行う仕事は、スケジュールが立てられるものばかりではありません。むしろ、スケジュールが立てられない仕事の方が多いかもしれません。例規審査が立て込んでいるさなかに、やっかいな法律相談が訪れる、ということも起こります。

　急に飛び込む仕事に機敏に対応するためにも、先を見据えたスケジュール管理は重要です。ある程度スケジュールが見込める仕事としては、①定例的な条例整備、②定例的な規則整備、③議会準備、の３つがあります。これらについては、議会の日程を念頭に、締め切りから逆算して、できるだけ早めに着手し、少しずつ進めておくことが肝心です。法規担当の一年を概観してみましょう。

▶▶ 4～6月

　税条例の改正については、税制改正法案の成立が年度末ぎりぎりになることが多いため、多くの場合、長の専決処分による改正となります。専決処分により改正を行った場合は、次の議会で承認を求めることとなるため、４・５月に臨時会があれば臨時会に、なければ６月定例会に議案（承認議案）を提出することになります。

　また、税条例の改正を、４月１日施行分は専決処分で、それ以外は通常の議案でと分けている団体では、承認議案と併せて、通常の議案を提出することになります。

　翌年度からの制度で、準備期間、周知期間を十分に要するものは、この時期の制定・改正になります。

　公の施設の管理を指定管理者に行わせようとする場合は、その旨の条例改正が必要ですが、特に、指定管理者を公募で選定する場合には、その準備のための期間を確保する必要があります。翌年度から指定管理者制度を導入しようとするときは、その期間を十分に確保するため、6月定例会ないし9月定例会で所要の改正を行うことが考えられます。

　地方公務員の給与は、民間企業の給与実態を勘案して検討されますが、国家公務員の給与は地方公務員の給与になお大きく影響を与えています。国家公務員の給与に関しては、例年8月頃に人事院から勧告が出され、それに基づく改正法案は、9月以降の国会審議を経ることになります。そのため、自治体が条例改正を行うのも12月定例会が中心になります。

　そのほか、翌年度からの制度で、一定の準備期間、周知期間を要するものも、この時期の制定・改正になります。

　国の政策の変更は、年度の切替えに合わせて行われるものが少なくありません。法令の改正に基づいて自治体において新たに条例を整備するのは、3月定例会が多くなります。また、定例会には間に合いませんが、国の税制改正に伴う税条例の改正作業もあります。

　自治体自身も、新たな政策は年度の切替えに合わせて行うのが多いため、この時期の条例の制定改廃が多くなります。また、規則等も、条例の制定改廃に伴う制定改廃に加え、事務手続の見直しや情報システムの

変更による改正なども生じるので、1～3月はかなり忙しくなります。案件を早めに把握し、作業時期を分散させることが大切です。

　また、行政組織の見直しも主にこの時期です。長の直近下位の行政組織（一般に、都道府県や政令市であれば局、それ以外の市であれば部、町村であれば課）については、条例で規定する必要がありますので、大幅な機構改革を行うときは、12月定例会ないし3月定例会で提案することになります。条例で定められた組織より下位の組織（一般に、政令市であれば部、一般市であれば課、町村であれば係以下）については、行政組織規則で定めているため、新年度から組織や所掌事務に変更がある場合は、規則改正が生じます。また、関連して、事務決裁規程（訓令）等にも広く影響が及びますので、関係部署と連絡を密にして、間際になってあわてないようにしたいものです。

▶▶ スケジュールが見込めない仕事

　一方、年間を通してのスケジュールが想定しづらい仕事としては、次のようなものがあります。

①法律相談・訴訟対応

　急に訪れる法律相談は予期できませんし、特に訴訟対応は、突然届く訴状に対処しなければいけません。ただ、訴訟が提起される場合は、事前に法律相談などの兆候があります。相談を受けた後、その進展に注意しておくと、急な事態への心づもりができることがあります。

②法令改正への対応

　法令の改正については、いつ行われるか決まっているわけではありませんので、把握し次第、対応することになります。ただし、国の施策の動向に関心を持っておけば、具体的に動きが出た際にあわてることは少なくなります。報道やパブリックコメントの動向のほか、実際に事案を担当する原課の職員と情報を交換できる関係を築いておくと双方が助かります。

▶▶ 速やかな対応のために

　急な仕事に速やかに対応するために、年間を通じて、日頃から行って
おきたいことをいくつか挙げておきます。

①政策的な条例の把握

　政策的な条例の策定には、全国的な「流行」があります。一昔前であ
れば、駅前での路上喫煙禁止条例や、資源ごみの持去禁止条例の制定が
相次ぎました。最近では、パートナーシップ制度やケアラー支援が耳目
を集めています。上司から指示や照会を受けた場合のためにも、法令情
報誌などに目を通し、仕事の「引き出し」を増やしておくとよいでしょ
う。

②事前の働きかけ

　例規の所管課は、基本的には原課です。法規担当は、審査という形で
協力しますが、自ら所管しているわけではありません（さしずめ、ツ
アーの添乗員のようなものです）。例規審査は、原課からの注文待ちと
いう面がありますが、法令との関係からスケジュールが決まってしまう
ものがありますので、原課に対しては、漏れのないよう、早くから適切
に働きかけることが望ましいといえます。この働きかけが、作業時期の
分散にもつながります。

③改め文の収集

　官報を見ていて、参考になる改め文や言い回しがあったら、コピーを
とっておくとよいでしょう。書き方のバリエーションを増やすのも勉強
のうちです。特に、様式や告示の改め方、公表した計画や指針の改め方
などの参考書にない事例は、後々役に立ちます。

1|4 ◎…法規担当が備えたい3つの知識

▶▶ 3つの「知識」

　法規担当に必要な「知識」は何でしょうか。

　欲を出すと際限がありませんが、ひとまず、①直接使う知識、②背景となる知識、③知識の調べ方・情報の集め方としましょう。

▶▶ 直接使う知識

　まずは仕事に直接使う知識から身につけましょう。中心となるのは、法制執務といわれる例規に関する知識です。

　具体的には、例規の種類や構造、条文の書き方、改め文の書き方、用字・用語などがあります（第2章・第5章参照）。はじめは基本的な書き方から、徐々に対応の幅を広げていきましょう。さらには、内容の理解を深めていきましょう。

　実務面では、例規の策定に係る手続の知識や、議会対応の知識も必要となります（第3章・第6章参照）。

▶▶ 背景となる知識

　例規の形式は整っていても、規定する内容に不備があったり実質が怪しかったりしては問題です。内容も正しくするためには、様々な知識が必要となります。

　例えば何らかの規制を検討するときは、憲法に反しないかということを考えなければなりませんし、そのためには過去の判例を参照すること

にもなります。

　制度の検討においては、許可制か届出制か、行政処分か行政指導かといった選択があることがありますが、こうしたことの判断には、行政法的な理解や、類似の制度との比較衡量——いわば相場観といったものが望まれます。

　自治体が関わる法律上の問題への対応でも同様です。手続面では、行政手続法や行政不服審査法が関わってきますし、内容面では、弁護士の識見に頼りながらになりますが、民法の債権や時効などに関わることはありがちです。また、「善意・悪意」といった法律用語や「法的三段論法」といった考え方に慣れると、問題や対応への理解を助けることになります。

　このように予告されると気が遠くなるかもしれませんが、これだけのものを、一朝一夕に身につけられるはずがありません。日々の仕事の中で、経験の度に、蓄積していくものだと思ってください。

▶▶ 知識の調べ方・情報の集め方

　知識や情報へのアクセスの仕方もまた知識です（第7章参照）。

　知識の取得の中心は書籍です。定番とされる書籍を把握し、なるべく見ておきましょう（できれば備えましょう）。

　情報の収集では、情報源の把握があります。法案の概要や条文はどこで見られるか、他自治体の例規を見るのに便利なウェブサイトはどこか、といったことを知っておくことは有効です。

　また、情報の検索の仕方を知ることも有効です。いまやインターネットで様々な情報が得られますが、キーワードを打ち込むだけでなく、いくつかの指定を組み合わせると、目的とする情報にたどり着きやすくなります。

15 ◎…法規担当に欠かせない３つの力

▶▶ ３つの「力」

　法規担当に必要な「力」とは何でしょうか。

　いろいろな切り口はあるでしょうが、ここでは、①法的思考力、②調整力、③交渉力を挙げましょう。

　法規担当は、自分たちが法務の見解に関する「最後の砦」であるという責任感を持つ必要があります。これらの能力は、自治体の運営について法的な観点から意見を求められる法規担当にとって、大きな支えとなるはずです。

▶▶ 法的思考力

　まず最初に挙げられるのが「法的思考力」です。「リーガルマインド」とも呼ばれます。

　法律と聞くと分厚い六法を思い浮かべてうんざりする方は多いようですが、法律は暗記科目ではありません。

　もちろん、修得すべき知識はありますが、法律の運用にあたっては、「暗記」よりも「解釈」が重要です。自治体における法解釈に際して、法令解説書や国からの通知は、参考にはなりますが疑問のすべてに答えてくれるわけではありません。

　法規担当に必要な法的思考力とは、業務の問題点を把握した上で、法的な解決手段を提示するため、適切な解釈ができることなのです。

▶▶ 調整力

次に挙げられるのが「調整力」です。

行政の「縦割り」の弊害はよくいわれるところですが、仕事の壁に隔てられなくても、日常業務に追われる原課の職員にとっては、突発的に発生した事案について、他部署との関わり合いに考えが及ばないことがあります。

そのような場合は、法規担当が俯瞰的な視点から助言できることは少なくありません。具体的な解決策を示すことができない場合でも、他部署との連携による「解決のための道筋」を示すことは可能でしょう。

▶▶ 交渉力

そして、最後が「交渉力」です。交渉は、法規担当の職務のうちでも小さくない割合を占めます。

ただし、交渉は、自分の考えを一方的に押し付けることではありません。課題の解決のために、相手と応答的な関係を築き、合意を目的として行われるべきものです。

そのような交渉には、法律相談に訪れた原課の職員を相手にして、法的な助言を具体的な形にしていくためのものがありますし、そこで合意できた内容を他の部署に説明するにあたって行うべきものもあります。そして、前述の「調整力」を発揮するのも、そのような交渉の場においてなのです。

第 2 章

例規審査の基本

2|1 ◎…例規集の見方

▶▶ 例規集上の例規

　法規担当にとっての基本である例規集ですが、例規集上の例規の体裁は、実は、例規の本来の体裁とは異なっています。例規集上の体裁は、次に示すように、制定の体裁と改正の体裁を合成したものになっています。

制定の体裁

○○市条例第○○号
　　○○○○○条例　◀── 題名の下に日付や番号はありません
　（○○○）
第1条　○○○○○
　　　……
　（○○○）
第n条　○△△△○
　　　……
　（委任）
第z条　この条例に定めるもののほか、○○○○○に関し必要な事項は、規則で定める。
　　　　附　則　◀── 制定附則（原始附則）
　この条例は、令和○○年○○月○○日から施行する。

改正の体裁

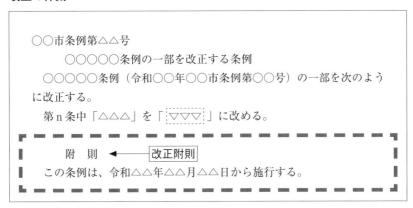

○○市条例第△△号

　○○○○○条例の一部を改正する条例

　○○○○○条例（令和○○年○○市条例第○○号）の一部を次のように改正する。

　第 n 条中「△△△」を「▽▽▽」に改める。

　　　附　　則　◀── 改正附則

　この条例は、令和△△年△△月△△日から施行する。

例規集上の体裁

○○○○○条例　◀── 位置が異なる

便宜のため挿入 ──▶ 令和○○年○○月○○日
　　　　　　　　　　○○市条例第○○号

　（○○○）

第 1 条　○○○○○

　　　……

　（○○○）

第 n 条　○ ▽▽▽ ○　◀── 改正内容は溶け込む（反映する）

　　　……

　（委任）

第 z 条　この条例に定めるもののほか、○○○○○に関し必要な事項は、規則で定める。

　　　附　　則　◀── 制定附則（原始附則）

　この条例は、令和○○年○○月○○日から施行する。

　　　附　　則（令和△△年条例第△△号）　◀── 改正附則

　この条例は、令和△△年△△月△△日から施行する。

我が国の法令は溶け込み方式をとっているとされますが、溶け込んだ後の状態を改めて定める法制執務上の手続はありません。例規集では、制定された例規に改正する例規を重ね合わせる編集をして、溶け込んだ後の最新の状態を示しています。その際、改正する例規の附則は、元の例規に溶け込むものではないため、制定附則（原始附則ともいいます）の次に続けて置かれることになります。

　例規の作業において、原課では、例規集に収録されている体裁で案文を書いてくることがありますが、本来書くべき体裁とは違うことを理解してもらいましょう。

▶▶ 改正経過の活用

　近年の電子法令集・例規集では、各条の末尾にいつ改正があったかの経過が記載されるものがあります。経過には、改正時期のほか、一部改正、追加、繰上げ・繰下げといった情報が書かれています。

　改正の理由や原議を確認したいときは、いつの改正であったかを見ることで、当時の文書を探しやすくなります。また、例規において引用条項にずれが生じている場合には、誤った経緯を推測する手がかりにもなります。改正経過の情報を活用してみてはいかがでしょうか。

2|2 ◎…例規の種類

▶▶ 法令の体系

　法令の体系は、憲法を頂点とするピラミッドに例えられます。国においては、憲法の下に、①法律、②政令、③省令（府令）、という三層構造が基本になります。このほかに、行政委員会が定める規則や、省の内部の訓令などがあります。告示は、一般的には「お知らせ」の形式をいい、法令ではありませんが、法令に基づいて大臣がある種の項目や率を定めるようなものは、法体系に連なるものといえます（④法規たる告示）。

　自治体においては、①条例、②規則の二層構造が基本になります。このほかに、行政委員会が定める規則や、執行機関の内部の訓令などがあるのは国と同様です。また、告示についても、条例に基づいて地方公共団体の長がある種の項目や率を定めるようなものは、法体系に連なるものといえます（③法規たる告示）。

　国の法令と自治体の例規の関係は、上下関係と見られがちですが、必ずしもそうではありません。法令に基づいてつくる条例の場合は、上下

国の法令と自治体の例規の関係

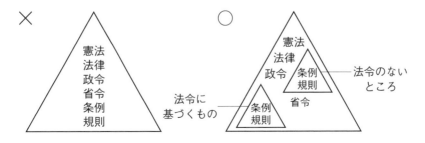

関係といえますが、法令のないところにつくる条例の場合は、上下関係ということはありません。

▶▶ 例規の種類

　法規担当が扱う例規類としては、次のようなものがあります。これらの種類のことを、法形式といいます（広義では、厳密には法規ではないものも含みます）。

①**条例**　自治体が定めることができる法規の一種（法14条）。制定改廃には議会の議決を要します。住民等に義務を課し、または権利を制限するには、この形式によらなければなりません。

②**規則**　自治体の長が定めることができる法規の一種（法15条）。財務などの自らの事務について定めることができます。また、条例から委任された事項や、条例の施行についても、規則を定めることができます。条例から委任があるときには、権利義務に関わる事項の細目を規定することもできます。

③**告示**　一般的には一定の事実を知らせる形式であり、法規ではありません。ただし、条例からの委任に基づいて自治体の長がある種の項目や率を定めるようなものは、法規とみなされます。

④**訓令**　上級機関から下級機関へ（例えば、長から職員へ）の指示命令。実務では、特に規程形式（条文で構成）のものを指します。規程形式のため、条例・規則と同様に扱うことも多いと思われますが、内規であり、厳密には法規ではありません。訓令は、さらに、訓令甲と乙、訓令と訓といった区分けをすることもあります。

⑤**要綱**　補助金などの事務処理の手順・要件等を規程形式にしたもの。これも、内規であり、厳密には法規ではありません。要綱は、規程形式の内規の呼称であり、要綱という法形式があるわけではないため、実務においては注意が必要です（2－7「要綱とは何か」参照）。

2|3 ◎…条例と規則の使い分け

▶▶ 条例と規則で制定すべき事項

　地方自治法は、自治体は「法令に違反しない限りにおいて第2条第2項の事務に関し、条例を制定することができる」と規定しています（14条1項）。ここで「第2条第2項の事務」とは、「地域における事務及びその他の事務で法律又はこれに基づく政令により処理することとされるもの」をいいます。

　一方、規則について、長は「法令に違反しない限りにおいて、その権限に属する事務に関し、規則を制定することができる」と規定しています（15条1項）。

　規則は、その制定の根拠として常に条例を要しない点で、法律に対する政省令とは性格が異なります。となると、新規に例規を制定するに際しては、条例と規則のどちらの法形式をとるべきか、戸惑うことがあるかと思います。

▶▶ 制定根拠が法令で定められている場合

　条例で定めるべき事項と規則で定めるべき事項が法令に明示されている場合は、それらに従うことになります。

①条例の専管事項の例

・自治体がその事務所の位置を定め又はこれを変更しようとするとき（法4条1項）

・自治体の休日を定めること（法4条の2第1項）

・義務を課し、又は権利を制限するとき（法14条2項）

・附属機関の設置（法138条の4第3項）
　　・長の直近下位の内部組織の設置及びその分掌する事務を定めること
　　　（法158条1項）
　　・特別会計の設置（法209条2項）
　　・分担金、使用料、加入金及び手数料に関する事項（法228条1項）
②規則の専管事項の例
　　・長の職務を代理する者がないとき、その職務を代理する上席の職員
　　　を定めること（法152条3項）
　　・財務に関する必要な事項（法施行令173条の3）
　　・一般競争入札の入札保証金（法施行令167条の7第1項）

▶▶ 制定根拠が法令で定められていない場合

　それでは、法令上に条例と規則のいずれかで定める事項かが規定されていない場合の取扱いは、どのようになるのでしょうか。

　いくつかの考え方がありますが、現在では、以下の見解が有力です。

・行政の一般的基準、その他基本的な事項は、原則として条例事項
・上記のほか、個別的・具体的な事項に関しては、規則事項又は条例事項・規則事項に所管事項が重複

　では、所管事項が重複する場合は、条例と規則の峻別をどのように考えればよいでしょうか。

　条例は、議会での議決が必要ですから、その制定には、自治体の政策を対外的に大きく打ち出す効果があります。ただし、改正についても議会の議決が必要であることから、制度の安定性が保証される一方で、ある程度の硬直性は否めません。

　これに対し、規則は、長の意思決定によることから、議会の日程に左右される条例に比して、その制定過程の迅速・柔軟性に利点があります。また、規則の規定には、理念的なものはあまり存在せず、業務に密着した具体的な内容が多くを占めます。

　条例か規則かの選択については、以上を念頭に置いて、事例ごとに判断することになります。

例えば、庁舎の管理など、執行機関としての長の権限のうちにあるものは、一般に規則で定められます。

給付に関する規定は、一般に規則や要綱で定められますが、条例でも定めることが可能です。ただし、条例で定めた場合は、対象者にその権利が保証され、自治体には支給に関する義務が課されることには注意が必要です。

▶▶ 条例施行規則

規則について、条例に基づいて委任された事項、又はその実施に関する事項を制定する場合、条例と規則の関係は、国の法律と政省令の関係とほぼ同様のものになります。そのような規則は、一般に「○○条例施行規則」と呼ばれます。

条例施行規則の制定に際しては、条例と規則のそれぞれで規定するべき内容の線引きについて判断が必要です。

規則には、状況により改正が可能な機動性の役割と、政治的議論とあまり関係がない、安全性などに関する科学的な基準の制定が期待されます。規定内容の例としては、申請書等の様式や、具体的な技術上の基準などが挙げられます。

▶▶ 法形式の基準

自治体によっては、制定すべき法形式について明確な基準を定めています。神奈川県大和市の整備方針から、条例と規則について抜粋しましょう。

■大和市条例等の整備方針及び例規制定改廃事務に関する規程
（平成21年訓令第18号）

別記（第3条、第6条関係）
大和市条例等の整備方針

1 条例
　Ⅰ　必要的条例化事項　必ず条例にしなければならないもの
　　①　市民の権利を制限し、義務を課する事項（法第14条第2項）
　　②　施策の実施手段として、法令の規定により条例の形式が求められるもの（公の施設に関する事項、手数料の徴収に関する事項等）
　Ⅱ　任意的条例化事項　法令に根拠となるものはないが、市の施策を実施するために本市が独自に制定するもの
　　①　本市の意思（政策）を明確にするためのもの
　　②　市政運営全体に関わる制度に関するもの
　　③　金銭の徴収を行うもの（徴収金を負担金又は雑入で歳入しているもので、既に3年以上継続している事業）
　　④　権利義務規制とはならないが、市民に届出、協議、任意の協力等を求めたりすることにより市民生活に影響を与えるものであって、その実施において公正及び透明性の確保や、場合によっては不服審査等による救済を図ることが求められるもの（従前は他の形式を根拠とし行政指導により運用していたとしても、実際は規制的機能や拘束力をもっていると考えられるものであって、行政指導に従った結果が市民の権利及び利益に影響を与えるものを含む。）

2 規則
　次のいずれかの要件に該当するものとする。
　　①　既に3年間以上継続している又は3年間以上継続する予定の施策に関するもののうち、市民に影響を及ぼす施策で、市民に対して実施のルールを明確にする必要があるもの
　　②　地方自治法又は個別の法令により、規則事項とされているもの
　　③　条例の規定により規則事項とされているもの（様式名称、添付資料、提出部数等の事務上の詳細事項）
　　④　非常勤特別職の設置を定めているもの

2|4 ◎…条文の構造

▶▶ 条

　法令等の中で定める事項は多岐にわたりますが、その記述は、説明文のような文章ではなく、簡潔な短文で構成されています。この短文の単位を「条」といいます。なお、辞書によれば「条」の字には「長いもの」の意味があり、中国では蛇や川を１条、２条と数えるそうです。

　地方自治法は、最後の条は第299条ですが、実際は約500の条で構成されています。途中に「第○条の２」のように「枝番」が付された条があるため、実際の数が多くなっているわけです。

　条には、それぞれ冒頭に「第○条」と付番した「条名」（「条番号」とはいいません）が振られています。

▶▶ 条文の原則

　条の内容は、原則として１つの文をもって記述されます（例外については後述します）。１つの文では書ききれない場合や、文が複雑で長くなるような場合は、条を分けたり、項や号（その細分を含む）を利用したりして、構成が工夫されています。

■**千葉県情報公開条例**（平成12年条例第65号）

　（第三者に対する意見書提出の機会の付与等）

第16条　開示請求に係る行政文書に県以外のものに関する情報が記録されているときは、実施機関は、開示決定等をするに当たって、当該

情報に係る県以外のものに対し、開示請求に係る行政文書の表示その他実施機関が定める事項を通知して、意見書を提出する機会を与えることができる。

2　実施機関は、開示請求に係る行政文書に県、国、独立行政法人等、他の地方公共団体、地方独立行政法人及び開示請求者以外のもの（以下この項、第21条第2項及び第22条において「第三者」という。）に関する情報が記録されている場合であって、次の各号のいずれかに該当するときは、開示決定に先立ち、当該第三者に対し、開示請求に係る行政文書の表示その他実施機関が定める事項を書面により通知して、意見書を提出する機会を与えなければならない。ただし、当該第三者の所在が判明しない場合は、この限りでない。

(1)　当該第三者に関する情報が記録されている行政文書を開示しようとする場合であって、当該情報が第8条第2号ロ又は同条第3号ただし書に規定する情報に該当すると認められるとき。

(2)　当該第三者に関する情報が記録されている行政文書を第10条の規定により開示しようとするとき。

3　実施機関は、前各項の規定により意見書の提出の機会を与えられたものが当該行政文書の開示に反対の意思を表示した意見書（以下「反対意見書」という。）を提出した場合において、開示決定をするときは、開示決定の日と開示を実施する日との間に少なくとも2週間を置かなければならない。この場合において、実施機関は、開示決定後直ちに、反対意見書を提出したものに対し、開示決定をした旨及びその理由並びに開示を実施する日を書面により通知しなければならない。

▶▶ 項

　条文は、一規定一文が原則です。後述する例外を除き、二文になるときや、内容が近接していて条を分けるほどでもないときは、改行して、段落とします。この段落ごとのまとまりを「項」といいます。辞書によれば、「項」の字には「事項を分けた1つひとつ」「単位」の意味があるそうです。先の例では、3つの項があります。

　項の2番目以降には、冒頭に2、3……と番号が振られます。

　なお、六法（法令集）によっては、特定の法律の項に振られた番号の

記載が②、③……の場合があります。法制執務に十分な蓄積がなかった頃は、項に番号は振られていませんでした。六法の編纂上、そのような古い法令には、通常の項の付番と区別が付くよう、丸付きの数字が使用されています。

▶▶ 号

条や項の文が長くて読みにくくなる場合は、構造をわかりやすくするため、条文中の要件などが別に箇条書きにされます。この条や項の中の箇条書きを「号」といいます。

これら号の冒頭には、横書きでは(1)、(2)……、縦書きでは一、二……の番号が振られます。先の例では、第2項で使われています。

号は、必要に応じて、さらに箇条書きにされます。これを「号の細分」といい、横書きではア、イ、ウ……、縦書きではイ、ロ、ハ……の記号が、それぞれの冒頭に振られます。

▶▶ 一文の例外

条文は、一規定一文が原則ですが、例外的に二文を許す場合があります。

1つめは、先行する文に対する例外を述べるもので、続く文は「ただし、」と書き始めます。この場合、一文目を「本文」、二文目を「ただし書」といいます。先の例では、第2項で使われています。

2つめは、先行する文に対する補足を述べるもので、続く文は「この場合において、」と書き始めます。この場合、一文目を「前段」、二文目を「後段」といいます。先の例では、第3項で使われています。

ほかにも、条文の前段と類似の処理・手続について、後段で「、また同様とする。」とする場合があります。

■**仙台市廃棄物の減量及び適正処理等に関する条例**
（平成5年条例第5号）

（適正処理困難物の指定等）

第23条 （略）

2 市長は、前項の規定による指定を行ったときは、これを告示するものとする。告示した事項を変更したときも、また同様とする。

3～5 （略）

　一般の文章では「なお書」が使われることも多いですが、法令文では使用しません。「なお、」で書き始めるような事項は、その内容に応じ、「ただし、」や「この場合において、」を用いたり、項を変えて「前項の規定にかかわらず、」の形式で規定したりします。

▶▶ 見出し

　条の前には、条の内容を端的に示す「見出し」が付されます。

　見出しは、内容に関連がある条にまとめて付すこともできます。この場合、見出しは、最初の条の前に付し、以降の条には付さないことになります。このような見出しを「共通見出し」といいます。共通見出しは、その改正の際、改め文の書き方が通常の見出しの場合と異なるので注意する必要があります。

　また、章・節の中に条が1つしか含まれないときや、章名・節名を「罰則」としてその内容がまとめて規定されるときなどは、各条に見出しがあらためて付されないことがあります。

　なお、六法によっては、見出しのカッコが（　）ではなく〔　〕である法律が掲載されている場合があります。これは、法制執務に十分な蓄積がなかった頃は見出しが付されていなかったことから、六法の編纂上、便宜的に見出しが付されていることを表します。出版社によって見出しが異なることがありますので、興味があれば比較してみてください。

条文の指定の仕方

（読み方）			○地方自治法
第4条	第4条第1項		第四条 地方公共団体は、その事務所の位置を定め又はこれを変更しようとするときは、条例でこれを定めなければならない。
	第4条第2項		2 前項の事務所の位置を定め又はこれを変更するに当つては、住民の利用に最も便利であるように、交通の事情、他の官公署との関係等について適当な考慮を払わなければならない。
	第4条第3項		3 （略）
第4条の2	第4条の2第1項		第四条の二 地方公共団体の休日は、条例で定める。
	第4条の2第2項		2 前項の地方公共団体の休日は、次に掲げる日について定めるものとする。
		第4条の2第1項第1号	一 日曜日及び土曜日
		第4条の2第1項第2号	二 国民の祝日に関する法律（昭和二十三年法律第百七十八号）に規定する休日
			三 （略）
	第4条の2第3項		3 （略）
	第4条の2第4項	第4条の2第4項本文 ※＿＿部分	4 地方公共団体の行政庁に対する申請、届出その他の行為の期限で法律又は法律に基づく命令で規定する期間（時をもつて定める期間を除く。）をもつて定めるものが第一項の規定に基づき条例で定められた地方公共団体の休日に当たるときは、地方公共団体の休日の翌日をもつてその期限とみなす。ただ
		第4条の2第4項ただし書 ※〜〜〜部分	し、法律又は法律に基づく命令に別段の定めがある場合は、この限りでない。
			（略）
第11条	第2項以下がないので、「第11条第1項」とは言わない。		第十一条 日本国民たる普通地方公共団体の住民は、この法律の定めるところにより、その属する普通地方公共団体の選挙に参与する権利を有する。

2|5 ◎…例規の構造

▶▶ 例規の構造

例規の構造には、法律に準じて一定の「お約束」があります。
その主な要素を挙げてみると、次のようになります。

①題名　　②目次　　③前文　　④本則
⑤附則　　⑥別表　　⑦様式

　上記のうち、②目次、③前文、⑥別表、⑦様式は、すべての例規に付されるものではありません。また、⑦様式は、条例には規定されません。

▶▶ 題名

　例規の題名は、「○○条例」「○○規則」と、通常は法形式を名称にします。ただし、職務命令である訓令は、「○○規程」と題されるのが一般的です（「職員服務規程」など）。
　規則は、政省令がその根拠となる法律を常に要するのとは異なり、必ずしもその根拠として個別の法令や条例を必要としません。ただし、条例の施行に関し必要な事項を定める規則には、「○○条例施行規則」の名称が付されます。
　なお、政令に「○○法施行令」の名称が付される一方で、省令には「○○法施行規則」の名称が付されます。

▶▶ 目次と章立て

　題名の次に位置するのが「目次」です。目次は、例規に必ず付さなければいけないものではありませんが、本則に章立てを行う場合は、目次を付すのが一般的です。

　ただし、法制執務の蓄積が不十分であった頃の古い例規には、章立てされていても目次が付されていないものがあります。そのような例規に改正の機会が生じた際は、併せて目次を付すことを検討してみましょう。

　章立ては、例規中の規定を大まかに分類するものです。章の規定を更に分類する場合は、節が利用されます。

■東京都行政手続条例（平成 6 年条例第142号）

目次

　第 1 章　総則（第 1 条—第 4 条）

　第 2 章　申請に対する処分（第 5 条—第 11 条）

　第 3 章　不利益処分

　　第 1 節　通則（第 12 条—第 14 条）

　　第 2 節　聴聞（第 15 条—第 26 条）

　　第 3 節　弁明の機会の付与（第 27 条—第 29 条）

　第 4 章　行政指導（第 30 条—第 35 条）

　第 5 章　処分等の求め（第 36 条）

　第 6 章　届出（第 37 条）

　附則

　なお、章立ては、条文が多い場合にだけ行うものではありません。法律でも、基本法のように規定内容の幅が広い法律には、章立てが行われるものがあります。

■**高齢社会対策基本法**（平成 7 年法律第129号）

目次
　　前文
　　第 1 章　総則（第 1 条—第 8 条）
　　第 2 章　基本的施策（第 9 条—第 14 条）
　　第 3 章　高齢社会対策会議（第 15 条・第 16 条）

　逆にいえば、新規の例規を書いていて規定内容が散漫になってきたと思ったときは、仮にでも章立てを検討してみることです。結果的に章立てをしないことになっても、構成を整理する助けになります。

▶▶ 前文

　「前文」は、条例の制定の背景や理念、決意などを対外的に宣言するものです。自治体の基本理念や政策意図を強調しようとする条例に置かれます。規則や訓令などに置かれることは、通常ありません。

▶▶ 本則と附則

　例規の構造は、「本則」と「附則」に大きく分けられます。

　本則の最初には、「総則的規定」として、例規全体に関するルールが規定されます。総則で定められる内容としては、目的・趣旨規定や定義規定のほか、関係者の責務規定などがあります。

　総則的規定の後に位置する、たい焼きでいえばアンコの部分が、例規の中心となる「実体的規定」です。規制条例であれば規制に関する内容が、給付規則であれば給付に関する規定が主に規定されることになります。そのほかにも、義務を課す規定、許可を定める規定などがあります。

　本則の終わり近くには、「雑則的規定」「罰則規定」が位置します。

　たい焼きでいえばしっぽの部分になる附則には、その例規に関する補

本則と附則

①本則と附則

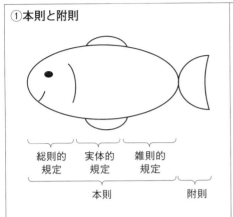

- 例規の構造は、「本則」と「附則」に大きく分けられます。
- 本則は更に、「総則的規定」「実体的規定」「雑則的規定」に分かれます。

総則的規定	目的・趣旨や言葉の定義など
実体的規定	中心的な内容（規制の対象、許可・届出の手順など）
雑則的規定	附属機関についてなど

- 附則には、本則に対して付随的な内容（例規の施行時期や経過措置など）が定められています。

②罰則の位置

- 例規に罰則が置かれる場合は、雑則規定の次に置かれます。

③「制定附則」と「改正附則」

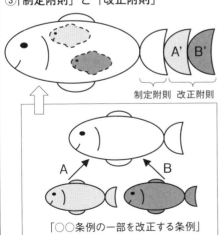

制定附則　改正附則

「○○条例の一部を改正する条例」

- 例規集に掲載の例規の末尾に、ずらりと「附則」が並んでいることがあります。そのうち、一番最初に掲載されているのが、例規が当初定められた際の附則で、「制定附則」（「原始附則」とも）と呼ばれます。
- 制定附則に連なる「附則」は、「改正附則」と呼ばれます。改正附則は、これまで改正を行ってきた例規（「○○条例の一部を改正する条例」など）の附則が、例規の編纂上、制定附則に連ねて、改正順に掲載されています。
- 上記は、六法における法令の掲載についても同様です。

43

足的な事項（施行期日や経過措置など）を定めるものであり、本則の後に位置します。

　古い法律では、本則から附則にかけて通し番号の条名が振られましたが（地方財政法など）、現在の法制執務のルールでは、附則でも改めて条名の番号が振り直されています。

▶▶ 別表と様式

　本則中の規定で記述が複雑になる場合は、表形式で内容を整理すると読みやすくなります。ただし、表が大きくなって表以外の部分とのバランスが悪くなるような場合は、附則の後に「別表」として規定されます。

　別表の内容は、本則の規定と一体ですので、本則中の定義規定や略称規定は、別表中にも効果が及びます。

　「様式」は、別表の後（別表がない場合は、附則の後）に置かれます。

　最初に説明したとおり、様式は、条例には規定されず、条例施行規則に規定されます。

2|6 ◎…委員会等の例規

▶▶ 例規の制定権

例規は誰が制定するのか、整理しておきましょう。

条例の提案権は議会にも長にもありますが、制定するのは自治体となります（法14条）。条例の対象は、自治体全体であり、議会にも長にも、また、行政委員会等の機関にも及びます。

規則を制定するのは、基本的には、長です（法15条）。規則の対象は、長の自らの権限に属する事務に限られます。

▶▶ 委員会等の例規の制定権

自治体の委員会（行政委員会）も、法律に定めがあれば、その権限に属する事務に関し、規則を定めることができます（法138条の4第2項）。もっとも、すべての委員会に制定権があるわけではありません。規則の制定権があるものは、次のとおりです。

教育委員会　地方教育行政の組織及び運営に関する法律15条1項
人事委員会　地方公務員法8条5項
公平委員会　地方公務員法8条5項
公安委員会　警察法38条5項

規則の制定権がない場合でも、委員会や監査委員が自らの権限に属する事務について規程（内規）を定めることは可能とされています。この場合、内規の法形式は、主に訓令と考えられます。附属機関についても、同様に解してよいでしょう。

なお、委員会・委員が規則・規程を制定改廃しようとする際は、内容

によっては、長への協議が必要とされていますので、注意が必要です（法180条の4第2項）。

▶▶ 会計管理者等の例規の制定権

　会計管理者は、会計事務について一定の権限がありますが、規則の制定権は、あくまで長にあります。会計管理者が会計事務について独自に定めることができるのは、会計部局に対する内規（訓令等）となります。

　公営企業を代表する立場にある企業管理者は、規則に違反しない限りで「管理規程」を制定することができます（地方公営企業法10条）。なお、管理規程は、内容で見ると、長の規則に相当するものが少なくありません。

▶▶ 議会の例規の制定権

　議会に関しては、会議規則と傍聴規則については法に規定があります（法120条、130条3項）が、それらを除けば、規則の制定権についての明文の規定はありません。そのほかの規程を定める場合は、一般に内規となり、事務局や処務に関するものは訓令、図書室等に関するものは告示が使われる傾向があります。ただし、自治体によって、規則・訓令・告示の選択には違いがあるようです。

　なお、会議規則の制定者は議会であり、傍聴規則の制定者は議長です。

▶▶ 例規の効力の及ぶ範囲

　規則や内規は、機関ごとに定めるものであり、その効力も、当該機関に限られます。

　そのため、自治体での共通ルールを定める場合には、各機関で同じ内容のものを定める必要があります。例えば、市長部局の文書管理規則

は、市長部局しか拘束できませんので、教育委員会でも同様に行うに
は、同じ内容の教育委員会規則を制定しなければなりません。もっと
も、そうした場合には、「市長部局の例による」といった包括的な準用
で代える方法もあります。

▶▶ 委員会等の例規の審査

　規則や内規が機関ごとに定められる以上、その審査の作業も各機関に
属すると考えられます。例えば、教育委員会の規則等は、教育委員会で
内容や形式を審査するものであり、長の部局が介入するのは越権行為と
もいえます。

　しかしながら、実際には、執行機関相互の協力ということで、長の部
局が協力することは差し支えないというべきでしょう。部局ごとのス
タッフが充実している自治体においては、原則どおり機関ごとに審査す
ればよいのですが、そうでない自治体においては、相互の協力は例規の
審査に不安のある側にとって助けになります。また、長の部局にとって
も、関与しないがために問題のある規定が生じてしまうことを、回避で
きますので、相互にメリットがあります。

　特に、条例の審査については、条例は長が提案し、自治体が制定する
ものであることから、長の部局が審査ないし関与をすることには合理性
があります。

2|7 ◎…要綱とは何か

　「要綱」とは、一般に自治体における事務の手順・要件等を規程形式にしたもので、補助金交付要綱や、福祉サービスの実施要綱、また、職員旧姓等使用取扱要綱といった、さまざまなものがあります。

　議会の議決を要せず、執行機関の意思決定により定められる点では規則と同様ですが、要綱は、内部的な規程として定められたものですので、規則のような対外的な効力を持ちません。

　ただし、法令や条例・規則からの委任に基づき執行機関が定めるべき事項として規定された内容については、これら法令や条例・規則と一体になって運用される点には注意が必要です。

　要綱は、昭和40年代後半から50年代にかけての開発ラッシュの折に、法整備が追いつかない中、当時の機関委任事務の範囲内で制定がされてきた経緯があります。現在では、条例制定権の拡大により、義務的事項については条例化が行われていますが、地域の実情に対応した弾力的な行政手段として、要綱は引き続き活用されています。

▶▶ 要綱の改正

　ところで、要綱を改正しようとするときに考えてしまうのは、要綱をどのような法形式として改正するか、ということです。

　改正される法形式と改正する法形式は、同じでなければなりません。そのため、一部改正例規の題名は、「○○条例の一部を改正する条例」や「○○規則の一部を改正する規則」のようになります。

　では、要綱の改正ではどうなるでしょうか。「○○要綱の一部を改正する要綱」でよいでしょうか。しかし、「要綱」という法形式はないはずです。

　要綱が訓令や告示である場合は、法形式が明らかですから、「○○要綱の一部を改正する訓令」や「○○要綱の一部を改正する告示」のようになります。

　一方で、要綱が決裁のみによる場合は、決裁事項の変更ですから、その改正方法に特に決まりはありません。「○○要綱の一部を改正する要綱」という題名の要綱をあらためて制定することも可能でしょうが、「○○要綱の一部を改正する決裁」「○○要綱の一部改正について」といった件名で決裁が行われればよいといえるでしょう。

　また、一部改正告示や一部改正訓令を制定する場合は、改め文の形式によるのが一般的ですが、決裁のみによる要綱を改正する場合は、効率性の点からも、新旧対照表など改正箇所を明示した資料が起案に添付されていれば差し支えないでしょう。

▶▶ 要綱の決裁・審査・告示

　前述のように、要綱の内容や法形式は、一括りにできるものではありません。そのため、その決裁（専決）区分や、例規審査の対象になるかなど、自治体における取扱いはさまざまです。

　要綱は、各部局の事務所管の範囲として部局長の専決による例が少なくないようですが、こと告示の対象となる要綱については、長など執行機関のトップによる決裁を行う自治体もあります。

　また、例規審査については、告示の対象とする要綱については行うが、そうでない要綱については行わない、と線引きをする自治体は多いようです。ただし、少なくとも、行政手続法・行政手続条例が要請する審査基準・処分基準に該当する内容がある場合は、例規審査の対象に含めるべきでしょう。

　なお、補助金の交付に関する要綱など、広く住民を対象とするものについては、周知を目的として告示が行われることがあります。

▶▶ 国の要綱、自治体の要綱

　国が定める「要綱」と呼ばれるものとしては、自治体でも少なくない補助金交付要綱のほか、国会提案時の法律案に添付されるものがあります。こちらは、「法律の概要（あらまし）」といった意味合いです。

　自治体の要綱というと、「第1条、第2条……」と、条例や規則のような規程形式に整えられたものが多いのですが、これら国の要綱の多くは、「第1、第2……」と、公用文のルールには準じていても、法令のような規程形式は取られていません。

　自治体の扱いが誤りというわけではなく慣例的なものですが、このような規程形式による記述が、要綱の性格をより不鮮明にしている感は否めません。

▶▶ 要綱の取扱い基準

　要綱は、その対象や内容による違いについて意識されにくく、ともすると、取扱いのルール化が不十分で、それにより改正形式や題名の付け方にもちぐはぐさを招いてきたように思えます。

　きちんとルールが定められている自治体はよいのですが、そうでない自治体は、上記のような考え方を手掛かりに、ルールを確立し、あるいはそのあり方を見直してみるのもよいでしょう。

　神奈川県大和市では、告示の対象となる要綱として規定すべき内容について明文化するとともに、例規審査の対象とする旨を定めています。

　なお、自治体で要綱に類似するものとしては、「要領」「指針」と呼ばれるものがあります。厳密な取扱区分が設けられていればよいのですが、告示や例規審査を避ける意図でこれらの名称が用いられるとすれば、望ましいことではありません。

　これらの名称を使用しようとするときは、その規定内容や取扱基準についての検討が必要です。

■大和市条例等の整備方針及び例規制定改廃事務に関する規程

（平成21年訓令第18号）

別記（第3条、第6条関係）

大和市条例等の整備方針

1・2　（略）

3　要綱

次のいずれかの要件に該当するものとする。

① 条例の整備方針Ⅱの任意的条例化事項に該当する場合であっても、新たに行う事業の初期段階として試行的に行う場合（3年を目途とする。）

② 個別的事業（イベント的なもの）の実施について定めているもの

③ 市民がメンバー（非常勤特別職にするものは除く。）に入っている組織の設置について定めているもの

④ 補助金、交付金、利子補給、物品給付等市民への助成施策の細目を定めているもの

⑤ 法令を補完する行政需要的対応が必要な場合であると判断されるもの

⑥ その他市民に広く周知するべきと判断されるもの

2|8 ◎…公示・告示・公告の違い

▶▶ 公示・告示・公告とは

　公示・告示・公告は、いずれも住民への周知行為をいいますが、明確な定義はなく、また、法令等における用語の使い分けも完璧ではないようです。自治体においては、次のような傾向が見出せます。

　周知行為全般——公示

　周知行為のうち法的な性質を帯びるもの・重要なもの——告示

　単に事実を伝えるもの（告示にあたらないもの）——公告

　この点について、鳥取市公文規程では、次のように説明しています。

■**鳥取市公文規程**（平成2年訓令第21号）別表（第4条関係）抜粋

2　公示文

(1)　告示

　ア　意義

　告示とは、行政機関が、法令などの規定に基づいて公示すべき事項若しくはその権限に基づいて処分し、又は決定した事項、あるいはその他一定の事項を広く管内一般に周知させる場合に用いる行為の形式である。告示は、本来単に一定の事項を広く一般住民に周知させることを目的とする行為の形式であるから、自治権に基づく地方公共団体の自治法の形式である条例、規則とは本質的に異なり、法規的な性質をもたず、したがって、一般住民にはなんらの拘束力をも有しないのが通例である。しかし、実質上には、法の内容を補充する法規の性質を持つものもあるので注意を要する。また、単なる通知行為の公表もあるので、次に述べる公告との区別は明りょうでない。

　法令が特に公示すべきことを定めている場合は、その事項が一般住民

の利害に重大な関係を有するから、広くこれを一般に周知させ、公正な行政を行わしめようという趣旨であるから、法令に告示すべき旨を定められているにもかかわらず告示しないでした行為は、無効となる場合がある。

(2) 公告

　ア　意義

　公告とは、一定の事実について広く住民に知らせることをいう。

　公告が用いられるのは、①法令などにより公告すべき旨が規定されている場合、②法令上明文の規定はないが、不特定又は多数人にある事実を知らせる場合、③関係人に申し出の機会を与えている場合など通常事実の公表を行う場合である。しかしながら、「告示」と「公告」との間に実質的差異はほとんどなく、地方公共団体の中には、公示の方法を「告示」に統一している例もみられるくらいである。

　本市において「公告」としている例は、各種試験の実施、各種試験の合格発表、市営住宅の入居者の募集などがあるが、おおむね次の区分によることとしている。

　第一に公示することにより一定の法的効果を伴うものは、事実行為ではないので「告示」により公示し、単なる事実行為としての公示は「公告」の形式により公示する。

　第二に上記の特例として、法令において特に告示の形式を要求しているものは、その内容が単なる事実行為であっても特別の理由がない限り「告示」の形式をもって公示し、また、法令中に「公告」と規定されている場合であっても、それが法的効果を伴う場合には「告示」により公示する。

　運用においては、条文上の表記と、求められる周知行為の形式を分けて考えることがポイントです。なお条文で「公告」が求められている場合は、形式を告示にしたとしても、表記は「公告する」とそろえるのが適当です。公示・告示・公告は、そのあいまいさから、自治体ごとに使い方が異なると思われます。以上のような考え方を踏まえつつ、自分の団体におけるルールを再確認してみるのもよいでしょう。

2|9 ◎…通達と行政実例

▶▶ 機関委任事務の廃止

　平成12年に地方分権一括法（地方分権の推進を図るための関係法律の整備等に関する法律）が制定され、自治体の長を中央省庁の下級機関とする「機関委任事務」が廃止されました。従来は「上・下」であった中央省庁と自治体の関係が、法律に基づいて行政事務を分担する仕組みに改められたのです。

　これに伴い、現在では、中央省庁からの通知に「通達」の名称は使用されません。しかしながら、今でも慣例的な呼び名として口にされることがありますので、私たちは、改めてその内容を理解し、取扱いに注意を払う必要があります。

▶▶ 通達とは

　「通達」とは何でしょうか。「通知」の「通」に「達する」ですから、その名称には、意思表示を末端まで及ぼさせるイメージがあります。

　国の「通達」は、国家行政組織法に基づいて、大臣や委員会、省庁の長官が、その所掌事務に関し、所管の諸機関や職員に、命令や示達を行う形式の一種です。その内容の主なものとしては、法令の解釈や運用、行政執行の方針などがあります。

　であれば、機関委任事務が廃止された現在の地方自治法の下では、国の「通達」は自治体を拘束することができません。自治体は「大臣や委員会、庁の長官の所管の諸機関」ではないからです。

　したがって、現在では、従来の通達に代えて国から発せられる通知等

は、法245条の4に基づく「技術的助言」又は「勧告」であるか、法245条の9に基づく「法定受託事務に関する処理基準」ということになります。

なお、前者に比べて自治体の事務への関与が色濃い後者は、「法定受託事務」として地方自治法や同法施行令に規定されるものに限定されますから、分量としては多くありません。法定受託事務の例としては、戸籍法に基づく事務が挙げられます（これに対し、住民基本台帳法に基づく事務は、「自治事務」です）。

■**地方自治法** （昭和22年法律第67号）

（技術的な助言及び勧告並びに資料の提出の要求）

第245条の4　各大臣（内閣府設置法第4条第3項若しくはデジタル庁設置法第4条第2項に規定する事務を分担管理する大臣たる内閣総理大臣又は国家行政組織法第5条第1項に規定する各省大臣をいう。以下本章、次章及び第14章において同じ。）又は都道府県知事その他の都道府県の執行機関は、その担任する事務に関し、普通地方公共団体に対し、普通地方公共団体の事務の運営その他の事項について適切と認める技術的な助言若しくは勧告をし、又は当該助言若しくは勧告をするため若しくは普通地方公共団体の事務の適正な処理に関する情報を提供するため必要な資料の提出を求めることができる。

2・3　（略）

（処理基準）

第245条の9　各大臣は、その所管する法律又はこれに基づく政令に係る都道府県の法定受託事務の処理について、都道府県が当該法定受託事務を処理するに当たりよるべき基準を定めることができる。

2～5　（略）

▶▶ 地方分権改革と通達

前述の機関委任事務の廃止に際しては、従前の通達等の取扱いの明確化のため、自治体へ次のような通知が発せられています。

> ### ■地方分権に伴う都市行政に係る既存の通達等の取扱について
> （平成12年12月25日付け建設省都政発第85号）抜粋
>
> 　既存の通知等については、文書の如何にかかわらず、地方分権の推進を図るための関係法律の整備等に関する法律（平成11年法律第87号）による改正後の地方自治法（昭和22年法律第67号）第245条の4の規定による技術的助言若しくは勧告又は資料の提出の要求としており、法令の根拠によらず協議・承認等の関与や計画の策定等の事務を義務づけている部分については、地方分権推進計画の趣旨を踏まえ、地方公共団体に対して法的拘束力を有しないものとしていること。

　これら「旧通達」の内容は、自治体が法律に基づいて事務を執行する際に、引き続き参考になるものです。しかしながら、その一部には効力を失ったものもありますから、参照に際しては注意が必要です。

　なお、これら「旧通達」であったものは、膨大な量であるので、一般的な六法には収録されておらず、インターネットを利用しても一部を除いて検索が難しいのが現状です。

　これらが収録された加除式書籍としては、『基本　行政通知・処理基準（全85巻）』（ぎょうせい）があります。この書籍も、上記の地方自治法の改正により、従来の『基本行政通達』から名称が改められています。同趣旨のデータベースは、第一法規から「現行法規（通知通達検索）」として提供されています。

▶▶ 行政実例とは

　「行政実例」とは、法令の運用、解釈、適用等についての自治体等からの照会に対して、国の行政機関が発した回答のことをいいます。「お見込みのとおり」という独特の言い回しによる回答をご承知の方も多いでしょう。

　行政実例も通達と同様に、現在の地方自治法の下では、行政解釈の1つとして位置づけられ、自治体に対して法的拘束力を持ちません。

▶▶ 審査基準・処分基準の取扱い

　行政手続法・行政手続条例に基づき、自治体は、申請に基づく処分については「審査基準」を、不利益処分については「処分基準」を定めることとされています。

　法令に基づく事務執行に際し、その適切な運用のため旧通達や技術的助言などを参考にすべきであるのは当然ですが、それらの通知自体が根拠になるのではなく、自治体があらためて法令を解釈した上で審査基準や処分基準として設定するという仕組みを理解してください。

▶▶ 裁判で違法とされた事例

　通達に従った措置が裁判所で違法とされた事例としては、原子爆弾被爆者に対する援護に関する法律等に基づき健康管理手当の支給認定を受けた被爆者が外国へ出国したことに伴いその支給を打ち切られたことについて、厚生省の通達が法律の解釈を誤る違法なものだとした判例があります（最高裁判所平成19年2月6日第三小法廷判決）。

　また、行政実例に関する事例としては、公立病院の診療に関する債権の時効について、公の施設の使用料と解して地方自治法の規定に基づき5年とした自治省の解釈を否定し、民法に基づき3年とした判例があります（最高裁判所平成17年11月21日第二小法廷判決）。

　府省の示す解釈に従っていれば大丈夫、というわけでは必ずしもないのです。

2|10 ◎…例規の公布

▶▶ 条例の公布

　条例は、議会の議決をもって成立しますが、実際に効力を持つために
は、住民の知るところとならなければなりません。住民が知ることがで
きるようにすることを公布といい、法では次のように定めています。

■地方自治法

第16条　（略）

②・③　（略）

④　当該普通地方公共団体の長の署名、施行期日の特例その他条例の公
　　布に関し必要な事項は、条例でこれを定めなければならない。

⑤　（略）

　各自治体では、これを受けて条例を制定していますが、一般的には、
①署名すること、②周知方法について定めています。

■千葉県公告式条例（昭和25年条例第37号）

　（条例の公布）

第2条　条例を公布しようとするときは、条例の前に公布の旨及び年月
　　日を記入してその末尾に知事が署名しなければならない。

2　条例の公布は、千葉県報に登載してこれを行う。但し、天災事変等
　　により千葉県報に登載することができないときは、県庁前の掲示場又
　　は公衆の見やすい場所に掲示してこれにかえることができる。

周知方法については、国の官報と同様に公報（印刷物）によるところもありますが、市町村では、印刷物に代えて掲示を行うことが一般的です。

■**佐倉市公告式条例**（昭和34年条例第4号）

（公布）

第2条　（略）

2　条例の公布は、市役所、各出張所及び各派出所前掲示場に掲示してこれを行う。

近年では、インターネット環境の整備を踏まえ、公報をインターネット掲載とする例も出てきています。

■**岩手県公告式条例**（昭和25年条例第35号）

（電磁的方法による岩手県報の発行）

第6条　岩手県報は、電磁的方法（電子情報処理組織を使用する方法その他の情報通信の技術を利用する方法であって規則で定めるものをいう。）により不特定多数の者が岩手県報に登載すべき事項の情報の提供を受けることができる状態に置く措置であって規則で定めるものをとる方法により発行するものとする。

2　岩手県報の発行は、岩手県報に登載すべき事項を県の使用に係る電子計算機に備えられたファイルに入力し、当該ファイルに記録された情報の提供を受けようとする者の求めに応じてその使用に係る電子計算機に県の使用に係る電子計算機から送信し得る状態となった時に行われたものとする。

▶▶ 規則の公布

規則については、法及び公告式条例において、条例についての規定を準用することとされていることから、条例と同様の手続となります。

▶▶ その他の規程の公表

　その他の規程で公表を要するものについても、規定を準用することとされていることから、条例・規則と同様の手続となります。ただし、署名に代えて、記名・押印でよいとされるのが一般的です。

　その他の規程で公表を要するものとは、具体的には、内容にもよりますが、訓令や、行政委員会が制定する規程などが挙げられます。

　また、補助金交付要綱の類は、自治体内部の規程ですが、住民に直接関係するものであることから、公表を推奨する考え方もあります。この場合の公表の形式は、告示が適当と思われます。

▶▶ 公布の時点

　公布がいつ行われたかは、「住民が知ることができるようになった時」であり、公報（印刷物）による場合は現実に入手できる状態に置かれた時、掲示による場合は貼り出した時、となります（前述の岩手県の公告式条例では、県報のインターネット化にあたり、この点に疑義が生じないよう、きちんと規定を設けています）。

　公布は、法令等の効力の発生に関わる重要な行為であるため、施行期日との関係上必要であれば、休日や夜間であっても行わなければなりません。官報が、特別号外という形で休日や夜間に出ることがあるのはそのためです。自治体においても、特別号外の発行を待って条例を公布しなければならないようなことは時々あります。

　公布を掲示で行う場合の注意として、住民が掲示の中身を知ることができるようにしておくことがあります。掲示場が、住民の立ち入ることができない場所にあるといった場合には、公布の成立に疑義が生じかねません。何かの事情で掲示場を移設するような場合には、注意が必要です。

例規策定の手続

3│1 ◎…例規の制定改廃の 流れ

▶▶ 例規の制定改廃の要因

例規の制定改廃の要因には、次のようなものがあります。

①国の法令改正に伴うもの（外発的なもの）

ⅰ）税制、福祉、都市計画など全国的な制度の整備（法令から委任された事項の規定、法律に基づく機関の設置、国庫補助金の管理のための基金の設置なども含む）

ⅱ）法令の条項ずれ、法令における用語・名称の変更

②自治体自らの発案によるもの（内発的なもの）

ⅰ）ごみ屋敷対策など政策的に新しい取組、使用料など既存の制度の見直し

ⅱ）条例の条項ずれ

例規の制定改廃はこれらに基づいて行うことになりますが、①については、施行期日が国に決められてしまうため、限られた期間の中で対応することになります。また、施行期日が政令で決まる場合には、施行期日がいつになるかわからないために苦慮することもあります。

▶▶ 例規審査の工程

例規審査の工程は、自治体によってさまざまと思われます。原課と法規担当だけで完成させるところもあれば、庁内の審査会を経るところもあるでしょう。また、議案の印刷を、庁内の簡易印刷機で行うところと、外注するところとでも、日程に違いがあるでしょう。

共通していえることは、施行期日から逆算してスケジュールを立てる

ことと、準備に要する時間を見込むことです。

▶▶ スケジュールの立て方

①条例

　条例は、議会で審議の上可決されることが必要ですので、その制定改廃にあたっては、議会の日程を念頭において対処することになります。条例案の策定は、基本的に、定例会の2〜3か月ほど前から準備が必要です。

　おおよその例をあげると、

　前々月……条例原案提出の告知、受付、審査

　前　　月……審査（続き）、条例案確定、議会引き渡し

　開催月……議会上程、審議、（可決されれば）公布

という流れであり、これを四半期ごとに繰り返すことになります。

　政策的に大きな案件においては、審議会への諮問やパブリックコメントの実施などを経るものもあります。また、罰則（刑事罰）を設ける案件は、検察庁との協議が求められます。そうしたものにあっては、通常のものよりもさらに長期的なスケジュール設定が必要になります。

　なお、条例案の審査では、着手してみたら思いのほか難しい、ということがありますので、注意（用心）が必要です。

②規則等

　規則等は、長等の執行機関により制定が可能なので、条例とは異なり、議会の開催予定には必ずしも左右されません。

　とはいえ、条例施行規則の場合は、根拠となる条例の制定の動向に影響を受けます。また、法令改正に伴うものにあっては、施行期日との関係で、タイトなスケジュールで取り組まなければいけない場合もあります。政省令の制定が施行期日の直前になる場合がありますので、自治体が十分な準備期間を設けることが難しい事例も少なくありません。

▶▶ 審査に入る前に

例規の具体的な審査に入る前に、確認しておきたいことがいくつかあります。

①政策決定手続

その例規（改正）が行おうとする内容が、長や庁内の合意を得ているか、また、関係部署が承知しているかを確認しておくとよいでしょう。単純な改正は別ですが、政策的な案件では、原課の素案と長の意向が異なることも起こりえます。事前に方向性の伺いを立てるように誘導することが必要な場合があります。

②法的手続

法的な手続として、条例・規則等の制定・改正が予算を伴う場合については、予算案の予定を確認する必要があります（法222条。3－4「条例案と予算案」参照）。

また、あまり機会はないかもしれませんが、長に協議が必要な場合（法180条の4第2項）や、教育委員会の意見聴取が必要な場合（地方教育行政の組織及び運営に関する法律29条ほか）もあります。これらの要否を確認しておき、その手続の予定も織り込んでスケジュールを立てる必要があります。

③パブリックコメント

行政手続条例や要綱でパブリックコメント（意見公募手続）を定めている場合には、計画している例規（改正）がその対象になるかどうかの確認が必要です。対象になる場合は、その手続の予定も織り込んでスケジュールを立てる必要がありますし、パブリックコメントの実施までに審査を済ませなければなりません。

特に、行政手続条例で行政手続法と同等のパブリックコメントを導入している場合には、原則としてすべての規則等についてパブリックコメントが必須になりますので、遺漏のないように注意が必要です。

3│2 ◎…例規の審査

▶▶ 例規の審査

　例規の審査とは、条例案等を、間違いのない内容と形式に仕上げる作業です。また、関連資料の仕上げも含まれます。

　例規の制定改廃にあたって作成する書類は、国の法案にならえば、基本的には次のとおりです。

　①要綱──案の骨子。官報の「あらまし」に相当

　②案──条文・改め文

　③提案理由

　④新旧対照表──改正の前後を並べて対比したもの

　⑤参照条文──案で引用している他法令の条文

　加えて、

　⑥概要──要点や補足説明などをワンペーパーで図示したもの

もあることが望まれます。

　ただし、実際には、各自治体の慣例に従って、条例や規則の種別に応じて必要なものを作成することになります。

▶▶ 内容の審査

　内容の審査にあたっては、原課が何をどのようにしたいのか、を確認することが肝心です。条項ずれの対処や要件の変更など、単純な改正の場合には何をするかははっきりしていますが、制定や大がかりな改正の場合には検討が甘いこともあります。原課のコンセプトが固まっていて、そのとおりに条文が書かれていることが理想ですが、条文の審査を

通じて、内容に不明確な点があれば、内容の再検討と行ったり来たりすることも必要です。

　その上で、内容面で気をつけることは、多岐にわたるので詳細は次章に譲りますが、一般的な注意点としては次のようなものがあります。

　　・法令や判例との整合性はどうか
　　・行政手続条例、行政不服審査法等を踏まえているか
　　・ケースの想定に漏れや抜け道がないか
　　・表現が適切か（定義が必要か、解釈に疑義が生じないか、「等」の濫用はないか、など）

▶▶ 形式の審査

　形式の審査としては、基本的には、用字用語、誤字脱字、配字（1字下げなど）のチェックなどを行います。条番号・項番号等の不連続にも注意が必要です。

　法令における慣用的な表現にも気をつけます。日本語としては問題なくても、法令ではそうは言わない、というものがあります。また、複合語は、十分に定着しているものを除けば、そのままでは用いません。例えば、「利用許可」とせずに「利用の許可」のようにします。複合語を用いる際は、定義するか、略称とした上で用います。

　改正の場合には、改め文が新旧対照表ときちんと対応しているかどうかの確認が必要です。改正箇所の特定では、同じ字句の存在に注意しましょう。見落とすと、意図しない箇所まで改正してしまいます。

　条項の移動等の場合には、引用している規定でも条項をずらすのはもちろんですが、「前項」を「第○項」と言い換えたりする点にも注意します。

　また、法令の引用についても注意が必要です。引用にあたって、条項や文言に正確を期すのは当然ですが、六法や電子法令集は、収録時点での内容なので、その後の改正によって条項ずれが生じていたり、下手をすると条文自体が変更されていたりするおそれがあるからです。

　引用の誤りを避けるには、最新の法令を確認する必要があります。法

令データベースでは、総務省がインターネットで提供している「e-Gov法令検索（https://elaws.e-gov.go.jp)」の更新が比較的早いので、適宜活用しましょう。なお、法令の改正が公布済みで施行日が未到来の場合は、未施行の改正は反映されていないことから、施行日が先である例規の制定・改正の場合には、未施行の改正がないか（その施行によって、例規の施行日において齟齬が生じないか）にも注意が必要です。

そのほか、細かい話をすれば、表や別表が2ページにまたがるときに、罫線の境目が重複しないように片方は消す、というのもあります。このようなものは数多くあるため、チェックリストを作っておくのも1つの工夫です。

▶▶ 点検

作成した条文や改め文は、日を置いて見直すようにしましょう。作業中には見落としていた箇所に気づくことがあります。

また、確認の仕上げとして、音読をしましょう。音読とは、条文や改め文を声に出して読み上げることです。その際は、「者」は「シャ」、「改める」は「カイめる」のように、わざと音訓を変えて読むようにします。

人間の脳はたいしたもので、目で読んでいると、少しくらいの誤字があっても意味が通るように補完して読み取ってしまいます。音読には、意味と文字を切り離す効果があります。

▶▶ 関連の気づき

例規の審査を通じて、関連する他の例規の改正の要否に気づくことも大切です。例えば、行政組織の改正があれば、人事関係の例規にも影響が及びますし、税で延滞金の改正があれば、他の料金等の延滞金はどうするか検討する必要が生じます。関連する例規の改正についても、漏らさないようにしたいものです。

チェックリスト（例）

○題名
・団体名を冠するか、冠しないか
・「一部を改正する」が重複していないか（正しい場合は可）
・「…等の一部を改正する条例」か、「…を改正する等の条例」か（複数条例の一括改正において、廃止を含む場合は後者）
・「…（法の施行に伴う）関係条例の整理に関する条例」か「…（法の施行に伴う）関係条例の整備に関する条例」か（複数条例の一括改正において、政策判断に基づく改正も行う場合は後者）

○本則
・目的規定か、趣旨規定か、設置規定か
・目的規定の文末に「必要な事項を定めることを目的とする」は原則不可
・設置規定の文末は「置く」　×「設置する」

○条文の書き方
・法令番号の表記は「（令和○年法律第○号）」（月日は不要）
・見出しか、共通見出しか（共通見出しの場合は、改め方が異なる）
・条文と各号の対応
　いずれかに該当する場合は　→　各号も「…の場合」と語尾をそろえる（「とき」「者」でも同様）。また、列挙するものは、体言なら体言で、用言なら用言でそろえる。
・複合語はそのまま用いない。用いるときは、定義するか、略称とした上で用いる。　○「利用の許可」　×「利用許可」
・条文には主語を置く。　「○○は、」
・条件句内における主語を明らかにする。　「○○が△△のときは」
・根拠規定がないと曖昧なときはつける。　「第○条の（許可）」
・属性がないと曖昧なときはつける。　「センターの（備品）」
・語順の統一
　「○○を○○に」か、「○○に○○を」か（同一例規内において、まちまちにならないこと）
・構造の統一
　同一例規内において、A手続で告示を行うなら、A'手続でも告示を行うなど（扱いが比例しているか、しないときは適切な理由があるか）

・主観表現か、客観表現か（する・される）

・行為が現在形か、過去形か（する・した）

・指示語が単数か、複数か（これ・これら）

○表・別表

・2ページにまたがるとき、罫線の重複がないこと（片方は消す）

○改正箇所の引用（特定）

・字句の引用範囲は適当か　○「第○条第○項」　×「第○項」

・引用しようとする字句が、同一条項内で2か所に存在していないか

○改正の波及箇所

・目次がある場合は、目次にも改正が生じるかどうか

・法令の初出の位置が変わるときは、法令番号も付け替える。

・「前条（項)」-「第○条（項）」の書換え

・別表・様式の「(第○条関係)」の繰上げ・繰下げ

○附則

・主語の法形式が合っているか　「この規則は」「この告示は」

・「改正後の○○条例第○条の規定は」　一部改正において単に「第○条」というと、一部改正条例自身の「第○条」を指すことになるので注意

・○「改正後の○○の規定は、」　×「の規定については」（「規定の適用については」と混同しないこと）

○用字用語

・同音異義語

・送り仮名　例）当たって　手続

・見た目が似た漢字　例）○第　×弟、○掲げる　×揚げる

・「その他」か、「その他の」か（併記が前者、包括が後者）

・「に基づき」か、「により」か（趣意が前者、直接根拠が後者）

・「に規定する」か、「の規定による」か

・条項の番号、アイウ（イロハ）の不連続がないか

○句読点

・主語の「○○は」の後には読点「、」を打つ。

・対句の場合には読点「、」は省略する。

・「以下「○○」という。」　「以下」に「、」なし、「いう」に「。」あり

・「とき」「こと」には基本的に句読点を打つ。ただし、例外に注意

3|3 ◎…法令との整合性

▶▶ 例規が制定できる範囲

日本国憲法94条は自治体に条例制定権を認めていますが、「法律の範囲内で」と、併せてその限界を定めています。

また、上記を受けて地方自治法では、条例に関しては14条1項に、規則に関しては15条1項に、それぞれ「法令に違反しない限りにおいて」と、改めて制定が可能な範囲を明らかにしています。

ただし、地方分権により拡大された条例制定権は、個別の法令の忠実な執行にとどまらず、地域の課題を積極的に解決することに期待が寄せられています。

地域の課題解決に自治立法を活用する場合は、法令との整合性に留意しなければいけません。

▶▶ 自治立法の妥当性

自治立法の種類としては条例と規則があります。その峻別については、すでにご説明しました（2-3「条例と規則の使い分け」参照）。住民の権利や義務に関する事項を定めたり、自治体の政策を対外的に打ち出そうとする場合は、条例で定められることになります。

条例で定めようとする内容の適否については、①対象、②目的、③効果の3つの視点から制定の妥当性を探ることになります。

①対象が重複するか

法令が対象とする範囲以外の領域は、法令がその範囲を積極的に放置していると認められないときは、条例制定が可能です（「行政機関の保

有する情報の公開に関する法律」制定以前の情報公開条例など）。

②対象が重複しても、法令の目的を妨げないものであるか

　法令と対象が重複しても、法令とは別の目的に基づく規律を意図する
ものであって、その適用が法令の意図する目的を阻害しないときは、条
例制定が可能です（建築基準法に対する中高層建築物紛争処理条例な
ど）。

③目的が同一でも、それは全国一律の規制であるか

　法令と目的が同一であっても、それが全国一律の規制を行う趣旨では
なく、地域の実情に応じ特段の規制を施すことを容認する趣旨であると
きは、条例制定が可能です（水質汚濁防止法に対し、より厳しい排水基
準を定める条例など）。

▶▶ 整合性チェックの注意点

　法令との整合性の可否については、法令の解釈の内容によっては判断
が難しい事例も存在します。条例が制定できる範囲が明文で規定されて
いる法令は決して多くないからです。

　判断が難しいのは地域の自然的・社会的状況等から法令で定められて
いる基準より厳しい規制を行う「上乗せ」ですが、法令が規制していな
い対象について自治体が独自に規制を行う「横出し」についても、それ
が法令で積極的に放置されているか否か、十分な検討の上で判断しなけ
ればいけません。

---

①上乗せ条例の例

　ある汚染物質の排出基準が法令では 3 ppm 以内
　→ 条例で 2 ppm 以内とする

②横出し条例の例

　ある汚染物質の排出基準が法令では二酸化窒素のみ規制
　→ 条例で二酸化炭素も規制

3|4 ◎…条例案と予算案

▶▶ 提案、制定・改正の制限

　条例、規則等の制定・改正が予算を伴う場合については、法222条に制限が置かれています。

■地方自治法

　（予算を伴う条例、規則等についての制限）

第222条　普通地方公共団体の長は、条例その他議会の議決を要すべき案件があらたに予算を伴うこととなるものであるときは、必要な予算上の措置が適確に講ぜられる見込みが得られるまでの間は、これを議会に提出してはならない。

2　普通地方公共団体の長、委員会若しくは委員又はこれらの管理に属する機関は、その権限に属する事務に関する規則その他の規程の制定又は改正があらたに予算を伴うこととなるものであるときは、必要な予算上の措置が適確に講ぜられることとなるまでの間は、これを制定し、又は改正してはならない。

　「必要な予算上の措置が適確に講ぜられる見込み」とは、予算案が提出されたときとされていますので、基本的には、条例案と予算案はセットで提出する、と理解しておくことになります。

　ただ、そうすると、新たな制度や取組を翌年度から開始するにあたり、準備期間を要するため前年度の9月や12月に条例案を提出することはできないのでしょうか。しかし、そのような場合にまで、予算が存

在しないので提出できない、あるいは債務負担行為を要するとするのは不合理です。そのため、この規定は、翌年度以降の予算措置についてまで要求する趣旨ではないと解されています。

第2項では、規則等について、「制定し、又は改正してはならない」とありますが、一切の準備を行ってはいけないという意味に解すべきではありません。予算が成立すれば、速やかに実行に移さなければならないものもあるわけですから、規則等の公布はできませんが、直ちに公布できるように準備を整えておくべきでしょう。

▶▶ 予算との整合

条例案と予算案は、別々のもののようであって、実はそうではありません。両者は相互に関連しており、整合していなければなりません。しかし、原課にとって、予算は身近なものですが、例規は身近でないためか、ときとして見落とされることがあります。具体的には、次のような点に注意が必要です。

・附属機関を設置しようとして、報酬等の予算が要求されているが、附属機関を設置する条例案（改正案）が用意されていない
・非常勤特別職の報酬を改定しようとして、予算の増減が要求されているが、報酬条例の改正案が用意されていない
・外部の有識者の意見を聴こうとして、報償費の予算が要求されているが、会議の設置・運営要綱案を見ると、附属機関に該当する
・公の施設の開館時間や休館日を変更しようとして、予算の増減が要求されているが、当該施設の設置管理条例（規則）の改正案が用意されていない

このようなことが起きないよう、法規担当と財政担当（予算担当）とで、相互に確認をする態勢を作っておくことが望まれます。

3│5 ◎…例規改正の タイミング

　法律は、公布された後、ある特定の期日から施行されますが、公布されてから施行までにどれだけの期間がとられるかは、まちまちです。新しく制度を定める法律では、1年後、2年後に施行すると定められることがありますし、既存の法律を改正する法律では、公布の日から直ちに施行されることもあります。

　さて、法律の制定・改正に伴って条例を制定・改正することがありますが、その条例の施行期日は、法律の施行期日と一致させるのが原則です。ところが、自治体においては、これが難しいことがあります。というのは、自治体が条例を制定・改正するには自治体の議会の議決が必要ですが、自治体の定例会は、一般的に開催が年に4回（6月・9月・12月・3月）と決まっているからです。

　次の例を見てみましょう。

```
 ケース1

○○法
4／2公布－－－－－－－－－－－－－－翌4／1施行
○○条例
　　　　　　3月定例会で審議　3/29公布　4／1施行
条例案は2月前半までに用意→ 可能
```

ケース２

　　○○法改正法

　　4/ 2 公布 − − − − − − − − − − − − − − − 7/ 2 施行

　　○○条例改正条例

　　　　　　　6月定例会で審議　6/29 公布　7/ 2 施行

　　条例案は５月前半までに用意 ➡ 可能

ケース３

　　○○法改正法

　　5/25 公布 − − − − − − − − − − − − − − 8/25 施行

　　○○条例改正条例

　a.　　　　　6月定例会で審議　6/29 公布　8/25 施行

　　条例案は５月前半までに用意 ➡ 案を用意できない！

　b.　　　　　9月定例会で審議　9/29 公布　9/29 施行

　　条例案は８月前半までに用意 ➡ 施行が間に合わない！

　法律の公布から施行までに十分な余裕がある場合は問題ありませんが（ケース１）、その期間が３か月程度の場合には、自治体の議会の開催時期のタイミングに合う・合わないで、条例の制定・改正が可能・不可能といった状況が発生します（ケース２、３）。

▶▶ 臨時会・専決処分・追加提案・先議

　もちろん、条例の制定・改正ができません、というわけにはいきません。そこで、何らかの対処をとることになります。

①臨時会

　定例会に間に合わなければ、臨時に議会を開催して、審議する方法があります（法102条３項）。ケース３の例でいえば、７月中か８月中に開催すればよいことになります。

②専決処分

　臨時会の開催が難しい場合は、長が専決処分する方法があります（法

179条1項）。この場合は、時期は、法の施行までの間で任意となります。ただし、臨時会を開かずに専決処分するには、地方自治法上、一定の要件がありますので、全く自由に行えるわけではありません。

③追加提案

定例会の会期中であれば、議案を追加提案する方法があります。ケース3の例でいえば、6月定例会の初日の提案は難しいところですが、議案の用意ができ、議事運営上の調整がつけば、追加で提案することができます。

④先議

これも、議事運営上の調整を要しますが、定例会の会期が施行したい日と同日かそれより前に始まる場合においては、特定の議案だけを先に討論・採決する日程を組む方法があります。これにより、可決されれば、直ちに公布することができます。ケース3の例でいえば、仮に9月定例会が8月25日から始まる日程であれば、先議が選択肢に上がってきます。

方法としては、基本的に以上の4つの方法がありますが、具体的にどの方法をとるかは、各自治体における慣例・先例にもよりますので、関係部署と協議の上、決めることになります。

いずれにしろ、法規担当としては、単に条例案を作るだけでなく、その成立過程も頭に入れておく必要があります。また、特別な対応が必要にならないかどうか、法令の改正時期の動向に注意を払い、それを見越して各方面の調整をとる、といった姿勢も求められるわけです。

▶▶ 法180条に基づく専決処分の活用

そのほか、法令の引用条項のずれの改正に関しては、法180条に基づく専決処分の活用も考えられます（6-4「専決処分の取扱い」参照）。ただし、この方法は、議会が条例案を審議する・しないに関わるものですから、議会の意向によるべきであることはいうまでもありません。手法の1つではありますが、積極的に導入すべきとまではいえません。

3|6 ◎…検察協議と自治体

▶▶ 検察協議とは

　自治体が刑罰を規定しようとするときは、あらかじめ検察庁と協議を行うこととされています。これを「検察協議」といいます。

　検察協議には、法令上の根拠はなく、昭和48年1月に開催された全国都道府県総務部長会議において法務省から示された要請に基づいているものとされています。

　検察庁が確認するのは、条例の内容に基づく立件の可否についてです。構成要件がきちんと整理されているか、また、そもそも憲法や法令に抵触する事項はないか等について確認が行われます。違反行為について自治体が告発し、警察の捜査を経ても、検察が起訴できないような内容であっては困るからです。

　検察協議の手続は、条例案の策定過程で、自治体の最寄りの地方検察庁に協議の申入れを行うことにより開始されます。協議に基づく意見によっては、必要に応じて条例案の内容を修正することがあります。

▶▶ 検察協議の「活用」

　法令上の根拠がないとはいっても、検察協議を消極的に捉える必要はなく、自治体に知識や技術などの法的資源が限定されている現状では、むしろ肯定的に捉えてよいと考えられます。

　なお、上記の要請は長あてに行われたことから、条例案であっても議員提案のものは、検察協議の対象になっていません。しかしながら、法的資源が限定されている点では、議会事務局も同様ですので、必要に応

じ協議を検討してよいと思われます。

▶▶ 十分な日程を

　検察協議を行う際は、条例の内容を確認するため、検察庁においても一定の期間が必要です。

　したがって、罰則規定がある条例については、通常の案件よりも早めに庁内調整が必要になりますので、通常に増して日程の管理に留意しましょう。

　特に、条例案についてパブリックコメントを実施するような場合は、検察協議との前後関係を含め、議会へ提案するまでのスケジュールを十分に確認しておく必要があります。

第 4 章

規定別・例規審査の
ポイント

4 | 1 ◎…題名

▶▶ 新規制定の場合の題名

　例規の題名には、その自治体名を冠するのが一般的です。ただし、題名が長くなるものや自治体名を冠すると語調が悪くなる場合は、これを行わない場合があります。

　例規の末尾には、「条例」「規則」のように、その法形式を明らかにする語が付されるのが一般的です。ただし、法律の規定を施行するための省令は「○○法施行規則」という題名が多いことから、同法の規定を施行するために自治体で定める規則では、「○○法施行細則」の題名とされることがあります。

　長が職員に対して発する職務命令である訓令の題名は、「○○訓令」ではなく「○○規程」とされるのが一般的です。なお、「札幌市土地区画整理事業施行規程（昭和35年札幌市条例第33号)」のように、題名の末尾に「規程」の語が付された条例もあります。これは、土地区画整理法53条において、土地区画整理事業の「施行規程」は条例で定めることとされていることによります。

①題名の付け方

　題名は、定めようとする例規の内容を簡潔かつ的確に表していなければいけません。簡潔さと適格性はしばしば矛盾しますが、できるだけ両者のバランスをとって、ふさわしい題名を付けるように心がける必要があります。なお、最近の法律では、内容を正確に表現しようとしてか、題名が長くなる傾向があります。

　条例では、事例に応じ、重要な制度や政策の基本方針を示すものとして「○○基本条例」、一般法に対する特例を定めるものとして「○○の

特例に関する条例」の題名が付けられることがあります。

　なお、定めようとする例規と同じ名称の例規が過去に存在しても、制定年番号による区別が可能であることから、基本的に支障はありません。ただし、紛らわしさを解消したいのであれば、新しい例規の制定に際して、その附則により同名の過去の例規について、①その題名を改める（「令和○年度～」のように年度を冒頭に付すなど）、②効果を失っているのであればその例規を廃止するなどの手法を検討してもよいでしょう。

②「○○条例」か「○○に関する条例」か

　新規制定の例規で悩ましいのが、その名称を「情報公開条例」と端的にするか、「情報の公開に関する条例」と説明調にするかです。法律でも明確な区分はなく、事案ごとに検討されているようです。

　内閣法制局長官を経て最高裁判所判事を務めた山本庸幸氏は、その著書の中で「著者が担当する場合は、原則として「○○法」にできないかと考え、諸々の理由でそれが難しい場合には「○○に関する法律」とするようにしています」と書いています(山本庸幸『実務立法演習』37 頁)。

▶▶ 改正等を行う場合の題名

　例規の改正等を行う場合の題名は、その内容に応じて以下によります。

①一部改正の場合

　例規を一部改正する場合の題名は、「A 条例（規則）の一部を改正する条例（規則）」とするのが一般的です。

　2 つの例規の一部改正を行う場合は、「A 条例（規則）及び B 条例（規則）の一部を改正する条例（規則）」とします。ここで、A 条例（規則）の名称が「a 及び b に関する条例（規則）」のように「及び」の語を含むものであっても、題名における例規の並記には「並びに」を用いず、「a 及び b に関する条例（規則）及び B 条例（規則）の一部を改正する条例（規則）」とします。

　また、「A 条例（規則）」と、同条例（規則）を過去に改正するために制定された「A 条例の一部を改正する条例（規則）」を併せて改正す

る場合は、「A条例等の一部を改正する条例（規則）」の題名が付けられます。

　3つ以上の例規を改正する場合も、「A条例（規則）等の一部を改正する条例（規則）」とします。

②全部改正の場合

　新規制定の場合と同様の形式で題名を付けます（「A条例（規則）の全部を改正する条例（規則）」とはしません）。

　この場合、題名の次に「A条例（規則）の全部を改正する。」という制定文を置くことにより、全部改正であることがわかるようにします。

③例規を廃止する場合

　一部改正の例に準じて、対象となる例規の数に応じ、「A条例（規則）を廃止する条例（規則）」「A条例（規則）及びB条例（規則）を廃止する条例（規則）」「A条例（規則）等を廃止する条例（規則）」とします。

④一部改正と廃止を併せて行う場合

　「A条例（規則）の一部を改正する等の条例（規則）」とします。

特別な事情により例規の改正等を行う場合

　法令の制定改廃等に伴って複数の例規の改正等を一括して行う場合において、法令改正に伴う条項ずれの対処など必然的に行われる改正を行うときは「〜に伴う関係条例（規則）の整理に関する条例（規則）」、そのような内容にとどまらず実質的な政策判断に基づいた改正が含まれるときは「〜に伴う関係条例（規則）の整備に関する条例（規則）」という題名がつけられます。

　また、複数の例規の改正を行おうとする場合、改正等の目的を明示するため、「〜のための」という冠を「A条例（規則）等の一部を改正する条例（規則）」に付する題名もあります。なお、題名にこのような改正等の目的を掲げる明確な基準は存在しません。

4|2 ◎…前文

▶▶ 前文とは

　男女共同参画社会基本法や高齢社会対策基本法、文化芸術振興基本法など、国政の各分野における基本方針を定める法律や重大な社会問題に対応するため、法律には、前文が置かれるものが多くあります。また、憲法に前文が置かれているのは、皆さんもご承知のことでしょう。

　条例でも、自治体の基本理念や政策意図を強調しようとする条例には、前文が置かれることがあります。

　前文は、具体的な法規を定めたものではなく、その意味では、そこに記述される内容から直接の法的効果が生じるわけではありません。とはいえ、前文は、条例を構成する要素の1つであることから、各条項の具体的な解釈や運用を行う際は、その指針を示すものとして重要な意味があります。

▶▶ 前文の規定方法

　前文は、第1条の前、目次があるときは目次の次に置かれます。目次には「前文」と記載されますが、前文そのものに「前文」という見出しを付す必要はありません。

■**横浜市の保有する情報の公開に関する条例**（平成12年条例第1号）

目次

　前文

　前文は、その条例の制定の背景、理念、決意などが述べられた上で、その締めくくりとして「ここに○○条例を制定する。」「……ため、この条例を制定する。」と記述するのが慣例化しています。

　その文体は、最近では「です」「ます」調のものも多くなってきていますが、法律をはじめ、「だ」「である」調のものが一般的です。

■障害のある人もない人も共に暮らしやすい千葉県づくり条例
（平成18年条例第52号）

　障害のある人もない人も、誰もが、お互いの立場を尊重し合い、支え合いながら、安心して暮らすことのできる社会こそ、私たちが目指すべき地域社会である。

　このような地域社会を実現するため、今、私たちに求められているのは、障害のある人に対する福祉サービスの充実とともに、障害のある人への誤解や偏見をなくしていくための取組である。

　この取組は、障害のある人に対する理解を広げる県民運動の契機となり、差別を身近な問題として考える出発点となるものである。そして、障害のあるなしにかかわらず、誰もが幼いころから共に地域社会で生きるという意識を育むのである。

　すべての県民のために、差別のない地域社会の実現と、一人ひとりの違いを認め合い、かけがえのない人生を尊重し合う千葉県づくりを目指して、ここに障害のある人もない人も共に暮らしやすい千葉県づくり条例を制定する。

　なお、前文まで設けようとする条例ですから、その制定の意図として

は自治体に高度な政策判断があることは明らかです。類似する先行事例があるからといって、それらを安易に模倣するような文面は、厳に慎まなければいけません。

▶▶ 前文の自由度

前文は、条例の一部とはいえ、法制執務の細かい約束ごとにとらわれない利点があります。

逆にいえば、その自由度から、条例の制定の背景や理念、決意など一般的な法制執務に従っては記述しにくい内容が、前文には規定されているといえます。実際、平成12年に地方分権一括法が施行され、自治体の条例制定権の範囲が拡大されたことにより、前文が付された条例が増えている現状があります。

ただし、前文の内容を全く自由に書けるかというと、法形式としての条例の一部であるわけですから、おのずと限度があります。

なお、自治基本条例の中には、地域の方言が用いられているものがあります。

■高知市市民と行政のパートナーシップのまちづくり条例
（平成15年条例第13号）

何でまちづくりをするが。
みんなあにとって、「のうがえいまち」にしたいき。
なんかあったときに、すっと助け合える関係でおりたいき。
このまちに住んじょって良かったと思えるようになりたいき。
市民も行政もまちづくりを進めたいと思いゆう。
悩みを共有したいし、喜びも分かち合いたい。
話をしたらみんなあ目指すところは一緒ながよ。
市民同士、市民と行政がうまいことつながったらえいねえ。
みんなあでまちづくりができるようになったらえいと思わん。
ほんで、この条例をきおうてつくったがよ。
どう、まちづくり一緒にやろうや。

この条例は、住民による自治を条例で明確に規定するにあたり、地域性を豊かにする興味深い事例ということができます。

　ただし、前文が裁判規範にもなることを念頭に置くと、方言で書かれていては、裁判官が十分な理解できないおそれがあります。実際、上記の前文には「訳文」が付されており、前文の記述内容の自由度に関し境界線を示す一例ということができそうです。

▶▶ 前文の改正

　前文を付したり、その字句について改正を行おうとする場合は、法制執務の所定の手続により行うことになります。

　ただし、前文の内容は、条例の制定の背景や理念、決意などを対外的に宣言するものですから、改正に際しては、その必要性を対外的に十分説明できるような大きな社会的変動や政策的動機が必要です。

4│3 ◎…目的規定・趣旨規定

▶▶ 目的規定・趣旨規定とは

　例規の第1条には、「目的規定」か「趣旨規定」が置かれるのが一般的です。

　目的規定とは、当該例規全体の解釈や運営の指針になるものとして、その立法目的を簡潔に表現したものです。一方、趣旨規定とは、当該例規で規定する内容を端的に要約したものであり、目的規定に比して簡素に記述されます。

　法令からの委任を受けて、又は法令を実施するために制定された条例・規則や、法令・条例からの委任を受けて、又はそれらを実施するために制定された規則には、趣旨規定が置かれることはあっても、目的規定が置かれることはあまりありません。これは、これら委任等に基づく例規は、その目的を掲げるだけの価値をあまり持たないことによります。

▶▶ 目的規定の書き方

　目的規定は、当該例規の立法目的を簡潔に表現し、条例全体の解釈及び運営の指針になるものですから、規定に際しては慎重な検討が必要です。それ自体が具体的な権利や義務を定めるものではないとはいっても、その表現が美辞麗句を並べた抽象的なものにとどまってはいけません。

　目的規定の構成には、代表的なものとして、次のような類型があります。

①直接の目的とその達成手段とを掲げるもの

　例）この条例（規則）は、… ［A］…ことにより、… ［B］…ことを

目的とする。

達成手段——A　目的——B

■**千葉県行政手続等における情報通信の技術の利用に関する条例**
（平成17年条例第102号）

（目的）

第1条　この条例は、県の機関に係る申請、届出その他の手続等に関し、電子情報処理組織を使用する方法その他の情報通信の技術を利用する方法により行うことができるようにするための共通する事項を定めることにより、県民の利便性の向上を図るとともに、行政運営の簡素化及び効率化に資することを目的とする。

---

②**直接の目的とその達成手段に加え、より高次の目的を掲げるもの**

　例）この条例（規則）は、…［A］…ことにより、…［B］…を図り、もって…［C］…ことを目的とする。

　　　達成手段——A　直接の目的——B　より高次の目的——C

■**横須賀市議会議員政治倫理条例**（平成12年条例第73号）

（目的）

第1条　この条例は、市議会議員（以下「議員」という。）の政治倫理に関する規律の基本となる事項を定めることにより、議員の政治倫理の確立を図り、もって市民に信頼される民主的な市政の発展に寄与することを目的とする。

▶▶　**趣旨規定の書き方**

　目的規定の末尾が「……ことを目的とする。」と記述されるのに対して、趣旨規定の末尾は「ものとする。」と記述されます。

趣旨規定の構成には、代表的なものとして、次のような類型がありま
す。

①**規定内容を端的に要約するもの**
　　例）この条例（規則）は、……に関し必要な事項を定めるものとする。

■**市川市福祉事務所長に対する委任に関する規則**
（平成25年規則第32号）

　　（趣旨）
第1条　この規則は、市川市福祉に関する事務所設置条例（昭和26年
　　条例第52号）により設置した市川市福祉事務所の長（以下「福祉事
　　務所長」という。）に市長の権限に属する事務の一部を委任すること
　　に関し必要な事項を定めるものとする。

②**法律・条例の委任を受けて、又はその実施に関して例規を定める旨を**
　明示するもの
　　例）この条例（規則）は、○○法（○○条例）の施行に関し必要な事
　　　　項を定めるものとする。

■**千葉市個人情報の保護に関する法律施行条例**（令和4年条例第30号）
　　（趣旨）
第1条　この条例は、個人情報の保護に関する法律（平成15年法律第
　　57号。以下「法」という。）の施行に関し必要な事項を定めるものと
　　する。

③**特定の事項に関し、包括的な規定を行う旨を宣言するもの**
　　例）……に関しては、この条例（規則）の定めるところによる。

　なお、①・②の類型について、古い例規には、目的規定として「定めることを目的とする。」と規定する例が見られますが、近年では、趣旨規定として「定めるものとする。」とするのが一般的です。

▶▶ 一部改正における目的規定・趣旨規定

　目的規定や趣旨規定は、新規制定の場合に置かれることが一般的ですが、一部改正の場合でも、その内容や性格、制定理由などから総合的に設置の適否が判断されます。一部改正法律では、平成23年度の税制改正に関する法律が年度末までに整備できなかったことに対処した、次のような例があります。

4 4 ◎…定義規定・略称規定

▶▶ 定義規定と略称規定

例規の条文中、用いる言葉の意義を明らかにするために設けられた規定を「定義規定」といいます。定義規定は、多義的な言葉の意味を当該例規の内容に即して規定しようとするものです。

一方、条文中で長い表現が何回も繰り返し用いられることを避け、条文を簡潔にするために設けられた規定を「略称規定」といいます。

ただし、略称規定においても、用語の意味や内容を簡潔に示すことがありますので、その区別を明確に判断することは難しい場合があります。

▶▶ 総則部分に設ける定義規定

用語を定義する場合は、その語が一般に使用される意味や内容と著しく異なることのないよう努めなければいけません。

定義規定には、例規の総則部分に設ける方法と、条文中の必要な箇所に括弧書きで設ける方法があります。

定義規定を総則部分に設けるのは、例規において基本となる意義を持つ用語を定義しようとする場合です。総則規定に定義規定を設けるかは、①例規の中で中心的事項となる用語があるか、②その言葉の使用頻度はどの程度か、③その言葉の意味が一般にどの程度の幅で解釈されているか、などから判断されます。

総則部分に定義規定を設ける場合、その書き方としては、①項を連ねる方法と、②各号に列記する方法があります。法令では、項を連ねる方

91

法が比較的多く使用されています。

---

①項を連ねる方法

第〇条　この条例（規則）において「〇〇」とは、……をいう。

2　この条例（規則）において「□□」とは、……をいう。

3　……

②各号に列記する方法

第〇条　この条例（規則）において、次の各号に掲げる用語の意義
は、当該各号に定めるところによる。

(1)　〇〇　……をいう。

(2)　□□　……をいう。

(3)　……

なお、「この条例（規則）において」と記述された定義規定の効果
は、別表や附則を含め、例規全体に及びます（ただし、当該例規を改正
しようとする一部改正条例（規則）や、その附則には及びません）。

したがって、総則的規定で定義された語句を、当該定義規定より以前
に位置する目的規定や趣旨規定において使用することに問題はありませ
ん。

▶▶ 括弧書きによる定義規定

例規中で部分的にしか用いられない用語については、条文中に括弧書
きにより定義を行うことがあります。

括弧書きによる定義規定の方法としては、①括弧内で用語を要約する
形で定義を行う方法と、②括弧前の用語を説明する形で定義を行う方法
があります。

①括弧内で用語を要約する形で定義を行う方法

…○○○○（以下「△△△」という。）…

②括弧前の用語を説明する形で定義を行う方法

…△△△（○○○○をいう。以下同じ。）…

▶▶ 略称規定とは

　略称規定は、条文で本来用いられようとした長い表現の一部を用いて規定するのが原則であり、また、その略称は、対象とした字句を容易にイメージできるものが望ましいとされています。

　略称規定の書き方は、用語を要約する形で定義を行う方法と同様です。

　　…○○○○（以下「△△△」という。）…

　略称の方法としては、①長い名称の一部を用いる（「○○審議会」→「審議会」など）、②並列する字句をまとめて略称とする（「○○、△△及び□□」→「○○等」など）、③「特定」「指定」等を付けた字句を用いるもの（「特定区域」「指定期間」など）などがあります。

▶▶ 対象条項の限定

　括弧書きによる定義規定や略称規定の効果は、その規定が設けられた位置以降の条項に及びます。

　ただし、その定義による語句や略称が用いられる条項が少ない場合や、特定の条項に限って定義や略称を使用したい場合は、対象となる条項を限定する旨を記述します。

> … （〜をいう。第○条（項）において同じ。）…

　また、定義規定や略称規定を当該条項だけに適用する場合は、「以下この条（項）において〜」と、慣例から「以下」の語を用いて記述します（「以下第○条（項）において〜」とは記述しません）。

　なお、古い法令・例規で「本条」「本項」と表現されているものは、現在では、「この条」「この項」と表現されるのが一般的です。

▶▶ 他の法令・例規との関係

　定義の内容は、例規それぞれに即して定められることになるので、例規によって内容が異なることは差し支えありません。法律の例では「児童」の語について、「満18歳に満たない者」とするもの（児童福祉法など）と「6歳以上13歳未満の者」とするもの（道路交通法）があります。

　また、すでに他の法令や例規において定義が行われている場合は、これを引用して定義を行うことが可能です。

■**千葉県医師修学資金貸付条例**（平成20年条例第45号）

（貸付けの対象）

第2条　知事は、次の各号に掲げる者に対し、当該各号に定める修学資金を貸し付けることができる。

(1) 大学（県外に所在する大学にあっては、知事が定めるものに限る。）において医学を履修する課程に在学している者であって、将来県内の病院（医療法（昭和23年法律第205号）第1条の5第1項に規定する病院をいう。以下同じ。）又は診療所（同条第2項に規定する診療所をいう。以下同じ。）において医師の業務に従事しようとするもの　長期支援コース修学資金

(2) （略）

2・3　（略）

4|5 ◎…権利制限規定・義務規定

▶▶ 権利制限規定・義務規定と条例

　自治体が特定の行政目的を達成するため、住民や事業者を対象として権利を制限し、又は義務を課すような公権力性の強い事務を行おうとするときは、法令に特別の定めがある場合を除くほか、条例によらなければいけないものとされています（法14条2項）。

　義務規定の例としては、特定の行為を行うに際して、行政庁への届出を義務付けるものなどがあります。義務付けの実効性を担保するためには、併せて罰則が定められることがあります。

■新潟市アスベストの排出及び飛散の防止等に関する条例
（平成17年条例第150号）

　（廃棄物処理計画等の届出等）

第11条　指定工事を施工しようとする者は、あらかじめ、規則で定めるところにより、当該指定工事におけるアスベスト排出等作業に係る指定アスベスト廃棄物の種類、数量、処理の方法等（附則第5項及び第7項において「廃棄物処理計画等」という。）を市長に届け出るとともに、当該指定工事の発注者（指定工事（他の者から請け負ったものを除く。）の注文者をいう。以下同じ。）が存在する場合にあっては、当該発注者に報告しなければならない。

2　（略）

▶▶ 規定内容は必要最小限に

　条例に権利制限規定や義務規定として定める内容は、必要な目的を達

成するための最小限のものでなければいけません。

　住民の生活行動に制限を加えたり義務を課すわけですから、人権保障には十分な留意が必要ですし、また、事業者の経済活動も、それが合法的なものであれば、法律の範囲内において合理性があります。

　公権力の行使にあたっては、何より慎重な判断と取扱いが求められることには留意が必要です。

▶▶ 対象者、内容等は明確に

　権利制限規定や義務規定は、その対象と範囲について、できるだけ明確に定めなければいけません。

　これは、恣意的な公権力の行使を未然に防止するとともに、曖昧な規定は、具体的な対象者以外の者の生活や事業活動をも萎縮させかねない危険性があるからです。

　そのほかにも、対象や範囲の内容によっては、従前からの取扱いに関する経過措置などを定める必要があります。

▶▶ 「〜しなければならない」の意味

　さて、補助金交付要綱に「申請しなければならない」と記述がある場合、「申請の義務付け」として、本来は条例に規定しなければいけないものでしょうか？

　結論からいえば、上記は、補助金の申請手続に関する記述であるので、義務規定には該当せず、条例での制定は不要です。補助金の交付は、法的には「負担付贈与契約」と解釈されるのが一般的ですから、その手順について「義務付け」とまではいえないからです。

　手続に関する記述として解釈に紛れが生じないよう工夫するとすれば、文末の記述を「〜するものとする」とする方法も検討できます。

4|6 ◎…許可規定

▶▶ 許可とは

　「許可」とは、行政庁が、一定の事業や行為を一般的に禁止し、特定の場合にこれを解除することによって、適法又は有効にその事業や行為を行うことができるようにする行為のことをいいます。

　許可に関しては、対象となる事業や行為をどのように規制するかについて、十分な制度設計と紛れのない規定が必要です。また、公共の福祉の要請から、個人の自由に配慮し、届出制で足りるものではないかという点からも検討する必要があります。

▶▶ 許可規定の内容

　許可を受けるための申請については、住民の権利義務に関する内容ですので、条例で定める必要があります。

　許可の基準は、できるだけ具体的、客観的に定める必要がありますが、その具体性や客観性のための数値の規定などは、規則への委任が可能です。

　また、必要に応じて、行為の制限など許可の条件を付する旨を規定することもあります。

■**東京における自然の保護と回復に関する条例**（平成12年条例第216号）

（開発の許可）

第47条　樹林地、草地、農地、池沼等の自然地を含む1,000平方メートル以上の規則で定める土地において、第1号から第7号までの用に供するため、又は第8号若しくは第9号の行為により、土地の形質を変更する行為を行おうとする者は、あらかじめ知事の許可を受けなければならない。（後略）

(1)～(9)　（略）

2　知事は、次の各号のいずれにも該当すると認めるときは、前項の許可を行うものとする。

　(1)　前項の許可の申請に係る行為において、規則で定めるところにより、既存樹木等の保護について検討されていること。

　(2)　前項の許可の申請に係る行為が、規則で定める緑地等の基準に適合していること。

　(3)　前項の許可の申請の手続が、規則の規定に違反していないこと。

3　（略）

4　知事は、第1項の許可に当たっては、自然の保護と回復のために必要な限度において、条件を付することができる。

5　（略）

▶▶ 変更・取消しに関する事項

　許可を受けた事項に、新たな事項が生じたり、変更が生じたりする事態が生じたときのため、それらの内容に関する許可規定も併せて置かれます。なお、変更等の内容によっては、許可に代えて、対象者が届出を行う旨を規定する場合もあります。

　また、許可を受けた者が、必要な基準や条件等を守らない場合は、行政庁から許可を取り消すことがあります。許可の取消しは、権利義務に関する事項であるので条例で定める必要があります。

4|7 ◎…給付規定

▶▶ 給付規定とは

　自治体は、行政目的を達成するために、特定の者に対して金銭の給付を行うことがあります。そのような事業の実施に関し、公平性と透明性を明らかにするため、給付の対象やその内容などについて明文化したものが給付規定です。

　給付自体は、住民に対しその権利を制限したり義務を課したりするものではないため、条例で定めなければいけないものではありません。多くは、規則や要綱の形式でその内容が定められています。

▶▶ 給付規定のチェックポイント

　法規担当が給付規定に関し審査する場合は、次のような点に注意が必要です。

①給付の必要性

　まず、給付の必要性の有無について、立案上十分に検討されているかを確認しなければいけません。

　自治体の厳しい財政状況の中で財源は限られています。給付という手段が妥当であるか、また、その旨を住民に対して説明できるかについて、原課から十分にヒアリングを行う必要があります。

②給付の具体的内容

　次に、「誰に対して（支給対象者）」「どのような場合に（支給要件）」「いくら支給するか（支給額）」が適切に規定されているかを確認します。

　特に、支給要件や支給額については、その妥当性や公平性、財政的な

実現可能性などの点から検討が行われているかを確認するとともに、それらについて条文中に疑義が生じることがないよう規定されているか注意を払う必要があります。

③適用時点

給付規定を設ける際は、解釈に紛れが生じることを防ぐため、適用時点は明確にしなければいけません。

特定の事業を推進するための誘導的施策として補助金を交付する場合は、給付事業の開始以降の適用が一般的です。

一方で、一定期間を経過して還付不能になった納税額の相当額など、補償的な性格を持つ給付に関しては、遡って適用されます。

なお、補助金の交付が年度途中から開始されたような場合は、すでに対象事業を実施してしまった者との公平性の観点から、適用を一定期間遡ることがあります。

④給付の方法

給付の方法として、その給付の目的に最も適合する手法が選択されているかも確認しなければいけません。

例えば、産業振興を目的とする場合、補助金の交付によるほか、対象者が金融機関から借り入れた借入金の利子に対し利子補給を行う方法もあります。

また、福祉関係では、給付対象者が支払った額に対して支出を行う「償還払い」の手法のほか、給付対象者が供与を受けたサービスに関し、当該サービスを提供した事業者等に支出を行う「現物給付」の手法があります。現物給付を行う場合は、制度の円滑な運用を図るため、関係各機関と調整が必要です。

⑤給付の手続

給付に関する具体的な手続として、給付の対象者からの申請や、それに対する決定の手順、関係書類の様式などについても規定が必要です。対象となる事業の性格ごとに、その内容の検討を行わなければいけません。

補助金の支給手続には、対象事業の終了後に一括して給付を行う手法のほか、あらかじめ事業規模から見積もった額を支給し、対象事業の終

了後に精算を行う「概算払い」の手法があります。

▶▶ 補助金の交付に関する規則・要綱

　法232条の2は「普通地方公共団体は、その公益上必要がある場合に
おいては、寄附又は補助をすることができる」と規定しています。補助
金の交付に関して、予算措置がされていれば、規則や要綱は、必ずしも
定めなくてはいけないものではありません。

　それでも補助金の交付に関し規則や要綱を制定する目的は、あらかじ
め補助金の目的、交付額、交付要件等について規定するとともに、それ
らを明らかにすることによって公平性と透明性を保ち、適正な補助金行
政を確保することにあります。

　補助金の交付申請や申請に対する交付決定、補助事業に関する実績報
告、補助金の支払、補助事業に問題があった場合の措置や補助金の返還
など共通する手続については補助金交付規則で、補助金の具体的な支給
対象者や支給要件、支給額などについてはそれぞれの要綱で定められる
のが一般的です。

■千葉県私立幼稚園教育振興事業補助金交付要綱
（平成16年告示第849号）

　（趣旨）
第1条　知事は、私立幼稚園教育の振興及び幼児の保護者の教育費負担
　の軽減を図るため、学校法人以外の者が設置する私立幼稚園が行う教
　育に要する経費について、千葉県補助金等交付規則（昭和32年千葉
　県規則第53号。以下「規則」という。）及びこの要綱に基づき、予算
　の範囲内において補助金を交付する。

▶▶ 条例で定める場合の注意点

　給付の内容が条例化された場合は、所定の支給要件を満たす者は一定の給付を受けることができる権利を取得するとともに、自治体も支給する義務を負うことになります。

　したがって、給付規定を条例で定めようとする場合は、規則や要綱で定める場合に増して、支給要件をいかに正確に表現するかが重要です。

　なお、支給要件や交付申請、申請に対する交付決定などの手続については条例に規定することになりますが、それらの具体的な手続（いつまでに申請しなければいけないか等）や関係書類の様式は、条例施行規則で定めることになります。

▶▶ 法律を支給の根拠にするものの規定

　児童手当や児童扶養手当など法律を支給の根拠とするものに関しては、その支給対象者や支給要件、支給額等が法律や政省令で定められています。自治体で規則や要綱を制定するにあたっては、関係書類の様式など、具体的な事業実施に際して必要な規定を定めることになります。

4 8 ◎…使用料規定

▶▶ 使用料とは

　「使用料」とは、自治体が所有し、又は管理する施設等の利用について、特定の受益を有する者から、その利用の対価として徴収する金銭をいいます。

　具体的には、法244条の規定に基づいて公の施設を利用させる場合や、法238条の4第7項の規定に基づいて行政財産の目的外使用の許可を与えて使用させる場合（保育所敷地内の電柱の設置など）に徴収できるもの（法225条）のほか、法238条の6の規定に基づいて行政財産の旧慣使用を認める場合に徴収できるもの（法226条）があります。

　これらのうち、公の施設については、その種類が多岐にわたることから、使用料の設定は一様ではありません。道路や公園のように誰でも自由に利用できるものは原則として無料である一方で、文化会館や水道、下水道などは利用の対価として支払われるべき使用料が規定されています。

　なお、自治体が特定の者から徴収する金銭として、使用料は、特定の者へのサービス提供に対する対価である「手数料」と類似しますが、「施設等の利用に関する対価」という点で、それとは違う性格を持ちます。

▶▶ 使用料の規定方法

　使用料に関する事項については、条例で定めなければいけません（法228条1項）。使用料について条例で規定すべき事項は、納入義務者、

金額、徴収の時期及び方法等です。減免を行うときは、その方法、程度
等も規定することになります。

網羅的な使用料を定める方法

■**白井市使用料条例**（昭和56年条例第25号）

（公の施設の利用に係る使用料）

第2条　次の各号に掲げる公の施設を利用するものは、当該各号に定める別表の規定により算出した額に100分の110を乗じて得た額を使用料として納付しなければならない。この場合において、その額に10円未満の端数が生じたときは、これを切り捨てるものとする。

(1)　病虫害防除機　別表第1

(2)　都市公園　別表第2

(3)　プラネタリウム館　別表第3

(4)　自転車等駐車場　別表第4

(5)　農業センター　別表第5

(6)　公民センター　別表第6

施設に関する設置管理条例に併せて規定する方法

■**相模原市立グラウンド等スポーツ施設に関する条例**
（平成17年条例第162号）

（使用料）

第6条　第4条第1項の規定による利用の承認（ふじのマレットゴルフ場の利用に係るものを除く。）を受けた者は、別表第3に定める使用料を納めなければならない。

2　（略）

　公の施設の使用は、住民の権利ですので、使用料の設定についても不公平な取扱いを行うことはできません（法244条3項）。ただし、所得の多寡に基づく減免や、他の自治体の住民に対する増額など、合理的な

取扱いについては差し支えないものとされています。

　なお、普通財産の使用に関する対価は、私法上の契約により賃貸借料等として徴収されることになります。したがって、その内容について条例で定める必要はありません。

▶▶ 規則への委任

　使用料に関し細目的な事項については、条例から規則に委任することが可能です。ただし、そのすべてを規則に委任することは、適当ではありません。

　なお、使用料の徴収者は、原則として長ですが（法149条3号、地方教育行政の組織及び運営に関する法律22条6号）、地方公営企業の料金の徴収は、企業管理者の権限です。

　学校や博物館などの使用の許可（目的外を含みます）は、教育財産を管理する教育委員会が行うことになりますが、使用料の徴収権限は、長にあります。関係規定の整備に際しては、長の規則と教育委員会規則の峻別に留意してください。

　具体的には、教育財産の使用申請については教育委員会規則で、その使用料の減免申請については長の規則で定めることになります。後者を教育委員会規則で定めるためには、法180条の2の規定に基づき、使用料の減免に関する長の権限を教育委員会に委任する必要があります。

▶▶ 使用料と消費税

　公の施設の使用料については、消費税（国及び地方。以下同じ）の課税対象になっています。これは、消費税の課税対象が「広く薄く公平に」という考え方を基本としており、土地の譲渡など、消費に負担を求める税としての性格上課税対象とならないものや、医療、福祉、教育など、諸外国の例等を考慮して政策的に非課税とされるものが限定されていることによります（消費税法別表第2）。

　とはいえ、上記の消費税を自治体が税務署に納めているわけではあり

ません。自治体が一般会計に係る業務として行う事業については、「課税標準額に対する消費税額と、そこから控除できる消費税額とを同額とみなす」ことにより、結果的に納税額が発生しない仕組みになっているからです（消費税法60条6項）。

なお、消費税率が引き上げられた場合は、電気代などの光熱水費や警備業務委託など施設管理に関する各種の支出額に上昇分の消費税が影響します。そのような場合は、受益者負担のあり方を念頭に置いた上で、使用料の改定可否について検討が必要です。

▶▶ 使用料と利用料金

公の施設の管理を指定管理者に行わせている場合は、当該公の施設の利用に係る料金を「利用料金」として、指定管理者に直接収受させることができます（法244条の2第8項・9項）。指定管理者は、自治体が条例で定める限度額の範囲内で、利用料金の金額を設定することになります。

使用料の徴収は、行政処分としての性格を持ちますが、指定管理者の収入とされる利用料金は、私法上の債権とされることから行政処分としての性格を持ちません。使用料と利用料金は、その性格を大きく異にすることには、注意が必要です。

▶▶ コピーサービスの取扱い

施設内に複写機を設置し、住民等へコピーサービスを提供する場合、サービスの提供とその利用は、使用の申請とこれに対する許可ではなく、私法上の契約に基づくものと考えられます。

したがって、徴収される料金は、使用料とは解釈されず、その収入は雑入として歳入計上することが一般的です。

49 ◎…手数料規定

▶▶ 手数料とは

　私たちは、青果店で大根を買うとき、お店にお金を支払います。この場合、支払う金額が大根の代価であることに疑問はありません。しかしながら、市町村役場で、住民票に関する証明書を受け取る際に支払う300円は、証明書の値段であるかというと、単純にそうとはいい切れないのです。

　法227条は、自治体の事務で「特定の者のためにするもの」について「手数料」を徴収することができると定めています。上記の例における300円は、この手数料であるので、サービスの提供に対する対価であって、証明書そのものの値段ではありません。

　なお、自治体が特定の者から徴収するものとして、手数料は、自治体の施設等の利用に関する対価である「使用料」と類似しますが、「サービスの提供に対する対価」という点で、それとは違う性格を持ちます。

▶▶ 対象となる事務

　手数料の対象となる事務としては、上記のほかにも、戸籍や印鑑登録に関する証明や、狂犬病予防法に基づく犬の登録などがあります。

　ここで「特定の者のためにする」事務とは、一私人の利益又は行為（不作為を含みます）のために必要となったものとされており、もっぱら自治体の行政上の必要のためにする事務については、手数料を徴収することはできないものとされています（行政実例昭和24年3月14日）。

　また、特定の者のための事務でないという理由で手数料の徴収ができ

ないものとしては、国民健康保険被保険者証の再交付や、職員に対する給与等の証明などが挙げられます（行政実例昭和 33 年 5 月 10 日自丁行発第 84 号・昭和 37 年 10 月 3 日自丁行発第 70 号）。

なお、手数料は、原則として遡って徴収することはできません。過去のものについての増徴も、同様です。

▶▶ 手数料の規定方法

平成 12 年の地方分権一括法の施行により、手数料に関する事項は条例で定めなければいけないこととされました（法 228 条 1 項）。

手数料について条例で規定すべき事項は、納入義務者、金額、徴収の時期及びその方法等です。減免を行うときは、その方法、程度等も規定することになります。

それらを条例で定める場合、法令に基づく手数料を含めた網羅的な手数料条例中に定めてもよいですし、該当する事務を定めた条例中に、その手数料に関し併せて規定しても差し支えありません。

自治体が行う事務を定める条例中にその手数料に関し併せて定める場合、その手数料に関する規定は、雑則的規定として本則の終わり近くに位置するのが本来ですが、対象となる事務の後に続けて規定することも可能です。

ただし、条例で定める事務について徴収する手数料が複数ある場合は、別表などの形式で一括して規定するのが一般的です。

■**東京都情報公開条例**（平成11年条例第 5 号）

（開示手数料）

第 17 条　実施機関（都が設立した地方独立行政法人を除く。以下この条及び第 20 条第 1 項において同じ。）が前条第 1 項の規定により公文書の開示を写しの交付方法により行うときは、別表に定めるところにより開示手数料を徴収する。

2〜5　（略）

手数料の徴収や減免に関する事項のうち、その細目的な事項については、条例から規則に委任することが可能です。その場合、金額そのものを規則に委任することは、原則として否定されますが、技術革新等を起因とする機動性を考慮し、対象を限定して委任を行っている例もあります。

■東京都情報公開条例

別表（第17条関係）

（表略）

備考

　(1)・(2)　（略）

　(3)　フィルム（マイクロフィルムを除く。）の写しを交付する場合及び電磁的記録の写しの交付においてこの表に掲げる開示手数料の金額によりがたい場合には、東京都規則で定めるところにより写しの交付に係る費用を徴収する。

■東京都情報公開条例施行規則（平成11年規則第229号）

　（電磁的記録の写しの交付に係る費用の徴収）

第３条　条例別表備考３の規定により電磁的記録の写しを交付するときは、当該写しの作成に使用する記録媒体に係る費用を徴収する。

２・３　（略）

▶▶ 手数料の額

　手数料の額は、当該事務に要する経費と、当該サービスの提供から受ける特定の者の利益とを勘案して定められるべきとされています。

　したがって、同一のサービスに対する手数料は、所得の多寡等による応能的な金額の差を設けるべきではなく、生活困窮者等について特別の取扱いをする必要があるような場合は、減免措置により対処すべきとさ

れています。

　なお、「全国的に統一して定めることが特に必要と認められる」手数料の額については、「地方公共団体の手数料の標準に関する政令」でその標準とすべき額が定められています。例えば、戸籍に記載した事項に関する証明書の交付に関する手数料については、「1通につき350円」と規定されています。

▶▶ 手数料と消費税

　自治体が法令や例規に基づいて行う事務で、その手数料の徴収が法令に基づいて行われるもののうち、許可、検査、公文書の交付、紛争の処理などに係る役務の提供については、原則として消費税は非課税とされています（消費税法別表第2第5号）。具体的には、住民票や印鑑登録に関する証明書の交付などが該当します。

　これは、手数料の多くが公権力に基づいて徴収され、又は住民生活の遂行上その支払が事実上強制されるなど、税金と類似する性格を持っていることから、二重課税に類した取扱いを避けようとしたことによります。

　一方で、上記に該当しない、ごみ処理手数料などは、課税対象とされます。

4|10 ◎…附属機関規定

▶▶ 附属機関とは

　自治体は、長や教育委員会等の執行機関が諮問等を行うため、附属機関を設けることがあります。設置しようとする組織が附属機関に該当するかについては、主に以下の内容がメルクマールであるといわれています。

　①執行機関の要請により、その行政執行のために必要な調停や審査、審議、調査等を行う機関であり、執行権を有しないものであること

　②組織性があること（個々の構成員の意見を聴くだけでなく、取りまとめられた見解を出させるものであること）

　③執行機関の職員以外の学識経験者等を加えて構成員としていること

▶▶ 設置の規定

　附属機関の設置に際しては、法138条の4第3項の規定により条例を定める必要があります。

　ただし、法律において、自治体への設置が規定されている場合は、改めて条例を規定する必要はありません。

■**介護保険法**（平成9年法律第123号）

　（介護認定審査会）

第14条　第38条第2項に規定する審査判定業務を行わせるため、市町村に介護認定審査会（以下「認定審査会」という。）を置く。

これに対し、設置しようとする組織が執行機関の職員のみで構成されるような場合は、その根拠を条例に求める必要はないとされていますので（昭和28年1月16日自行行発第13号）、内部命令である訓令や内部規程である要綱でその内容が定められます。

　なお、直接住民を対象とした執行権を有する、長や教育委員会等のような執行機関は、必ず法律の定めによって設置されます（法138条の4第1項）。これを「執行機関法定主義」といいます。

▶▶ 「意見交流会」「懇談会」との類似

　自治体では、附属機関以外にも、住民等との機動的な意見の交換を目的として「意見交流会」「懇談会」等が利用されることがあります。これらは、内部規程である要綱でその内容について定められるのが一般的です。

　しかしながら、その運営が実質的に附属機関と同等であれば、地方自治法に基づき条例で設置することが妥当と判断される可能性があります。そうなれば、構成員に対し「謝礼」「報償費」等の名目で支給された対価について、住民監査請求や住民訴訟において違法な支出とされる可能性もあるので注意が必要です。

▶▶ 構成員への報酬

　附属機関の構成員は、非常勤の職員であって（法202条の3第2項）、これに対する報酬の額及びその支給方法については、条例で定めなければいけません（法203条の2第5項）。

　報酬を受ける権利は、あらかじめこれを放棄することはできませんが（大審院大正7年12月19日判決）、すでに発生した具体的請求権を放棄することは可能ですので、減額して支給することや、支給を辞退することは可能です。

　ただし、構成員が議会の議員である場合は、公職選挙法上の公職の候補者等の寄附の禁止（公職選挙法199条の2）に抵触することから、構

成員の意思に基づいてもその請求権を放棄することはできません。

▶▶ 規則で定められる事項

　附属機関の設置については、条例で定めるべきとされていますが、その具体的な事項については、規則で定めることが可能です。

　そのような場合、条例には、附属機関の設置の旨やその構成、担任事項、運営の大綱等の基本的な事項についてまでを規定することが、地方自治法の趣旨に適合するものと解されます。

▶▶ 条例の規定方法

　附属機関の設置について条例を定める手法としては、以下のものが挙げられます。

①すべての附属機関を網羅的に1つの条例で制定する手法

②対象となる附属機関について単独で条例を制定する手法

③政策的な条例を制定する際、当該政策を担保する制度の一環として設置される附属機関について、当該政策的な条例中に併せて制定する手法

　上記のうち③の場合は、達成しようとする政策に関する実体的規定に対し、附属機関の設置規定に関する規定は雑則的規定であることから、本則の終わり近くに位置することが一般的です。

　また、やはり条例で定めるべき構成員の報酬については、上記の附属機関に関する条例に、設置や所管事項に関する事項と併せて規定してもよいですし、他の特別職と併せて報酬に関する条例を別に定めても差し支えありません。それぞれの自治体で従前の取扱いを確認の上、方針を検討してください。

▶▶ 専門委員の性格

　法174条に規定する専門委員は、長の委託を受け、その権限に属する

事務について必要な事項を調査するという点で附属機関に類似する機能を持ちながら、その職務について条例で定める必要はないものとされています。これは、専門委員は独任性の補助機関であり、合議制の組織である附属機関とは性格が違うことによります。

長が該当者を選任することにより、自治体に専門委員が設置されることになりますので、行政実例は、規則で設置することが適当と示しています（昭和28年7月1日自行行発第199号）。

ただし、専門委員に支給する報酬の額及びその支給方法については、附属機関の構成員と同様に条例で定める必要があるので（法203条の2第5項）、注意が必要です。

▶▶ 特別職非常勤職員の任用

特別職非常勤職員の報酬条例の審査にあたっては、その職の任用が妥当か注意が必要です。

地方公務員法3条3項3号に基づく特別職非常勤職員の任用に際しては、以下のすべてを満たさなければいけません。

①専門的な知識経験又は識見を有すること

②当該知識経験等に基づき事務を行うこと

③事務の種類は、助言、調査、診断又は総務省令で定める事務であること

特別職非常勤職員の任用については、その趣旨が拡大解釈され、いわゆる「常勤的非常勤職員」の問題が生じていたことから、平成29年に地方公務員法が改正され、上記のとおり、対象範囲が明確化された経緯があります。要件を満たさない場合は、その職の取扱いを会計年度任用職員とするなどの検討を行わなければいけません。

なお、附属機関の構成員は、地方公務員法3条3項2号に規定する特別職の公務員です。

4|11 ◎…委任規定

▶▶ 委任規定とは

　法律や条例においては、規定する対象や要件などについて、あらゆるもの・事態を想定して、漏れなく記述しておくことが望まれます。しかし実際には、新しい技術の出現や社会情勢の変化などのさまざまな理由から、あらかじめすべてを記述しておくことは困難です。

　また、許認可等の手続で使用する書類の様式は、法律や条例に伴って必要になるものですが、このような、法律や条例にとってあまり本質的ではない内容まで規定するとなると、法律や条例の分量もかさみますし、また、容易に改正できないことにもなります。

　このようなことから、法律や条例において、①一定の柔軟性が必要な部分、②議会の判断を要するほどではない軽易な部分については、執行機関に委ね、柔軟性や機動性を持たせた方が具合がいいということになります。このような趣旨から、規定の内容の一部を執行機関に委ねる規定が、委任規定です。

▶▶ 委任規定の形式

　委任規定は、基本的に「○○は、□□で（△△が）定める」という形式であり、ここでは、①委任する事項と②委任先を定めます。

　委任する事項としては、対象の細かな要件や添付書類などが挙げられます。ただし、施行全般についての委任は、包括的に「施行に関して」とします。

　委任先とは、委任する事項を定める主体のことですが、基本的には、

下位の法令か執行機関のいずれかになります。条例においては規則か長を、規則においては長を指定するのが一般的です（教育委員会所管の場合は、教育委員会規則や教育委員会になります）。なお、附属機関の運営に関しては、附属機関の長に委任することも可能です。

　委任先の条文においては、根拠である委任元の条項を掲げた上で、委任された事項について個別具体的に規定します。

　委任先が長などの執行機関である場合、委任された事項を定める形式は、一般的には告示が適切です。自治体の例規では、大は小を兼ねる感覚で、告示によるべきものも規則で定める例が見受けられますが、法令においては委任先が政省令か大臣かで書き分けがされています。自治体においても書き分けを意識したいものです。

　委任規定を置く位置は、特定の事項を委任するために法令中の個別の条文である場合と、包括的に委任するために法令の最後である場合があります。内容によっては、両方に置かれる場合もあります。

規則への委任の例①（特定の事項）

委任元

■春日部市景観条例（平成24年条例第40号）

　（景観づくり市民団体の認定）

第37条　市長は、規則で定める要件を満たす団体を景観づくり市民団体として認定することができる。

2・3　（略）

委任先

■春日部市景観条例施行規則（平成24年規則第72号）

　（景観づくり市民団体の要件等）

第26条　条例第37条第1項の規則で定める要件は、次に掲げるものとする。

　(1)　活動の目的が条例の目的に適合し、かつ、明確であること。

　(2)～(8)　（略）

2・3　（略）

規則への委任の例②（包括）

委任元
■春日部市景観条例

（委任）

第46条　この条例に定めるもののほか、この条例の施行に関し必要な
　　事項は、規則で定める。

執行機関（大臣・長）への委任の例

委任元
■政府契約の支払遅延防止等に関する法律
（昭和24年法律第256号）

（支払遅延に対する遅延利息の額）

第8条　国が約定の支払時期までに対価を支払わない場合の遅延利息の
　　額は、約定の支払時期到来の日の翌日から支払をする日までの日数に
　　応じ、当該未支払金額に対し財務大臣が銀行の一般貸付利率を勘案し
　　て決定する率を乗じて計算した金額を下るものであつてはならない。
　　但し、その約定の支払時期までに支払をしないことが天災地変等やむ
　　を得ない事由に因る場合は、特に定めない限り、当該事由の継続する
　　期間は、約定期間に算入せず、又は遅延利息を支払う日数に計算しな
　　いものとする。

2　（略）

委任先
■政府契約の支払遅延に対する遅延利息の率
（昭和24年大蔵省告示第991号）

　　政府契約の支払遅延防止等に関する法律（昭和24年法律第256号）
第8条第1項の規定に基づき、政府契約の支払遅延に対する遅延利息の
率を次のように定める。

　　　昭和24年12月12日

　　　　　　　　　　　　　　　　　　　大蔵大臣　　池田　勇人

年 2.5 パーセント

▶▶ 委任規定の注意点

　委任規定の注意点としては、大きくは2つあります。

　1つめは、議会の関与との兼ね合いから、白紙委任は適切ではないことです。委任する事項については、特定の事項を指定するか、それが難しい場合でも、一定の範囲・性質を示して規定するようにするのが適切です。また、罰則の要件に関しては、罪刑法定主義の観点から、委任は適切ではないとされています。

　2つめは、委任先において、委任の限度を超える内容を規定してはいけないことです。例えば、規則において条例にない基準を設けるなど、条例より強い規制になってはいけません。

　参考になる判例として、医薬品ネット販売の権利確認等請求事件（最高裁判所平成25年1月11日第二小法廷判決）があります。医薬品については薬事法の定めるところによりますが、その販売方法について、省令によって対面販売に限るとしたことが、薬事法の委任の範囲を超えるとされました。

　このようなことも踏まえ、立案作業においては、委任しようとする内容をあらかじめ原課に確かめ、委任が適切でないものであれば、条例の方に規定するといった見極めや調整も必要になります。

　なお、委任にあたっては、委任する事項を決めた上で行う必要があります。委任しようとする事項がなければ、委任規定は置く必要はありません。後日のために念のために置いておく、といった扱いは控えるべきです。

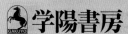

情報発信／広報／議会対応

令和時代の 公用文 書き方のルール

電子書籍あり

小田順子[著]　定価=2,420円(10%税込)

70年ぶりの大改定に対応！ 新しいルールと文例を詳解！ 困ったときに役立つ文例も満載！

Officeで簡単！公務員のための「1枚デザイン」作成術
電子書籍あり

佐久間智之[著]　定価=2,090円(10%税込)

住民に伝わるちらし、資料、通知書etc.を作りこなす！ Word・Excel・PowerPointの使い方が丸わかり！

戦略的に成果を上げる！自治体広報のすごい仕掛け
電子書籍あり

河井孝仁[著]　定価=2,420円(10%税込)

「企画のキホン」がわかる本！ 立案、メディアの選び方、運用の戦略までをこの一冊にまとめました。

どんな質問にも即対応！議会答弁書をすばやく書く技術
電子書籍あり

森下寿[著]　定価=2,530円(10%税込)

「型」と「フレーズ」でこんなに書ける！ 実務の参考になる文例が満載の1冊です。

公務員の議会答弁言いかえフレーズ
電子書籍あり

森下寿[著]　定価=2,420円(10%税込)

議会での答弁や議員個人と接する場面において、本音をうまく言い換える具体的なフレーズを紹介。

自治体経営／地方財政

実践！PPP/PFIを成功させ

電子書籍あり

寺沢弘樹[著]　定価=2,530円(10%税込)

実践を重視し、どんな現場でもポジティブに事業が進むPPP／PFI実践のための初心者向け入門書。

PPP/PFIに取り組むときに最初に読む本
電子書籍あり

寺沢弘樹[著]　定価=2,970円(10%税込)

全国の自治体の事例の背景やプロセス、様々なエピソードも交えたリアルな情報が満載！

ゼロからわかる！ 自治体契約事務のきほん
電子書籍あり

樋口満雄[著]　定価=2,310円(10%税込)

事務ミス防止など実務担当者が知っておきたい内容満載！ 制度の要点を見開きでやさしくスッキリ整理。契約事務の全体像がすぐつかめます。

これで失敗しない！自治体財政担当の実務
電子書籍あり

林誠[著]　定価=2,530円(10%税込)

自治体財政をめぐる様々な失敗事例について、事例の概要、背景と要因、未然防止策、事後対応策を詳解！

自治体財政 Q&A なんでも質問室
電子書籍あり

松木茂弘[著]　定価=2,970円(10%税込)

制度論や法解釈だけでは対応できない現場の疑問、あらゆる悩みや困りごとにQ&A型式でお答えします！

4|12 ◎…「公の施設」条例

▶▶ 公の施設とは

　「公の施設」とは、「住民の福祉を増進する目的をもつてその利用に供するための施設」です（法244条1項）。

　その種類は、さまざまであり、文化会館や公営住宅のほかにも、公園、水道、墓地など、性質の異なるものが存在します。なお、公の施設の中でも、社会教育法に基づく公民館や、図書館法に基づく図書館、博物館法に基づく博物館などは、教育委員会により教育財産として管理されます（地方教育行政の組織及び運営に関する法律21条2号）。

　公の施設に該当するかについては、住民を対象とした施設であることはもちろんですが、特定の場所で住民に対するサービスを提供していても、それが予算に基づく事業の実施としてだけではなく、施設としての性格を持つものであるかが判断の基準になります。

　例えば、特定の場所で自治体が託児事業を行っていても、それが施設ではなく、予算に基づく事業の実施であるかぎりは、公の施設に該当しません。

▶▶ 条例で定めなければいけないこと

　公の施設の設置や管理に関する事項は、条例で定めなければならないものとされています（法244条の2第1項）。

①設置に関する事項

　公の施設を設置する趣旨、その名称、位置などは、条例に規定することが必要です。所轄区域がある場合は、所轄区域まで定めることになり

ます。また、条例は、その施設が住民の利用に供して使用が開始される
までに制定されなければいけません。

　なお、都市公園については、その名称、位置、供用開始の期日を長が
公告することにより設置されるものとされています（都市公園法２条の
２、都市公園法施行令９条）。これは、都市公園について定める都市公
園法の規定が、一般法である地方自治法に対して特別法の関係となるこ
とによります。

　大規模修繕や改築のため、公の施設を一時的に移転する際は、設置条
例における位置の改正が必要とされています。一時的とはいえ、住民の
利便の向上のために設置された施設の存在の周知が、設置条例を規定す
る意図であるからです。

②管理に関する事項

　利用の許可、利用許可の取消し、使用料の額（減免を含む）や徴収方
法、利用制限、利用者の原状回復義務、損害賠償責任などは、公の施設
の管理に関する事項として条例に規定しなければいけません。ただし、
施設の開業時間などの具体的な基準については、規則で定めることも可
能です。

　また、施設の利用に際してあらかじめ長に申請しなければならない旨
など利用に関する義務的な事項や、利用時に遵守しなければいけない事
項に関しても、条例で定める必要があります。

　なお、施設の開設にあたり、開設前にあらかじめ利用の申請など必要
な準備を行おうとするときは、条例附則に「準備行為」に関する規定を
設けて対処することができます。

■ボートパーク広島設置及び管理に関する条例
（平成17年条例第53号）

　　　　附　則

　1・2　（略）

　　（準備行為）

　3　この条例を施行するために必要な準備行為は、施行日前においても
　　行うことができる。

▶▶ 平等扱いの原則の例外

　公の施設を住民が利用するにあたっては、正当な理由がない限りこれを拒んではいけないものとされています（法244条2項）。

　ここで、「正当な理由」がある場合とは、公の施設の利用秩序の維持に関するものとして、次に掲げる例が挙げられます。

　①公の施設の利用にあたり使用料を払わない場合

　②公の施設の利用者が予定人員を越える場合

　③公の施設を利用させると他の利用者に著しく迷惑を及ぼす危険があることが明白な場合

　④その他、公の施設の利用に関する規程に違反して利用しようとする場合

　また、合理的な理由がなく、信条・性別・社会的身分・年齢などにより、公の施設に関する住民の利用を制限したり、使用料を減額するなどの不当な差別的取扱いも行うことができません（法244条3項）。

　ただし、取扱いに差異を設けるものであっても、生活困窮者に対する使用料の減免や、貴重な図書の閲覧にあたって特定の資格を要求することなどは、「合理的な理由」として許容されます。

　他の自治体の住民に対する取扱いも、それが施設を設置する自治体の住民と比して甚だしく不平等であることは望ましくありませんが、利用申込の時期や使用料にある程度の差異を設けることなどは、差し支えありません。

▶▶ 使用料に関する規定

　公の施設の利用に関する使用料（法225条）については、条例でその内容を定めなければいけません。本文中への規定も可能ですが、対象となる施設が多い場合や時間帯ごとの設定を行おうとする場合などは、別表の形式での規定を検討してみましょう。

　使用料に係る消費税は、原則として内税表示（提示する金額に消費税

額を含めて表示する方法）ですので、金額の設定の際には、その内訳について資料等に明らかにしておく必要があります。消費税率の変更があった場合、それに対処しなければいけないからです。

▶▶ 審査請求と条文の整備

公の施設を利用する権利に関する処分に対して不服がある場合は、審査請求が可能です。

長が管理する施設の利用に関する審査請求は、長あてに行うことができます（行政不服審査法2条・3条）。また、教育委員会や指定管理者など長以外のものが管理する施設の利用に関する審査請求は、長あてに行うものとされています（法244条の4第1項）。長は、公の施設の利用に関する審査請求を受けたときは、その審査請求が不適法であり却下するときを除き、議会に諮問を行う必要があります（同条2項）。

上記の仕組みで理解できるように、公の施設を利用する住民の権利は手厚く保障されています。したがって、利用の申請や取消しなど、権利義務に関する規定については、十分な制度設計の上で、解釈に紛れのない条文を構成する必要があります。

▶▶ 「公の施設」ではない公共物

公共物ではあっても、職員が執務を行う庁舎や、観光客向けの販売施設は公の施設ではありません。同様に、公衆便所、山小屋、避難小屋等も行政財産として管理すれば足りるものとされています。

これらの施設の管理については、例えば、庁舎については出入管理や警備の基準などを、観光客向けの販売施設については開業時間や事業内容などを、管理権限を持つ長が規則で制定することになります。

4|13 ◎…指定管理者制度

▶▶ 指定管理者制度と条例

　指定管理者制度は、「公の施設の管理に民間の能力を活用しつつ、住民サービスの向上と経費の節減等を図ること」を目的として、平成15年に導入されました（法244条の2第3項）。これにより、それまで公の施設の管理委託の相手方が公共団体等に限定されていたものが、民間事業者、NPO法人等の団体にも広く可能になったのです（個人は不可）。

　指定管理者制度を公の施設に導入するためには、指定の手続や管理の基準等に関する事項を条例で定めなければいけません。行政目的を達成するために設置された公の施設の管理運営を民間事業者等に任せるためには、その取扱いに慎重を期する必要があるからです。

　条例を制定する方法としては、次の2種類があります。

①指定管理者制度の対象となる施設に関する設置管理条例に、指定の手続や管理の基準等に関する事項も併せて定める方法

②指定の手続や管理の基準等について横断的なルールを定めるため、設置管理条例とは別の条例を定める方法

▶▶ 条例で定める事項

　条例で定めるべき「指定管理者の指定の手続、指定管理者が行う管理の基準及び業務の範囲その他必要な事項」（法244条の2第4項）としては、以下のものが挙げられます。

①指定の手続

i）申請の方法

指定の手続に際しては、制度導入の目的である「民間の能力の活用」を図るべく、複数の申請者に事業計画を提出させ、最も適切な管理を行う者を選定することが望ましいとされています。公募を原則とする場合は、その手順について条例で定める必要があります。

ii）選定の基準

透明かつ公正な運用を行うため、指定管理者の選定基準はあらかじめ明示しておく必要があります。その内容は、施設の種類によって異なりますが、共通する事項としては、以下のものがあります。

- ・事業計画による公の施設の運営が、住民の平等な利用を確保するものであること
- ・事業計画の内容が、公の施設の効用を最大限に発揮させるとともに、その管理に係る業務を効率的に行えるものであること
- ・事業計画に沿った管理を安定して行う物的能力及び人的能力を有するものであること

iii）附属機関の設置

指定管理者の選定に際して専門性や客観性を担保するため、委員会等を設置する自治体は少なくありません。

委員会等が行政庁の職員のみで構成される場合は、要綱等の内部規程で足りますが、職員以外の学識経験者等を構成員に含めようとするのであれば、附属機関として条例でその内容を定める必要性について検討しましょう。

②管理の基準

指定管理者が行う管理の基準として条例で定めるべき内容としては、①休館日、②開館時間、③使用許可の基準、④使用制限の要件が挙げられます。

そのほか、各施設に共通する事項として定められる内容としては、利用者の個人情報の取扱いなどがあります。

施設ごとに違いがある休館日等は、それぞれの設置管理条例に規定し、個人情報の取扱いなど各施設に共通する事項については、横断的な

ルールを定める条例に規定すると、構成がすっきりします。

③業務の範囲

　指定管理者による業務の範囲は、施設ごとの目的や態様等に応じて設定されます。その内容として条例で定めることが必要なものとしては、①施設の維持管理、②管理運営業務に関する、それぞれ具体的な範囲が挙げられます。

　施設の使用許可までを指定管理者に行わせようとする場合は、その手順について条例で定める必要があります。

　なお、公の施設の目的外の使用許可を指定管理者に行わせることはできません。公の施設の目的を効果的に達成することが指定管理者制度の趣旨であるからです。また、都市公園における占用許可など、施設の性格から、指定管理者に行わせることができない業務があることにも注意が必要です。

④その他の事項

　上記のほかにも、指定管理者制度の運用を自治体がどのような方針で行うか見極めた上で、必要な条例の整備を検討する必要があります。

　例えば、情報公開条例に基づき指定管理者自らに情報公開を行わせようとする場合は、指定管理者を長や他の執行機関と同様に、情報公開の対象機関とする旨を条例で定めることが必要です。

　一方で、指定管理者に関する情報公開については、自治体の担当部署との連携のもとで自治体が行えば足りるとする政策判断もあります。そのような場合は、情報公開に関し指定管理者は自治体と連携を行わなければいけない旨を条例で定めることになります。

▶▶ 一時的な直営

　指定管理者による施設の管理運営が開始された後、事業者の撤退や倒産などやむを得ない事情により指定管理者が管理を行えなくなった場合は、早急に新たな指定管理者を指定する必要があります。

　新たな指定管理者を指定するまでの間、住民の施設利用に混乱を招くことを防ぐため、一時的な直営についてあらかじめ条例で規定すること

ができます。

■佐倉市公の施設の指定管理者の指定の手続等に関する条例
（平成17年条例第21号）

　（市長による管理）

第16条　市長は、第11条第1項の規定により指定を取り消し、若しく
　は期間を定めて管理の業務の全部若しくは一部の停止を命じたとき、
　又は指定管理者が天災その他の理由により管理の業務の全部若しくは
　一部を行うことが困難となった場合において必要があると認めるとき
　は、他の条例の規定にかかわらず、当該公の施設の管理の業務の全部
　又は一部を自ら行うことができる。

2　前項の規定により市長が公の施設の管理の業務の全部又は一部を自
　ら行う場合において、当該指定管理者の収入として収受させている当
　該公の施設の利用に係る料金（以下「利用料金」という。）があると
　きは、市長は、自ら管理の業務を行う直前の利用料金の額を使用料と
　して徴収するものとする。

3　市長は、前項の使用料について、特別の理由があると認めるとき
　は、その全部又は一部を免除し、又は還付することができる。

4　指定管理者が行う管理の業務に関する当該公の施設の管理に係る条
　例の規定は、第1項の規定により市長が自ら行う管理の業務について
　準用する。この場合において、当該規定に関する技術的読替えその他
　必要な事項は、規則で定める。

　不測の事態は、どの施設に該当があるかが不明なことから、ここで
は、横断的なルールを定める条例で、その対処について定めています。
　自治体の収入となる「使用料」と、指定管理者の収入となる「利用料
金」は、法律上の性格が異なることから、改めて規定を置いています。
上記の例では、住民の施設利用に関する混乱を最低限にするため、暫定
的に、指定管理者が徴収していた利用料金の額を使用料の額とする旨を
定めると同時に、その減免についても規定しています。
　併せて、個々の設置管理条例における「指定管理者」→「市長」の技

術的な読み替えは、改めて個別の設置管理条例を改正することなく、必要に応じて別途規則で定めるものとしています。

▶▶ 審査請求と行政訴訟

　指定管理者が行った利用不許可などの処分に関する審査請求は、長あてに行うこととなっています（法244条の4第1項）。一方で、その処分に対して、行政事件訴訟法に基づく取消訴訟の提起は、利用不許可などの処分を行った指定管理者あてに行われることになります（行政事件訴訟法11条2項）。

　管理の移行後、行政不服審査法57条1項や行政事件訴訟法46条1項に基づいて処分内容の教示を対象者に行う際は、上記の旨に留意してください。

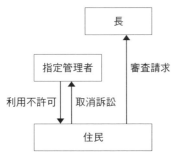

> ■**東京都児童福祉施設条例施行規則**（平成15年規則第30号）
> 第4号様式（第6条関係）
> （様式略）
> （備考）　指定管理者がこの様式を交付する場合は、教示文2中「東京都を被告として（訴訟において東京都を代表する者は東京都知事となります。）」とある部分には、<u>指定管理者の名称及び当該指定管理者を被告とすべき旨を記載すること</u>。

指定管理者の管理する施設における審査請求と行政訴訟

4│14 ◎…罰則規定

▶▶ 罰則とは

　罰則とは、法に定められた義務の違反があった場合に、その違反者に対し、刑罰や過料を科すべきことを定めた規定のことをいいます。

　憲法31条では、罰則は、法律で定めることが必要である旨を定めていますが、自治体の例規でも、一定の範囲内で罰則を定めることが可能です。条例で定めることができる罰則としては、以下の①②があり（法14条3項）、②については、規則で定めることも可能です（法15条2項）。

①刑罰
・2年以下の懲役・禁錮、拘留（1日以上30日未満の範囲で科される自由刑）※懲役・禁錮は、拘禁刑に一本化される（令和7年6月予定）
・100万円以下の罰金、科料（1000円以上1万円未満の範囲で科される財産刑）
・没収
②秩序罰
・5万円以下の過料

▶▶ 刑罰と秩序罰の違い

　刑罰と秩序罰の適用の区分は、必ずしも明確ではありませんが、義務違反の態様の程度により選択され、直接的に社会の法益を侵害する程度

に重大なものに対しては刑罰を、単に社会の秩序を乱す程度にすぎない
ものに対しては秩序罰である過料を科すものとされています。ともに金
銭罰である罰金と過料について、適用の具体例は、以下のようになりま
す。

①罰金（刑罰）――プールの無許可営業、地区計画内での違反建築物
の建築など

②過料（秩序罰）――住民税の不申告、手数料や使用料の不正な不払
など

罰金は、検察によって起訴され、裁判により賦課されます。これに対
し、過料は、刑法総則や刑事訴訟法の適用がありませんので、警察や検
察の出番はありません。

また、罰金は刑罰ですので前科になり、医師や保健師などの職種にな
ろうとする場合に一定の制限があります。一方、過料は前科にならず、
そのような制限もありません。

▶▶ 罰則規定のチェックポイント

罰則規定を置こうとする場合は、以下の検討が必要です。当然のこと
ですが、検討にあたっては、他の法令等との均衡に配慮する必要があり
ます。

①罰則を規定することが可能か

最初に検討しなければならないことは、そもそも罰則を規定すること
が可能かということです。条例は、法律の範囲内で定めなければいけな
いため（憲法94条）、既存の法令の適用関係について、注意を払わなけ
ればいけません。

②義務違反に対し罰則を科すことが適当か

次に検討しなければならないのは、当該法令の義務違反に対して、罰
則を科すことが適当かということです。義務規定であれば、すべて罰則
を定めなければいけないというものではないからです。

義務履行に関する強要は、公共の福祉との関係において程度の差があ
ります。事例によっては、直ちに処罰することをせず、まず、是正のた

めの監督処分を対象者に行い、次の段階として、監督処分に関する違反行為を処罰するという制度設計もあります。

③刑罰か過料か

義務違反に対して罰則を科すこととした場合でも、違反行為の重大性により、懲役や罰金などの刑罰と、秩序罰である過料のいずれを科すべきかを検討する必要があります。

④どの種類の刑をどの程度の重さで

刑罰を規定する場合は、対象となる義務違反行為の違法性の程度に応じ、どの種類の刑を選択し、どの程度の重さにするかを検討しなければいけません。

⑤構成要件を明確に

最も重要なのは、犯罪の構成要件が明示されていることです。誰が、どのような行為をした際に、いつ犯罪が成立するかを明確に規定する必要があります。

例えば、行為の義務付けに関する規定が「速やかに報告しなければならない」「遅滞なく届け出なければならない」とされている場合、どのぐらい遅延すれば違犯したと言えるかが明確ではありません。罰則で「○○日以内に第○条の規定による届出（報告）をしなかった者」と定めれば、処罰の対象が明確になります。

また、「……の行為その他これに類する行為」のような、包括的・抽象的な意味の表現は、なるべく用いないようにすべきです。

▶▶ 両罰規定

両罰規定とは、ある犯罪が行われた場合に、行為者本人のほか、その行為者と一定の関係にある自然人や法人をも処罰する規定のことをいいます。これは、法人がある事業を行うに際して法律違反の行為を行った場合に、自然人のみに罰則が科せられ、その違反によって利益を得ている法人を罰しないのは不合理である、という考えによります。

両罰規定の記述は、以下のように定型的です。

■**東京都屋外広告物条例**（昭和24年条例第100号）

（両罰規定）

第70条　法人の代表者又は法人若しくは人の代理人、使用人その他の従業者が、その法人又は人の業務に関して前2条の違反行為をしたときは、行為者を罰するほか、その法人又は人に対しても各本条の刑を科する。

　なお、両罰規定により課せられるのは、罰金等の財産刑に限られます。懲役等の自由刑を法人に課するのは不可能ですし、自然人についても自由刑まで科する必要がないと考えるところによります。

▶▶ 罰則の配置

　罰則は、雑則規定の次、本則の末尾に規定されるのが一般的です。

　罰則の規定は、法定刑ごとに条又は項で分け、その重いものから軽いものへ順に並べます。同一の条項中で義務付け規定など他の条項を引用するときは、数の若い条項から引用するのが通例です。

　両罰規定を設ける場合は、それに関係する罰則の直後に置き、過料は、罰金等の刑罰の後に位置させるのが通例となっています。

■**東京都自然公園条例**（平成14年条例第95号）

第68条　次の各号のいずれかに該当する者は、1年以下の懲役又は100万円以下の罰金に処する。

⑴　第12条第1項の規定に違反した者

⑵　第14条第1項の規定による命令に違反した者

第69条　第12条第7項の規定により許可に付せられた条件に違反した者は、6月以下の懲役又は50万円以下の罰金に処する。

第70条　第13条第2項又は第27条の規定による命令に違反した者は、50万円以下の罰金に処する。

4│15 ◎…附則

▶▶ 附則とは

　附則には、本則に対し、補足的な内容が定められています。たい焼きでいえばしっぽの部分ですが、附則で定められる内容であっても、税賦課徴収条例のように、本則と同程度の実質的な重みを持つものもあります。

　附則で定められる内容としては、次のようなものがあります。

　①例規の施行期日に関する規定

　②例規の施行に伴う、経過措置に関する規定

　③例規の有効期限に関する規定

　④既存の他の例規の改正・廃止に関する規定　など

　附則に規定された内容をチェックする際は、これらの記述内容が適正であるか確認が必要です。

▶▶ 主なチェックポイント

①施行期日は適切か

　施行期日を確定的に定める手法としては、以下のものがあります。

施行期日を定める例①

・この条例は、公布の日から施行する。

・この条例は、令和○○年○○月○○日から施行する。

法令の改正に伴って例規を改正する場合、施行期日は、法令と同日にする必要があります。

施行期日がすでに確定している場合は、同日を規定することになりますが、法律の施行期日が政令に委任されているような場合は、確定日を記述することができません。この場合の対処方法として以下のように記述する方法があります。

> **施行期日を定める例②**
>
> ・この条例は、公布の日から起算して○○月を超えない範囲内において規則で定める日から施行する。
> ・この条例は、○○法（令和○○年法律第○号）の施行の日から施行する。

上記のうち、前者は、規則に施行期日を委任する例であり、後者は法律の効力発生に施行日を委ねる例です。

②経過措置は適当か

経過措置とは、制度改正を円滑に行うため、従前の例規上の効力を一定期間有効にすることなどにより、経過的・調整的な措置を行おうとするものです。

> **経過措置を規定する例**
>
> ■**横浜市屋外広告物条例**（平成23年条例第13号）
>
> 　　附　則
> 　（経過措置）
> 11　施行日前に旧条例第18条第3項又は第4項の規定によりした手続については、新条例第47条第3項又は第4項の規定によりした手続とみなす。

経過措置を規定する際は、改正後の制度の妨げにならないよう、十分に考慮の上で制度設計を行うことが必要です。

③関連する例規の改廃方法は適当か

条例の改廃を行おうとする場合は条例で、規則の改廃を行おうとする場合は規則で、附則で関連する例規の制廃を行おうとする際は、それぞれ所定の法形式で行う必要があります。

また、附則で行う他の例規の改廃は、新例規の制定に伴う整理のために行うものですから、その域を超えた実質的な改廃を行うことはできません。

関連する例規の改廃に関しては、次のように記述するのが一般的です。

関連する例規を改廃する例

　　附　　則

（○○条例の一部改正）

2　○○条例（令和○○年○○市条例第○号）の一部を次のように改正する。

　第○条第○項中「△△△」を「□□□」に改める。

（○○条例の廃止）

3　○○条例（令和○○年○○市条例第○号）は、廃止する。

---

④その他の規定に関し、内容は適切に定められているか

①～③のほか、附則で定められる事項の主なものとしては、次のようなものがあります。これらの内容についても、本則の内容に比して附則で規定しようとする内容が適当か、個別に判断が求められます。

例規の有効期限を定める例

■**横浜市常勤特別職職員の給料及び手当に関する条例の臨時特例に関する条例**（平成20年条例第1号）

　　　附　　則

（この条例の失効）

2　この条例は、平成20年5月31日限り、その効力を失う。

新例規の施行に際し、その規定の一部に関する準備行為を定める例

■**横浜市屋外広告物条例**（平成23年条例第13号）

　　　附　　則

（準備行為）

2　この条例による改正後の横浜市屋外広告物条例（以下「新条例」という。）第6条第1項第2号及び第5号の規定による地域の指定（中略）に関し必要な手続その他の行為は、この条例の施行の日（以下「施行日」という。）前においても、新条例の例によりすることができる。

一定期間経過後に、規定内容等に関し見直しを行う旨を定める例

■**横浜市市民協働条例**（平成24年条例第34号）

　　　附　　則

（見直し）

3　この条例の施行の日から起算して3年ごとに、この条例の施行状況について検討を加え、その結果に基づいて見直しを行うものとする。

立法技術のポイント

5｜1 ◎…用字・用語

▶▶ 用字と用語

「用字」とは文章に用いる文字や符号のことをいい、「用語」とは文字や文字の組み合わせ（符号を含む）によって一定の意味を持つ言葉のことをいいます。

法文に用いる用字・用語は、原則として、私たちが日常用いる言葉によって構成されています。それでも、法制執務における「約束ごと」の上で取扱いがなされていることには、注意が必要です。

細かな「約束ごと」は、なかなか取っつきにくいものです。しかしながら、一定のルールさえ覚えてしまえば、法文の意図した共通の理解にたどり着くことができます。

▶▶ 用字・用語のルール

国の法令における用字・用語の表記については、内閣法制局が平成22年11月30日付けで定めた「法令における漢字使用等について」を基準としています。

自治体の例規も、一般には、法令の取扱いに準じていますが、「障害」を「障がい」と言い換えるなど、独自の取扱いを定めている自治体もあります。

▶▶ 用字（漢字・送り仮名）

例規における漢字の使用は、常用漢字表によっています。

常用漢字表にない字は、平仮名での表記（「改ざん」「と畜」など）や、他の字を使用したり（「車輌」→「車両」、「哺育」→「保育」など）、他の言葉に言い換える（「改悛」→「改心」、「僅少」→「少し」など）などの対処をします。ただし、それらの対処が難しいような場合は、振り仮名を付けた上で、その漢字を使用することもあります（「瑕<ruby>疵<rt>し</rt></ruby>」「砒<ruby>素<rt>ひ</rt></ruby>」「暗<ruby>渠<rt>きょ</rt></ruby>」など）。

　漢字に付随する送り仮名についても「法令における漢字使用等について」が指針とされています。注意しなければいけないのは、活用のない語で読み間違えるおそれがないものについては、途中の送りがなが省略されるものがあることです（「引換え」「申込み」など）。

　また、活用のない語で慣用が固定していると認められるものについては、送り仮名は付けないものとされています（「支払」「手引」など）。

　なかなか複雑ですが、これらは覚えてしまうしかありません。文章をチェックしていて気になる際は、参考書の確認を繰り返すようにしましょう。そのうち、ある程度の勘が働くようになってくるはずです。

▶▶ 用語（符号）

　句読点など符号の使用にも、ルールがあります。これらについても、覚えてしまうしかありません。

　以下にいくつか掲げますが、詳細なルールは、法制執務の参考書を確認してください。

①「。」

　文章の終わりが名詞形である場合は、「。」を付けません。ただし、「……こと」「……とき」が文末の際は、「。」を付けるのがルールです。

　また、文章の終わりが名詞形であっても、続けて文章が記述される場合は、「。」を付けます（「屋外広告物法（昭和24年法律第189号。以下「法」という。）」）。

②「、」

　主語の後ろには、「、」を付けます。ただし、「Aは……、Bは……」のように主語が並列する場合は、「、」を付けません。

139

「及び」や「又は」などで動詞をつなぐ場合も、「、」を付けます（「管理し、及び処分する場合」など）。

また、接続詞の後には「、」を付けます（「この場合において、」「ただし、」など）。

▶▶ 用語

一般には意識されないような用語の使い分けも、法文の特徴です。以下にいくつか掲げますが、詳細なルールは、法制執務の参考書を確認してください。

①「及び」「並びに」

「及び」は、「and」の意味で使用されます。「AとB」は「A及びB」、「AとBとC」は「A、B及びC」のように用いられます。

3つ以上の語句を2段階でつなぐ場合は、「及び」「並びに」で整理されます。「（AとB）とC」は「A及びB並びにC」のように用いられます。

②「又は」「若しくは」

「又は」は、「or」の意味で使用されます。「AかB」は「A又はB」、「AかBかC」は「A、B又はC」のように用いられます。

3つ以上の語句を2段階でつなぐ場合は、「又は」「若しくは」で整理されます。「（AかB）かC」は「A若しくはB又はC」のように用いられます。

③「その他」「その他の」

「その他」の前に置かれた語句は、その後に置かれた語句と並列の関係にあります（「証書類その他政令で定める書類」など。「証書類」は政令で定める必要がない）。これに対し、「その他の」は、その前に置かれた語句が、その後に置かれた語句の例示となります（「心身の故障その他の事由」など。「心身の故障」が「事由」の例示になっている）。

④「から」「まで」

一定の範囲を規定する場合は、「から」「まで」を必ず対にして使用します（「第2条から第5条まで」など）。

⑤「しなければならない」「するものとする」

　「しなければならない」は、その行為を行う義務を課す際に使用されます（「届け出なければならない」など）。

　これに対し、「するものとする」は、「しなければいけない」に比べて義務づけの意味が弱く、取扱いの原則や方針を宣言するというニュアンスが込められています（「通知するものとする」など）。

⑥「することができる」「することができない」

　「することができる」は、その行為を行う権利・能力・権限があることを示します。してもしなくてもよいという意味では、あまり使われません。

　「することができない」は、その行為を行う権利・能力・権限がないことを示します。行いうる行為を禁止する場合は、「してはならない」を使います。

▶▶▶ 表記基準が改正された場合の取扱い

　前述の「法令における漢字使用等について」は、昭和56年10月1日付けで定められていたものが、平成22年に約30年ぶりに改められました。しかしながら、現在有効な法令における用字・用語のすべてが、新しい基準に改められてはいません。

　これは、用字・用語の整理は、条文の実質的な改正に併せて行われるからであって、法令の条文を見ると、条項によって文言の不統一が見られるのは、このような理由によります。

　自治体においては、一斉にこれを修正する手法もありますが、法令と同様に、他の実質的な改正が行われる際に併せて個別に対処する手法が一般的でしょう。そのような場合は、後に改正漏れが生じないよう、後任への申し送りの配慮が必要です。

5|2 ◎…改め文とは

▶▶ 改め文とは

　法令や例規（この節では単に「法令」とします）は、時代や状況の変化に応じて、その内容を変える必要が生じることがあります。法令の内容を変えるには、我が国の慣行では、改め文によって元の条文を書き換えるという方法がとられています。

　改め文は、通常の条文と異なり、条項や字句を操作する特殊な条文です。数学の式でxやyを入れ替えるような、記号の操作と考える方が、イメージが近いかもしれません。

▶▶ 改正法令の構成

　改正する法令もそれ自体1個の法令ですから、題名、本則、附則という基本的な構成は同じです。とはいえ、改正法令においては、本則に条項はなく、はじめに柱書（法令を「改正する」「廃止する」という主文のこと）があり、その後には改め文がずらずらと並ぶため、印象は大きく異なります。

　なお、改正法令でも、複数の法令の改正をまとめて扱う場合や、同じ法令を複数の施行日に分けて段階的に変えていく場合には、改正内容ごとに条に分け、複数の条で構成することもあります。

　附則については、法令を制定する際の附則の条文と大きく変わるところはありません。ただし、制定の場合には本則の条項を「規定」といいますが、改正の場合には本則の改め文は「改正規定」といいます。また、経過措置を規定する際は、制定の場合には対象の条項を「第○条の

規定」といいますが、改正の場合には対象の条項を「（この法令による）改正後の第○条の規定」といいます。このように、言い回しの異なるところがありますので、区別をするようにしましょう。

▶▶ 改め文の種類

改め文の種類は、大きく分けると次のようなものがあります。

改め文の種類

機　能	表　現	備　考
条項の変更	改める	
条項内の字句の変更	（改める）	改め文の文末は、最後の字句の操作の語による。例えば、最後が字句の追加であれば、文末は「加える」で終わる。
字句の追加	（加える）	
字句の削除	（削る）	
条項の追加	加える	見出し・章名の場合は「付する」が使われる。
条項の削除	削る	
条項の移動	とする	一括の移動の場合は「繰り上げる」・「繰り下げる」が使われる。

▶▶ 改め文の注意点

改正後の条文をどれだけ練ろうと、改め方を間違えれば、改正後の条文は正しくなりません。正しい内容の条文をつくることはもちろんですが、正しい改めの操作をすることが不可欠です。

5|3 ◎…条項の改正

▶▶ 条項の改正

条項の改正で、条文内の字句を書き換える基本形は、次の3つです。

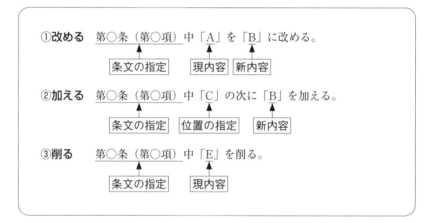

①改める　第○条（第○項）中「A」を「B」に改める。
　　　　　　　　　　　条文の指定　現内容　新内容

②加える　第○条（第○項）中「C」の次に「B」を加える。
　　　　　　　　　　　条文の指定　位置の指定　新内容

③削る　第○条（第○項）中「E」を削る。
　　　　　　　　　　　条文の指定　現内容

条文の全部を書き換えるときは、次のようになります。

第○条（第○項）を次のように改める。
　　　　　　　　　　　　　　　　条文の指定

第○条（第○項）　○○○○○
　　　　　　　　　　　新内容＝"次のよう"

　実際の条文の書き換えにおいては、改める・加える・削るといった要素を組み合わせて使います。また、応用的な書き方にはさまざまなパ

ターンがあります。詳しくは、法制執務の参考書を参照してください。

▶▶ 字句の特定

　条項の改正にあたっては、対象となる字句や位置を示す字句を特定しますが、字句の特定にあたっては、次の点に留意します。

①意味のある一団の字句とすること

　例えば、「政務調査費」を「政務活動費」と改める場合は、文字としては2文字の違いですが、2文字だけとしないで、全体をもって対象とします。

　○　政務調査費　→　政務活動費

　×　調査　→　活動

②重複しないようにすること

　1つの条文の中に、対象となる文字の並びが複数ある場合で、その片方だけ改正したい場合には、余分な文字も含めて一団とすることで識別させます。

■地方自治法（平成24年9月5日改正前）

　（規約等）

第287条　（略）

2　一部事務組合の議会の議員又は管理者（次条第2項の規定により管理者に代えて理事会を置く第285条の一部事務組合にあつては、理事）その他の職員は、第92条第2項、第141条第2項及び第196条第3項（これらの規定を適用し又は準用する場合を含む。）の規定にかかわらず、当該一部事務組合を組織する地方公共団体の議会の議員又は地方公共団体の長その他の職員と兼ねることができる。

　この条文には、「地方公共団体」が2か所に出てきます。単に「地方公共団体」とすると、どちらを指しているのかわかりません。そこで、「を組織する地方公共団体」や「地方公共団体の長」のように、隣接す

る字を含めることで、どちらを改めるのか特定できるようにします。

　実際の改め文は次のようなものでした。

■**地方自治法の一部を改正する法律**（平成24年法律第72号）抜粋

　第287条第1項第2号中「を組織する地方公共団体」を「の構成団体」に改め、同条第2項中「次条第2項」を「第287条の3第2項」に、「を組織する地方公共団体」を「の構成団体」に、「地方公共団体の長」を「長」に改める。

▶▶　改正箇所が近接するときの扱い

　考え方の上では2か所の改めでも、それらの場所が隣り合わせの場合には、まとめて改めることにした方が改め文を短くできることがあります。そのような場合には、2か所をまとめて1つの改めとすることは、許容されます。また、字句を加える・削る箇所と隣り合わせの場合にも、ひとまとめにして改める形をとることがあります。

▶▶　本文・ただし書等の扱い

　条文の部位として、本文・ただし書、前段・後段、各号・各号列記以外の部分、といったものがあります。

　改正対象の字句が、双方の部位にある場合には、どちらのものを改めるか特定するため、「第○条ただし書中……」のように、部位を付して指定します。部位を付すことで識別できる場合には、前述のように隣接する字を含める工夫は必要ありません。

　なお、条項の改正で、ただし書や後段の追加・削除については、字句を改める例によるのではなく、条項の追加・削除の例によって行います。

5|4 ◎…条項の追加・削除

▶▶ 条項の追加・削除

条項の追加・削除の基本形は、次のとおりです。

```
追加   第○条（第○項）の次に次の○条（項）を加える。
            ↑
            └──────────────── 条文の指定

       第○条（第○項）    ○○○○○
            ↑
            └──────────────── 新内容＝"次の○条（項）"

削除   第○条（第○項）を削る。
            ↑
            └──────────────── 条文の指定
```

▶▶ 番号が重複しないこと

　条項には、第○条・第○項といった番号が付されており、条項の追加・削除に伴って条項を移動するときは、移動後の順番に応じた番号に変えていくことになります。その際は、同じ番号が同時に存在しないようにします。条項を途中に加えるときは、既存の条項を先に動かして、そこの番号を空けてから追加する、という手順になります。

　改め文を書くときは、前から順に改めていくのがルールです。しかし、条項の追加がある場合は、その場所を空けるために、後ろから順にずらしていくことになります。

第5条　　　　　第5条
　　　　　　　　○第6条　　　　新しい第6条を加えるには、今の第6
第6条　──→　第7条　　　　条の場所を空けなければならない。
第7条　──→　第8条　　　　（後ろをずらさないと空かない例）

[改め文]

　　第7条を第8条とし、第6条を第7条とし、第5条の次に次の1
条を加える。
　　第6条　・・・

　前の方で条文を削除する場合は、削除した分、番号を詰める必要があり、また、番号が詰まることで追加したい場所の番号が空くことになります。こうした場合には、原則どおり前から処理して構いません。

第3条　　　　　第3条
×第4条
第5条　──→　第4条　　　　新しい第6条を加えるには、今の第6
第6条　──→　第5条　　　　条の場所を空けなければならない。
　　　　　　　　○第6条　　　　（後ろをずらさなくても空く例）
第7条　　　　　第7条

[改め文]

　　第4条を削り、第5条を第4条とし、第6条を第5条とし、同条
の次に次の1条を加える。
　　第6条　・・・

　稀に、既存の条番号を飛び越えるような移動になる場合もありますが、飛び越えての移動はできないこととなっています。その場合は、便宜上、条文を改める（上書きする）、もう一度加える、といった方法で対処します。

```
        第3条        第3条
        第4条
                    ○第4条
        第5条        第5条
                    第6条
        第6条        第7条
```

[改め文]

×　　第6条を第7条とし、第4条を第6条とし、第3条の次に次の1
　　条を加える。
　　第4条　・・・

○　　第4条を次のように改める。
　　第4条　・・・
　　　第6条を第7条とし、第5条の次に次の1条を加える。
　　第6条　…（元の第4条と同じ内容）…

　なお、条を加える場合には、「第○条の次に」とするのが原則ですが、節の先頭に加える場合や、条の移動と追加が複合するような場合には、「第○条の前に」とすることもあります。

▶▶ 枝番

　条を加えると、その分、既存の番号を繰り下げる必要が生じます。しかし、番号を繰り下げると、その条を引用する他の条文、他の法令においても改正が生じるといった煩わしさがあります。

　そこで、特殊な追加のしかたとして、「枝番」があります。枝番とは、「第○条の2」のような特殊な条名です。このような番号であれば、既存の番号の間に入れても、他の番号を繰り下げる必要はありません。

　この手法の選択の判断は、条項ずれに伴う玉突き改正の影響の度合いによります。一般に、自治体の例規の場合は、条がずれても対処できることが多いので、基本どおり繰下げして整理することが多いのですが、

場合によっては、枝番を選択することもできます。

　なお、枝番は、項については使えません。項は、もともと条の中の段落だからです。

▶▶ 削除（欠番）

　条を削ると、その分、既存の番号を繰り上げる必要が生じます。しかし、追加の場合と同様で、番号を繰り上げると、その条を引用する他の条文、他の例規においても改正が生じるといった煩わしさがあります。

　そこで、特殊な削除のしかたとして、番号の形骸だけを残し「第○条（－第○条）　削除」と表示する方法があります。形式的に番号を残すことで、内容を削除しつつも、他の番号を繰り上げる必要はなくなります。

　この場合の改め文は、改正の方式によります。

　［改め文］
　　　第○条（から第○条まで）を次のように改める。
　　　第○条（－第○条）　　削除

　なお、この方法も、項については使えません。

5 5 ◎…改め文に 迷ったときは

▶▶ どのように書くのが正しいか

改め文を書き起こすにあたって、どのように書くべきか迷うことがあります。

例題

　次のような改正をする場合、改め文はどのようになるか。

　「第○条　A、B又はC……」→「第○条　B又はC……」

① 　第○条中「A、」を削る。

② 　第○条中「A、B」を「B」に改める。

改め文によって字句の置き換えが成立するかどうかでいえば、どちらの書き方でもかまいません。しかし、「読点は、続く字句があるとき、その前に付されるもの」というルールがあります。それを前提にすると、①の方式は不自然ということになります。それゆえ、②の方式かと悩んでしまいます。より適切なのは、どちらでしょうか。

▶▶ 迷ったときは

迷ったときの判断方法の1つに、仮説－検証という考え方があります。

　それでは、用例を探してみましょう。改め文のお手本は、何といっても法律です。衆議院のウェブサイトで検索することにします。

　トップページの右肩に「サイト内検索」があります。ここから検索することも、何も指定せず「検索」をクリックした上で検索用画面から検索することもできます。

　検索ボックスに ｜、」を削る。██平｜ を与えて検索します（██はスペースを表しています。「平」（≒平成）を与えるのは件数を絞るための工夫です）。次に、検索結果画面の左側に「絞り込み」の欄がありますので、「制定法律」をクリックして絞り込みます。

　検索結果にはいろいろありますが（表示順の「マッチ順」「新着順」を変えてみるのもよいでしょう）、ここでは、次のもので確認してみましょう。

制定法律　刑法及び刑事訴訟法の一部を改正する法律
法律第 26 号（平 22・4・27）

　（刑法の一部改正）
第 1 条　刑法（明治 40 年法律第 45 号）の一部を次のように改正する。
　（中略）
　第 34 条第 1 項中「死刑、」を削る。

　これが先頭の字句を改めるものかどうか、新旧対照表で確認します。法案の新旧対照表は、通常、各省（この場合は法務省）のウェブサイト

で公開されていますので、それを見てみます。

改　正　案	現　　行
（時効の中断） 第34条　懲役、禁錮及び拘留の時効は、刑の言渡しを受けた者をその執行のために拘束することによって中断する。 2　（略）	（時効の中断） 第34条　死刑、懲役、禁錮及び拘留の時効は、刑の言渡しを受けた者をその執行のために拘束することによって中断する。 2　（略）

（http://www.moj.go.jp/content/000032461.pdf　2ページ目より抜粋。原文は縦書）

　仮説を裏付ける用例でした。したがって、仮説は正しい、①の書き方で問題ない、と判断できます。

▶▶　用例の選択

　もしも、実例がなければ、あるいは極めて少なければ、この仮説は採用できないものと判断できます。また、想定した両方の例がそれぞれ一定数ある場合は、どちらでもよいものと判断できます。ただし、その場合には、用例の多い・少ない、新しい・古いを考慮して、よりスタンダードなものはどちらかを判断して選択する必要があります。

　この例題は単純なものでしたが、事案が複雑になってくると、改め文の適切な候補を思いつけるかどうかがポイントになってきます。試行錯誤を重ねて、やってみましょう。

5|6 ◎…改正方法の選択

▶▶ 一部改正か全部改正か

改正部分が広範囲にわたり、かつ、規定の追加、削除、移動等を大幅に行う必要がある場合、「一部改正」の方式では改正内容が複雑になってわかりにくくなることから、既存の内容を全面的に書き改めてしまう「全部改正」の方式が用いられることがあります。

全部改正の際の題名は、「○○条例の全部を改正する条例」とはせずに、全部改正後の新しい題名を付けます（題名に変更がなければ、改正前と同じ題名を付けることになります）。

題名の次には、「○○条例（令和○○年○○市条例第○号）の全部を改正する。」のような制定文を書きます。

条例番号（規則等の番号も同様。以下この節で同じ）は、一部改正の場合は、改正前から変わることはありませんが、全部改正の場合は、新規制定の場合と同様に、新しい条例番号が付けられます。

一部改正と全部改正のいずれの方式によるかについて、明確な基準はありません。刑法のひらがな化（平成7年）に際しては新旧両法の継続性に配慮し一部改正が採られたのに対し、不動産登記法のひらがな化（平成16年）は全部改正によって行われました。

▶▶ 全部改正か廃止制定か

規定内容の全面的な改正が行われる場合、前述の全部改正の方式のほか、既存の内容を廃止し新たな内容を制定する「廃止制定」の方式があります。新規の条例（規則）の附則で、従来の条例（規則）を廃止する

構成です。

　全部改正と廃止制定のいずれの方式によるかについても明確な基準はありませんが、制度の基本的な内容を維持する場合は全部改正とし、制度の継続性を主張する必要がない場合は廃止制定とすることが多いといえます。民事訴訟法の改正（平成8年）に際しては、既存の規定内容を見直し、現代社会の要請にかなった新しい内容にするという趣旨を明確にするため、廃止制定の方式が採られました。

　全部改正と廃止制定のいずれの場合でも、新しい条例番号が付けられます。全部改正には前述のとおり制定文が付されているので、制定後の両者の区別は可能です。

▶▶▶ 複数の例規を一括して改正する場合

　一定の事実の発生や法令の制定改廃に伴って複数の例規の改正等を1つの条例（規則）で一括して行う場合があり、そのような条例（規則）は「一括条例（規則）」や「束ね条例（規則）」などと呼ばれます。

　国の法律では、国会審議において付託される委員会を踏まえ、できるだけ同一の委員会の担当に属する法律を束ねるよう努めるのが通例だそうです（山本庸幸『実務立法演習』392頁）。

　このような条例（規則）では、改正対象となる条例（規則）の数だけ条文を立てて、1つの条で1つの条例（規則）を改正するものとされています。その際、対象となる条例（規則）を並べる順序は、原則として、条例番号の古い順です。

　当然ながら、法形式が異なるため、一括条例で規則を改正の対象とすることや、一括規則で条例を改正の対象とすることはできません。

5|7 ◎…条文の
わかりやすさ

▶▶ わかりやすさの工夫

　立法内容を正確に表現することはもちろんのこと、条文がわかりやすいことも、忘れてはいけない重要な事項です。その意味がわからないような難解なものであっては、住民の理解と遵守が期待できないからです。

　条文の表現は、正確かつ一義的に解釈できるものでなければいけません。それが住民の権利義務に関わるものであるならば、なおさらです。

　法制執務の「お約束」は、一見やっかいなもののように思えても、条文の読み手を共通の理解に導くために必要なものです。「及び」「並びに」や、「又は」「若しくは」の使い分けなど、適切な法制執務は、読みやすさにつながります。

　ただし、正確さを追求しようとして、かえって条文が複雑になってしまうようではいけません。正確な記述の一方で、表現を工夫することにより、できるだけ平易な法文をつくることも、法規担当には求められているのです。

▶▶ 読みにくさを避けるための方法

　条文の読みにくさを避けるための方法としては、以下のような手法が挙げられます。

①文章を短くする

　長文は、別条にしたり、項を分けたりする工夫をしましょう。Aの場合は何々、Bの場合は何々、のような場合分けが必要なときは、各号

列記の利用が効果的です。

　文章が長くなるときは、ただし書や後段の設定が効果的ですし、表・別表や数式を利用した表現により内容がわかりやすくなることがあります。

②文の構成を整理する

　文章を短くする際は、主語、述語、目的語などの関係を明らかにすることを念頭に置くと作業がしやすくなります。

　また、カッコの中にカッコがあるような「二重括弧」「三重括弧」を避ける工夫を行うと条文が読みやすくなります。

③煩雑な読み替えは避ける

　条文の準用が行われる場合は、読み替え規定が置かれることが少なくありません。しかしながら、分量が多く、記述が煩雑になる場合は、準用規定を避けて、改めて条文を書き下ろすことがわかりやすさにつながります。

④定義規定や略称規定の活用

　定義規定や略称規定を利用することにより、説明的な名称などを端的に記述することができます。

　国民年金法では、7条1項各号で被保険者の種類を規定した上で、「第一号被保険者」「第二号被保険者」「第三号被保険者」と号名を利用した定義を行う工夫をしています。

▶▶ 具体的な事例

　次の2つの文章を比べてみてください。ある自治体の子ども医療費助成事業規則を加工したものです。

---

　①　受給券の交付を受け、これを所持している者（以下「受給券所持者」という。）は、登録事項に変更があったときは、子ども医療費助成受給資格登録事項変更届に受給券、被保険者証等の写し（加入医療保険の変更の場合に限る。）及び保護者に係る当該年度（4月から7

月までの届出にあっては、前年度）の市町村民税額を証する書類（保護者の変更（その増減を含む。）の場合に限る。）を添えて市長に届け出なければならない。

② 受給券の交付を受け、これを所持している者（以下「受給券所持者」という。）は、登録事項に変更があったときは、子ども医療費助成受給資格登録事項変更届に次に掲げる書面を添えて市長に届け出なければならない。
⑴ 受給券
⑵ 次に掲げる変更の内容の区分に応じ、それぞれ次に定める書面
　ア　加入医療保険の変更　被保険者証等の写し
　イ　保護者の変更（その増減を含む。）　変更後の保護者に係る当該年度（４月から７月までの届出にあっては、前年度）の市町村民税額を証する書類

　どちらの条文がわかりやすいかは明白でしょう。登録事項変更届に添付すべき３種類の書面について、①では一文で、②では号立てで記述されています。また、受給券以外の書面は特定の場合に必要となるものであることから、号を細分化した「ア」「イ」で場合分けを整理しています。
　号立てとその細分化に文章を構成したことにより、①に存在していた二重括弧も解消されています。

5|8 ◎…例規の
ローカルルール

▶▶ ローカルルールとは

　例規は、法令の規定方式に準じて構成されています。法令用語などの言い回しも、同様です。

　用語を含め、法令の言い回しが厳格に定められているのは、法制執務上の決まりきったルールを覚えれば、それを読む者を共通の理解へ導くことが期待されているからです。

　憲法への適合性を含め、最終的な合法性は司法機関である裁判所で判断されるわけですから、法令と例規で規定の手法が大きく違うことは、当然のことながら望ましくありません。

　それでも、自治体ごとの法制執務に関する「ローカルルール」は少なくありません。であれば、例規に触れ始めたばかりの皆さんは、ご自分の自治体のローカルルールを理解しておく必要があります。

　慣れない例規整備に際して、他の自治体の先行事例や国の府省から示された条例（例）を参考にする場合は、自治体ごとの微妙なアレンジが必要になることがあるからです。

▶▶ 縦書きと横書き

　法令と例規との違いで一番顕著なのは縦書き・横書きの表示形式でしょう。

　いうまでもなく法令は縦書きですが、現在では、多くの自治体が横書きで例規を制定しています。

横書きの例規で使用されている表記を縦書きのそれと比較してみましょう。

縦書き例規と横書き例規の表記の違い

［条］

　　縦書き　→　第一条、第二条、第三条……

　　横書き　→　第1条、第2条、第3条……

　　　※縦書きの場合は漢数字、横書きの場合は算用数字で表記します。

［項］

　　項番号は、ともに算用数字で記載します。

［号］

　　縦書き　→　一、二、三……

　　横書き　→　(1)、(2)、(3)……

　　　※縦書きの場合は漢数字、横書きの場合はカッコ付算用数字で表記します。

［号以下の細分］

　　縦書き　→　イ、ロ、ハ……

　　横書き　→　ア、イ、ウ……

　　　※縦書きの場合は、法令に準じた用例であるのに対し、横書きの場合は、内閣官房長官依命通知『公用文作成の要領』で示された用例に従っています。

　縦書きと横書きにおける表示の違いは、漢数字と算用数字だけではないことに注意が必要です。総務省がインターネットで提供している法令情報は、パソコン上では横書きに表示されますが、漢数字など用字の表示は縦書きの表記によっています。

　道府県では、従来は縦書きであった例規形式が平成15年前後を境にして、横書きに改められてきました。これは、当時、従来は書籍としてまとめられていた例規が電子情報としてデータベース化された際に、パソコン上での表示性に優れた横書きが選択されたことが原因でしょう。

縦書きの例規を横書きに改める際は、条例や規則、訓令など既存の例規の種類ごとに、その旨を制定することが必要です。

■宮崎県条例の形式の左横書きの実施に関する条例
（平成20年条例第6号）

　（形式の変更）

第2条　既存条例の形式を次に定めるところにより左横書きに改正する。

　⑴　既存条例における右方はこの条例による改正後の既存条例（以下「改正後条例」という。）における上方とし、既存条例における上方は改正後条例における左方とする。

　⑵　改正後条例における文字（符号を含む。以下同じ。）の配置は、既存条例における文字の配置とする。

2　前項の規定は、既存条例において既に左横書きの形式をとっている表（別表を含む。以下同じ。）及び様式については、適用しない。

　（用字及び用語の整理）

第3条　既存条例中次の表の左欄に掲げるものは、それぞれ同表の右欄に掲げるものに改める。

　（表略）

2・3　（略）

　横書きの場合の読点には、「、」を用いる自治体が多いようですが、昭和27年の国の「公用文作成の要領」に準拠し、「,」を用いた自治体もあります。ただし、令和3年に同要領が見直され、新たに示された「公用文作成の考え方」（文化審議会建議）では「、」が原則とされています。これから横書きに改める場合は、悩まなくてもよいでしょう。

　なお、既存の規定中に語句を追加する場合、改め文の記述方法として、縦書きの場合は、

　第○条第○項中「A」の下に「B」を加える。

と記述します。

横書きの場合は「下に」に代えて「次に」と記述するのが一般的ですが、自治体によっては「右に」と記述する例があります（京都市など）。

▶▶ その他のローカルルール

法令の用語は、文部省告示に従って常用漢字が使用されていますが、いくつかの例外も存在します。

「附則」を「付則」と記述する自治体は少なくありません。また、法令用語である「及び」「又は」を平仮名で記述する自治体もあります。

このほかにも、様式の記載方法（「様式第○号」か「第○号様式」か）など、規定形式について各自治体で蓄積されたルールもさまざまです。

自治体内で統一のルールで運用されればよいわけですから、当然のことながら、これらの自治体の用例が誤りであるわけではありません。

▶▶ 今後の動向は？

それぞれの自治体まで足を伸ばさなければ、例規集として編纂された書籍の内容を確認できなかった過去とは違い、インターネットで各自治体の例規を比較できる現状にあっては、慣例に基づく理由のないローカルルールは、減少させていくことが望ましいでしょう。

一方で、次節でご説明する「新旧対照表」方式の例規改正のように、新しいローカルルールも生まれてきています。法制執務の現場にも、創意と工夫が必要となってきている現状には、留意する必要があります。

▶▶ 「新旧対照表」方式の例規改正

　例規の改正方法は、法令の例に準じていますので、改正を行う場合
は、「改め文」方式によるのが一般的です。

　しかしながら、技術的な法制執務の合理化や、住民や議員にわかりや
すい改正方式の採用を目的として、最近では、「新旧対照表」方式の例
規改正を採用する自治体が多くなってきています（都道府県では、岩手
県、栃木県、新潟県、福井県、静岡県、三重県、大阪府、和歌山県、鳥
取県、広島県、香川県、愛媛県、佐賀県、長崎県、宮崎県など）。

**■鳥取県立社会福祉施設の設置及び管理に関する条例の一部を改
正する条例**（平成24年条例第47号）

　鳥取県立社会福祉施設の設置及び管理に関する条例（昭和39年鳥取
県条例第11号）の一部を次のように改正する。

　次の表の改正前の欄に掲げる規定を同表の改正後の欄に掲げる規定
に、下線で示すように改正する。

改正後	改正前
（障害児入所施設及び児童発達支援センターにおける使用料等の徴収） 第7条　障害者自立支援法（平成17年法律第123号）第5条第7項に規定する生活介護に係る鳥取県立総合療育センター（以下「総合療育センター」とい	（障害児入所施設及び児童発達支援センターにおける使用料等の徴収） 第7条　障害者自立支援法（平成17年法律第123号）第5条第8項に規定する短期入所（次条において「短期入所」という。）に係る鳥取県立皆成学園

163

う。）の利用並びに同条第8項に規定する短期入所（次条において「短期入所」という。）に係る鳥取県立皆成学園（以下「皆成学園」という。）及び総合療育センターの利用については、1月につき、同法第29条第3項第1号に掲げる額の使用料を徴収する。	（以下「皆成学園」という。）及び鳥取県立総合療育センター（以下「総合療育センター」という。）の利用については、1月につき、同法第29条第3項第1号に掲げる額の使用料を徴収する。
2～8　略	2～8　略

　　　附　則
　この条例は、公布の日から施行する。

　上記の「新旧対照表」方式を「改め文」方式で記述すると、以下のようになります。

　鳥取県立社会福祉施設の設置及び管理に関する条例（昭和39年鳥取県条例第11号）の一部を次のように改正する。
　第7条第1項中「第5条第8項」を「第5条第7項に規定する生活介護に係る鳥取県立総合療育センター（以下「総合療育センター」という。）の利用並びに同条第8項」に、「鳥取県立総合療育センター（以下「総合療育センター」という。）」を「総合療育センター」に改める。
　　　附　則
　この条例は、公布の日から施行する。

▶▶ 「新旧対照表」方式の問題点

　改正内容のわかりやすさに主眼を置いた「新旧対照表」方式には、いくつか問題もあります。
　まず、懸念されるのが文章の分量の増大です。例規の公布に公報を発行している自治体では掲載分量の増大に比例してコストの上昇が見込ま

れますが、「新旧対照表」方式を導入済みの自治体では、掲載分量につ
いて制限の緩やかなインターネットのサイトを活用している例がありま
す。

　2点目として、導入されて間もないことから事例が蓄積されておら
ず、法制執務のルールが確立されているといい切れない点です。導入済
みの自治体ごとにルールが異なるのが現状であり、なお試行錯誤を要し
ます。

　先に事例としてご紹介した鳥取県でも、全国に先駆けての導入（平成
12年7月）以降、事例の蓄積を重ねて当初とは記述の方法が変わって
います。

　3点目として、日常の法制執務で「改め文」方式に触れる機会が減少
することにより、法令の改正内容を読み込む能力の低下が懸念される点
です。

　例えば、特定の改正事項について施行日が異なるような場合、附則で
複雑な書きぶりが行われることがあります。

■地方税法の一部を改正する法律（平成23年法律第30号）

　　　　附　　則

　（施行期日）

第1条　この法律は、公布の日から施行する。ただし、附則に16条を
　　加える改正規定（附則第45条に係る部分に限る。）は、平成24年1
　　月1日から施行する。

　一部改正法である上記の例で、本則中には、次のように記述されてい
ます。

　　附則に次の16条を加える。

　第42条　・・・

　第43条　・・・

　　　（第44条から第55条まで略）

第 56 条　・・・
第 57 条　・・・

　上記で追加された附則 42 条から 57 条までのうち、附則 45 条に関する部分だけ平成 24 年 1 月 1 日から施行されることを読みとることは、「改め文」方式の例規改正に慣れていないと、ちょっと困惑するのではないでしょうか。

　上記の例は、比較的簡単なものですが、何行にもわたる複雑な書きぶりが行われることは、法令で稀ではありません。

　「新旧対照表」方式の導入にあたっては、これらのメリット・デメリットを理解した上で検討することが必要です。

▶▶ 府省令における「新旧対照表」方式

　このような自治体の動向の一方で、国では、府省令を対象として、平成 28 年から「新旧対照表」方式の例規改正が実施されています。

　現在のところ、採用が府省令にとどまっているのは、府省令は内閣法制局の審査の対象とならないことから、各府省に裁量があることによるものでしょう。

① 「新旧対照表」方式の形式

　国における「新旧対照表」方式は、府省それぞれの形式があり統一されていませんが、主流である形式は、以下のように、自治体の例より少々複雑です。

・条文中の改正箇所を明示するための傍線「＿＿＿」のほか、二重傍線「＿＿＿」を用いる場合がある（条等を移動する場合や、条等の全部改正をする場合に、改正前後の条名等に二重傍線が引かれる）

・表の一部や目次の改正において、改正範囲を図として捉える場合は、該当箇所を破線で囲う。

・上記の傍線や二重傍線、破線の適用等に関する説明を含む改正規定を新旧対照表の前に置く（厚生労働省令では、このような改正規定は置かれない）。

②府省令と基準条例

　現在の自治体における法運用では、各種の規制等の基準に関し、府省令で示された内容（「参酌すべき基準」「標準」「従うべき基準」）に基づいて条例でその旨を定めなければいけないものが少なくありません（保育所の保育士数など）。「改め文」方式を採用している自治体では、「新旧対照表」方式の府省令から「改め文」を作成する場面も見られます。

　なお、前述のとおり、府省令は内閣法制局の審査対象ではないこともあり、内容の精緻さでは法律や政令に一歩譲ります。基準条例のもととなる府省令の内容に誤りがあることもあるので注意が必要です。

▶▶ 新旧対照表の書式

　法案を国会に提出する際の添付資料として作成された新旧対照表でも、府省によって多少の違いが見られます。

　改正箇所には傍線（横書きの場合は下線）を引き、条・項・号の追加・削除については改正前後で条文の有無が確認できるようにする点ではどこも同じですが、その際、追加・削除に対応する条文の不存在部分に「（追加）」「（削除）」と記述するかどうかといった違いがあります。

　自治体の横書きのものにあっては、表の左右を「新・旧」と並べるか「旧・新」と並べるか、また、それらの標題を「新・旧」とするか「改正案・現行」とするか「改正後・改正前」とするかなど、さまざまな形式が見られます。そのほか、下線の引き方など細かい部分での違いも少なくありません。

　「新旧対照表」方式で例規改正を行おうとする場合は、自治体内におけるこれらのルールの統一が必要です。

5|10 ◎…例規の過誤

▶▶ 過誤は修正できるか

あってほしくはないことですが、すでに制定された例規に過誤があった場合は、どのように対応したらよいでしょうか。

例規の過誤の修正は、原則として、改正によってしか行うことができません。

改正をいつ行うかは、その過誤により発生する支障の軽重等を考慮して判断することになります。過誤の内容が明らかに運用や適用に支障をきたす場合は、直ちに対処を検討すべきであり、できれば施行前に対処したいところです。

なお、条例の改正は条例でしかできませんし、規則の改正は規則でしかできません。条例の改正が難しいからといって、条例上の過誤を規則で「読み替える」ような規定は論外です。

後述のように、法令の過誤は、官報正誤が利用される例もありますが、過誤の軽重を踏まえると、常に望ましい手法とはいえません。

▶▶ 「遡及適用」は必要か

過誤を改正によって修正しようとする場合、過誤の発生時点から改正の効力を発生させるべく「遡及適用」を行う必要はあるのでしょうか。

そもそも遡及適用は、法の改正時点ですでに発生・成立している状態を対象として、それへの法の運用や適用を将来に向けて行おうとするものです。

遡及適用は、法的安定性の面からみだりに行うべきものでなく、例外

的にこれが認められるのも、それが対象となるものへの利益になる場合に限られます。

　また、遡及適用は、適法状態ではなかった改正前の状態に時点に遡って瑕疵を治癒するものではなく、また、過誤を修正することに関して法的な「お墨付き」を与えるものでもありません。

　したがって、そのような場合に遡及適用を行うことは意味がなく、また、適切でもないということができます。

▶▶ 「みなし規定」は可能か

　それでは、過誤を改正しようとする例規に、「この条例（規則）の施行前に行われた行為は、この条例（規則）の相当規定によって行われた行為とみなす。」という「みなし規定」を置くことは可能でしょうか。

　そのような取扱いも、やはり適当とはいえません。

　遡及適用と同様に、みなし規定も、将来に向かって効力を発生することに変わりはないからです。

▶▶ 法律に見る過誤の例

　法律を見ると、単なる条項ずれ等の場合は、変更解釈を行うことによりその運用や適用に支障が生じないものと解されてか、放置されていることがあります。

　近年では、法291条の5第1項中に引用された法291条の6第7項の条項ずれに関する改正漏れが、条項の移動（7項→8項）から14年を経て改められた例がありました（平成23年法律第35号）。

　国の法改正の作業では、改正目的のための必要な箇所のみ改正を行い、それ以外の改正は行わない慣行があります。上記の例でも、他の改正目的により当該条項に改正が及ぶまで、修正されず放置されていたものでしょう。

　ただし、自治体での取扱いについて、国の慣行と同様にしなければならないわけではありません。明白な誤りについては、改正の機会がある

際に修正を行う判断も可能です。

　一方で、法律には、過誤を修正しなかった（できなかった）例もあります。平成25年3月29日に可決・成立した「所得税法等の一部を改正する法律（平成25年法律第5号）」では、いわゆる「バリアフリー改修に係る投資減税」について、改修工事限度額に関する経過措置の規定漏れが発生しました。

　しかしながら、法律がすでに公布されている以上、現行の条文を前提に経済取引の判断がなされている可能性があること、また、現行の条文により、当初想定していた措置より納税者が不利になるものではないことなどが勘案され、過誤の修正は行われず、条文どおりの内容で実施されることとなりました。これにより、すでに各種資料やウェブサイト等で対外的にアナウンスしていた内容を執行することができず、国税が見込みより減収する事態に至ったということです。

　なお、官報を見ていると、改正によらず、その過誤を正誤表によって修正する例を見つけることができます。

　以下は、法律制定後に40か所もの誤りが問題となった年金法の改正について、改めて法律で改正することをせず、官報正誤で対応したことに関し、国会の質問主意書で行われたやりとりからの抜粋です。

【質問】（第160回国会（参議院）質問第13号）抜粋
　政府は、国民年金法等の一部を改正する法律（平成16年6月11日法律第104号）の条文の過誤を、平成16年7月27日付け官報第3900号に正誤表を掲載することによって訂正したとしている。
　しかし、憲法第41条は、国会は「国の唯一の立法機関」であると規定しており、国会が議決した法律を政府限りで訂正し得るとする政府の見解は憲法上大きな疑義がある。
【回答】（第160回国会（参議院）答弁第13号）抜粋
　今回の国民年金法等の一部を改正する法律において訂正を要した箇所は、例えば条項の移動を正しく反映させていないことなどにより、実質的な法規範の内容と法文の表記との間に形式的な齟齬が生じていることが客観的に明らかであり、当該齟齬が生じたままでは実質的な法規範の

> 内容が正確に表現されていないため、官報正誤により訂正したものである。

上記の回答のうち、「条項の移動を正しく反映させていないことなどにより、実質的な法規範の内容と法文の表記との間に形式的な齟齬が生じていることが客観的に明らか」という判断基準は、前述の過誤の放置にも当てはまるものでしょう。

上記の例で官報正誤の手法が選択された理由は明らかではありませんが、過誤の軽重を踏まえた上で、その分量からいち早く対外的な法的安定性を求めた判断ということでしょうか。

法律の起草者の意図が条文からは読み取れないと、裁判所が判断した事例もあります。「こう書いたつもり」は、通用しません。

昭和28年（1953年）公開の映画が平成15年（2003年）12月31日に著作権の期限を迎えることを踏まえ、保護期間を50年から70年に延長する法改正が行われました。ところが、施行日が「平成16年（2004年）1月1日」であったことから、その解釈について、格安DVDを販売する会社と争いとなった事案があります。

裁判所は、改正法の適用関係について、国会における立法段階では具体的な審議がされていないとした上で、上記の延長に関し「立法者意思」を認めることはできないと判断しました（東京地判平成18年7月11日）。

▶▶ 過誤は発生させない

結論として、当たり前ですが、過誤は、発生させないことが一番です。過誤を発生させないためには、担当者一人の目ではなく、何人かのクロスチェックが有効です。

不思議なもので、不安で何度も読み返したところにはミスは少なく、意外なところにチェック漏れがあったりするものです。

「簡単なものほど難しい」と心に留めて、単純なミスは、発生させないようにしましょう。

第 6 章

議会対応のポイント

6│1 ◎…議会対応の勘どころ

▶▶ 執行機関としての窓口

　多くの自治体で法規担当部門は、議会に対し、長など執行機関の窓口としての役割を務めます。その職務は、議会の招集に関する事務のほか、議案の準備、各種資料の提出などです。ほかにも、直接の対応ではありませんが、一般質問への答弁内容について原課から相談を受けたり、議事進行に関する解釈について議会事務局から意見を求められることがあります。

　なお、自治体によっては、財政部門が窓口としての役割を担う例もありますが、これは、議案の主な審議内容である条例案と予算案の準備に関するスケジュール調整上の慣例的なものでしょう。

▶▶ 議会の招集

　自治体の議会は、長により招集されます（法101条）。招集は告示によって行われ、その時期は「開会の日前、都道府県及び市にあつては7日、町村にあつては3日」とされています（緊急を要する場合を除く）。

千葉県告示第438号
　令和5年12月定例県議会を令和5年11月22日午前10時県議会議事堂に招集する。
　令和5年11月15日

　　　　　　　　　　　　　　　　　　千葉県知事 熊 谷 俊 人

議会の定例会は、一般に、３月・６月・９月・12月に開催されます（自治体によっては、時期が若干ずれることがあります）。定例会の開会時期に応じ、告示時期はあらかじめ想定できますから、議会事務局と調整の上で告示に関する起案を準備しましょう。

　自治体によっては、定例会・臨時会に代えて「通年議会」を設定している場合があります。これは、自治体が条例で定めるところにより、毎年、条例で定める日から翌年の当該日の前日までを会期とするものです（法102条の２第１項）。「通年議会」が設定されている場合、招集に関する告示は、必要ありません（同条２項）。

▶▶ 議案の準備

　議案の準備は、議会の日程を念頭に置いて進めていくことになります。

　議案を冊子形式に印刷製本する自治体もありますが、それほど規模が大きくない自治体では、簡易印刷機やコピー機を使用して対処しています。

　近年では、議員に支給したタブレット型PCで議案を配付する自治体も増えてきました。電子データでの管理であれば、議案準備の締切りに若干余裕を持つことができます。

　議決の対象となる事項には、さまざまな種類があります。これについては分量がありますので、次節でご説明します。

　なお、議案番号の付番は、一般的には、暦年ごと１月以降の議会について順に振られますが、自治体ごとの慣例によります。また、議決の対象となる種類ごとの議案の並べ方も、それぞれの自治体の慣例によるところです。これらについては、ご自身の自治体の取扱いを確認してください。

▶▶ 議会への報告事項

　法令に定めるところにより、長から議会に報告しなければいけない事

項があります。

　6月定例会では、予算に関し、前年度からの継続費、繰越明許費、事故繰越しについて報告することが必要です（法施行令145条1項・146条2項・150条3項）。

　決算の認定を求める9月定例会（法233条3項）では、継続費の清算や健全化判断比率・資本不足比率について報告することが必要です（法233条5項、地方公共団体の財政の健全化に関する法律3条1項）。

　また、自治体が設立した公社や、2分の1以上の出資を行っている法人等について、長は、事業年度ごとに事業計画に関する書類や決算に関する書類を議会に提出しなければいけません。これらは、対象となる団体の決算時期に応じて提出されることになります。

▶▶ 答弁準備と議事進行

　一般質問の答弁準備で、原課から法的な助言が求められた際は、一緒に関係法令を読み解きながら方向性を探っていきましょう。

　議事進行については、地方自治法や標準会議規則の逐条解説を確認すると、疑問解消の糸口になります。逐条解説に説明がなかったり不足したりする事柄でしたら、実務に詳しい野村稔著『議員・職員のための議会運営の実際（全24巻）』（自治日報社）を確認してみましょう。

　そのほか議事運営上の細かな取扱いは、先例によるのが一般的ですので、先例集や過去の議事録を確認した上で対処を検討することになります。最近は、議事録がデータベース化されていますので、確認の手間は、ある程度軽減されています。

6|2 ◎…議決と法規担当

▶▶ 議決とは

「議決」とは、表決の結果得られた、議会の意思決定のことをいいます。表決とは、個々の議員の案件に対する賛否の意思表明です。

議決の対象としては、法令に根拠があるもののほか、議長の不信任議決や辞職勧告決議などのように法的根拠を有しないものもあります。

議決の対象には、議員からの提案によるものもありますが、ここでは、法規担当に関わりが深いものとして、長が提案する主なものについてご説明します。

▶▶ 議決の対象

議会で議決の対象となる主なものとしては、以下が挙げられます。

①条例の制定改廃

条例の制定改廃には、議決が必要です（法96条1項1号）。

条例には、法令からの要請に基づいて定められるもののほか、自治体で独自に策定されるものも少なくありません。

②予算・決算

予算を定めることと、決算を認定することについては、議決を要します（法96条1項2号・3号）。

予算には、一般会計のほか、国民健康保険や介護保険などに関する特別会計があります。また、個別の予算については、年度末議会で審議される翌年度の当初予算のほか、必要に応じて提案される補正予算があります。

決算は、監査委員による審査の後、次の通常予算を審議する議会までに議会の認定が必要ですので（法233条3項）、一般には、9月定例会で提案されます。

③契約の締結

政令で定める基準に従い条例で定める一定額以上の契約については、議決が必要です（法96条1項5号）。

④財産の取得・処分

その種類・金額について政令で定める基準に従い、条例で定める財産の取得・処分については、議決が必要です（法96条1項8号）。

⑤訴えの提起、和解など

訴えの提起や和解、損害賠償の額を定めるに際しては、議決が必要です（法96条1項12号・13号）。

なお、議決は自治体からの提訴について必要であって、訴えられた場合の応訴には、必要とされません。ただし、応訴において敗訴した場合で、上訴しようとするときは、議決が必要です。

⑥指定管理者の指定

指定管理者の指定をするときは、議決が必要です（法244条の2第6項）。

⑦字の区域や名称の変更

字の区域や名称の変更には、議決が必要です（法260条1項）。

⑧道路の認定・廃止・変更

都道府県道又は市町村道としての道路の認定・廃止・変更を行う際は、議決が必要です（道路法7条2項・8条2項・10条3項）。

⑨人事案件

副市長や監査委員、教育長、教育委員、固定資産評価員などの人事については、議決が必要です（法162条・196条1項、地方教育行政の組織及び運営に関する法律4条1項・2項、地方税法404条2項）。

人権擁護委員については、法務大臣による委嘱のために長が候補者として推薦するにあたり、議会の意見を求めることが必要です（人権擁護委員法6条3項）。

議決の対象は、ここに挙げたもの以外にもあります。その多くは、法

96条に定められていますので、同条には眼を通しておいてください。

▶▶ 議決の内容と効果

　議決は、出席議員の過半数によることを原則としていますが、特に重要な案件については、過半数よりも多い割合（3分の2以上など）による特別多数議決が定められています。

　特別多数議決の対象には、自治体の事務所の位置を定める条例の制定改廃（法4条3項）や、長の一般的拒否権に基づく再議における議決（法176条3項）などがあります。

　議決の種類は、対象となる事項によりさまざまであり、長の提案に対する主なものとしては、「可決」「否決」「修正」のほか、「同意（人権擁護委員に関する人事案件について）」「認定（決算について）」「承認（専決処分について）」などがあります。

　議決の対象であるにも関わらず、議決を経ないで行った行為は、原則として無効となります。議会で議決を経るべき契約を、議決を経ないで長が締結した場合や、議会の議決を経ることなく重要な財産を長が取得したり処分したりする場合などが、これに該当します。

　条例や予算に関する議決があったときは、議長は、3日以内にこれを長に送付しなければいけません（法16条1項・219条1項）。

　また、議長は、会議録の写しを添えて会議の結果を長に報告しなければいけないものとされています（法123条4項）。

▶▶ 議決後の仕事

　議長から議決に関する送付や報告を受けるのは、議会に対する執行機関の窓口としての法規担当の役割です。

　可決された条例案は、早々に公布の準備を進める必要があります。長は、条例の送付を受けた場合は、その日から20日以内にこれを公布しなければならないものと定められているからです（法16条2項）。なお、議会で修正可決された条例案は、公布に際し、修正の内容を原案に

反映させる必要があります。

　訴えの提起、和解などへの対処についても、法規担当が担当する仕事です。議決を経たら、やはり早々に準備を進める必要があります。顧問弁護士に相談している場合は、連携を密にして適切に対処しなければいけません。

　また、都道府県道又は市町村道としての道路の認定・廃止・変更については、その旨の公示を行う必要があります（道路法9条・10条3項）。議決後は、関係部局と準備を進めましょう。

　そのほかにも、各部署における適切な事務執行のためには、必要に応じて、議決情報を庁内に提供する必要があります。

6|3 ◎…議案と議会

▶▶ 議会との関係

　条例案等の議案は、議会の議決を必要とします。一般的には、定例会の初日に提案し、委員会審査を経て、最終日に採決となります。多くの場合は可決されますが、そうではないことも、予期せぬ展開も起こりえます。議会との関係にはどのようなものがあるか、最低限知っておくと、議案の取扱いの計算が立てやすくなります。

▶▶ 先議

　議案の採決は、一般に定例会の最終日ですが、議案を初日に提案した後、直ちに討論・採決するような議事進行も可能です。これが「先議」といわれるものです。

　この活用を図るものとしては、工事請負契約で、工期の関係から一日でも早く着工する必要がある場合や、条例で、施行すべき日付の関係から最終日の議決では間に合わない場合などが挙げられます。例えば、給与の減額改定において期末勤勉手当で支給額を調整する場合には、期末勤勉手当の基準日である 12 月 1 日前に条例を施行しなければなりません。ここで、定例会の会期が 11 月下旬から始まるような日程においては、先議になれば、日付の問題をクリアすることができます（なお、可決後は、議決された条例の送付、条例の公布といった手続を忘れないようにしましょう）。

　先議とするかどうかは、議会側が決めることですので、事前に議会側と調整が必要です。また、先議の場合は、委員会付託を省略せざるを得

ない場合もありますので、案件の説明の点でも、配慮が必要でしょう。

▶▶ 追加提案

　議案の提案は、一般に定例会の初日ですが、会期の途中・最終日においても可能です。そのように後日に提案するのが「追加提案」です。

　その活用が検討されるのは、条例案の根拠となる法令が、定例会の開会の時点では未公布であるような場合です。例えば、定例会の開会は2月下旬であるのに、法令の公布は3月上旬が見込まれているような場合には、条例案を出したくても出せないので、追加提案を検討することになります（この例は、根拠となる法令自体が未公布の場合です。法令は公布済みで、施行日を定める政令が未公布の場合には、条例案の施行期日を「○○法の施行の日」のように文言で記述することで提案は可能です）。

　なお、事前に議会側と調整が必要であることは、先議の場合と同様です。

▶▶ 再議

　「再議」とは、長が議会の議決等に異議がある場合において、再度の審議や議決等を求める制度です（法176条）。

　議会による修正案や議員提案による条例案が可決された場合に対して、長は、理由を付して再議に付することができます。そうそう機会があるものではありませんが、制度としては知っておきましょう。

　法176条に定める再議の対象のうち主なものは、条例の制定改廃や予算に関する議決について異議があるときに行うことができるとされる「一般的拒否権」に基づくものです。この場合、再議に付された議決が確定するためには、出席議員の3分の2以上の多数による議決が必要になります。ただし、議決が否決であった場合は、再議の対象にはならないとされています（行政実例昭和25年6月8日地自行発第93号・昭和26年10月12日地自行発第319号）。

6|4 ◎…専決処分の取扱い

▶▶ 専決処分とは

「専決処分」とは、本来であれば議会の議決に付すべき事項を長が代わって処分することをいいます。専決処分の根拠は、地方自治法にあり、その種類は、2つあります。

法179条に基づく専決は、議会と長との関係を調整する方法であり、「長において議会の議決すべき事件について特に緊急を要するため議会を招集する時間的余裕がないことが明らかであると認めるとき」などが要件です。

一方、法180条に基づく専決は、自治体の運営に関する効率性を目的としたもので、「軽易な事項で、その議決により特に指定したもの」が対象となります。その取扱いについては、自治体ごとに違いがあります。千葉市の例を見てみましょう。

■ （千葉市）専決事項の指定について （平成4年3月18日議決）

地方自治法（昭和22年法律第67号）第180条第1項の規定により、次の事項については、これを市長において専決処分することができるものとする。

1　法律上本市の義務に属する損害賠償の額の決定で、当該決定に係る金額が500万円（交通事故に係るものにあっては、自動車損害賠償保障法（昭和30年法律第97号）による保険金額の最高限度額に相当する額）以下のもの

2　訴訟物の価額が500万円以下の訴えの提起及び目的物の価額が500万円（交通事故に係るものにあっては、自動車損害賠償保障法による

保険金額の最高限度額に相当する額）以下の和解、調停

3　市営住宅の家賃の支払又は明渡しに係る訴えの提起、和解、調停

4　町又は字の区域の新設、廃止又は変更、町又は字の名称の変更、住居表示の実施等に伴う公の施設、事務所等の位置又は所管区域の表示の変更に係る条例の改正

自治体に責任のある事故等が起きた際、上記の専決事項のうち1、2を活用すれば、議会の議決を待たずとも被害者の方へ早期に対応することができます。専決事項3も、事案への機動的な対応を可能とするものです。

専決事項の指定では、次のような例も見られます。

■　（八潮市）市長の専決処分事項の指定について

（昭和57年6月14日議決第53号）

地方自治法（昭和22年法律第67号）第180条第1項の規定により、市長において専決処分することができる事項を次のとおり指定する。

(1)〜(3)　（略）

(4)　法令により当然必要とする条例（法令による条項等の移動の引用条文の改正及び用語の改正に関する条例に限る。）を改正すること。

(5)　（略）

先の専決事項4と同旨で、議会として審議を尽くす余地のない条例改正に関し、専決事項として指定しているものです。

なお、法180条の専決処分事項を指定する議案の提案権は、議員に専属し、長にはないものとされています。

▶▶ 専決処分後の取扱い

長が法179条に基づく専決処分を行ったときは、次の議会でその内容を議会に報告し、承認を求める必要があります。

承認を求める議案のうち、条例の制定改廃や予算に関する処置につい

て否決されたときは、長は、速やかに必要と認める措置を講ずるとともに、その旨を議会に報告しなければいけません。

　一方、長が行った専決処分が法 180 条に基づくものであるときは、その旨を議会に報告しなければいけませんが、法 179 条に基づく専決処分の場合と異なり、議会の承認を求める必要はありません。

　この 2 つの専決処分は、その性格と要件が異なり、処分後の取扱いも違うことから、なかなかややこしいですが、次のような語呂合わせで暗記することができます。

　　・議会がイナク（179）て、専決処分
　　・軽易でイーヤ（180）と、専決処分

▶▶ 専決処分と法規担当

　法 179 条に基づく専決処分に関しては、議会の承認を得るため、議案の準備が必要です。

　一方、法 180 条に基づく専決処分は、議決を要しない「報告」であるので、議案にはなりません。議案となる案件と併せて印刷製本を行う自治体もありますが、議案とは別に書面の形式で提出する例もあり、自治体によって取扱いが異なります。

　前述のとおり、損害賠償に際しては、その金額によって、法 180 条に基づく専決の可否が分かれます。事例に挙げた千葉市では 500 万円が基準額ですが、その金額は、100 万円とする自治体が多いようです。

　法規担当が和解や示談についての相談を原課から受けたときは、専決の可否を念頭に、対象となる金額に留意しながら、対応について検討する必要があります。

5 ◎…議案の修正

▶▶ 議案の修正とは

　議案の修正とは、議会に提出された議案の審議・審査の過程で、その一部又は全部について、議会としてその内容に賛成できない場合に原案を改めることをいいます。

　修正については、「修正案」という形で審議の対象となり、その提出要件は、法115条の3に定められています。

　なお、修正は原案に付随するものであるので、修正権の行使にあたっては、本案の目的の範囲内で同一性を維持しなければいけない、という限界があります。その範囲を超えようとするときは、議案を否決するか、対案を提出するべきとされています。

　修正案そのものに対しては、執行部側は何も行えませんが、その内容が可決された場合は、再議の可否について検討することになります。

▶▶ 新規条例の案に対する修正

　議案の修正は、議会の権能ですが、条例案の修正については、法制執務の技術的な事項について、議会事務局から法規担当に助言が求められることがあります。

　条例の修正自体は、「既存の条例の改正」に準じた手法が採られます。

　ただし、修正は、議決に至るまでの一過性のものであり、施行や適用に関する概念がないため、施行期日や経過措置などの規定は存在しません。したがって、修正案には、条例の改正案とは異なって「附則」が存

在せず、「本則」に該当する修正に関する規定だけで構成されることになります。

　新規条例の案に対する修正であれば、その形式は、通常の改め文とそれほど変わりがありません。法律の例は、以下のとおりです。

■【第179回国会】東日本大震災からの復興のための施策を実施するために必要な財源の確保に関する特別措置法案に対する修正案（抜粋）

（前略）

　東日本大震災からの復興のための施策を実施するために必要な財源の確保に関する特別措置法案の一部を次のように修正する。

　第1条中「、復興特別法人税及び復興特別たばこ税」を「及び復興特別法人税」に改める。

　第2条中「第91条」を「第70条」に、「第93条第1項」を「第72条第1項」に改める。

　第9条第1項中「平成34年」を「平成49年」に改め、同条第2項中「平成34年12月31日」を「平成49年12月31日」に改める。

（中略）

　附則第1条第1号を次のように改める。

（1）　削除

　附則第1条第4号中「附則第13条及び第14条（附則第13条」を「附則第14条及び第16条（附則第14条」に改め、同号を同条第5号とし、同条第3号の次に次の1号を加える。

（4）　附則第11条の規定　国民年金法等の一部を改正する法律等の一部を改正する法律（平成23年法律第　　　号）の施行の日

　附則第3条及び第4条を次のように改める。

　第3条及び第4条　削除

（後略）

　新規条例の案に対する修正に比べ、一部改正条例の案に対する修正は「改め文の改め文」を書く必要があるので、いささか注意を要します。

　そもそも、一部改正条例は、従来の条文中の語句の手直しや規定の追加・削除をする構成であるわけですが、その案の修正案となると、それら「改正規定」の内容を対象として、語句の手直しや規定の追加・削除をすることになるわけです。法律の例は、以下のとおりです。

■【第171回国会】土壌汚染対策法の一部を改正する法律案に対する修正案（抜粋）

　土壌汚染対策法の一部を改正する法律案の一部を次のように修正する。

　第5条の見出しの改正規定中「措置実施区域」を「要措置区域」に改める。

　第5条第4項の改正規定中「措置実施区域」を「要措置区域」に改め、同条を第6条とし、第3章中同条の前に節名を付する改正規定中「第1節　措置実施区域」を「第1節　要措置区域」に改める。

　（中略）

　第35条を第60条とし、同条の次に1条を加える改正規定のうち第61条の見出し中「提供」を「提供等」に改め、同条に次の1項を加える。

2　都道府県知事は、公園等の公共施設若しくは学校、卸売市場等の公益的施設又はこれらに準ずる施設を設置しようとする者に対し、当該施設を設置しようとする土地が第4条第2項の環境省令で定める基準に該当するか否かを把握させるよう努めるものとする。

　（中略）

　附則第1条中「公布の日から起算して1年を超えない範囲内」を「平成22年4月1日までの間」に改める。

　附則第4条、第5条及び第8条（見出しを含む。）中「形質変更届出区域」を「形質変更時要届出区域」に改める。

　附則第9条中「措置実施区域等」を「要措置区域等」に改める。

修正案の作成については、参考書にもあまり記述がないのが現状です。国の法律の例を参考にするのであれば、衆議院のホームページに掲載されている議案一覧のうち、法案の修正案の実例が参考になります。

（https://www.shugiin.go.jp/internet/itdb_gian.nsf/html/gian/menu.htm）

ただ、このように複雑な技術的手法について、どこまで厳密に対処するかは難しいところです。法案の修正でも、衆議院方式と参議院方式があるというくらいです。

審議の対象となる修正内容が明らかであれば、改め文方式に代えて新旧対照表方式を採用するなどの検討を行ってもよいと思います。

▶▶ 施行日の修正

条例案の修正は、その内容に異議があって行われるのが一般的ですが、継続審議により当初に規定された施行日を過ぎてしまった場合に、施行日の変更を行うために修正が行われることがあります。

法案ですと、第159回国会で平成16年2月10日に提出された「児童福祉法の一部を改正する法律案」の例があります。同法案は、平成16年10月1日施行の予定でしたが、閉会中審査となり、実際に審議入りしたときには、11月になっていました。

このまま可決しても、施行日が前後してしまうことから、施行日を平成17年1月1日とする修正案が提出されました（第161回国会・衆議院厚生労働委員会）。

その後、同法案は、衆参両院で可決され、平成16年12月3日に公布されています（平成16年法律第153号）。

6／6 ◎…議案の訂正・撤回

▶▶ 議案送付後の取扱い

あまり起こってはほしくないことですが、議案を議会事務局に送付した後で、その内容に誤りを発見することがあります。

議案の作成においては、細心の注意を払い、念入りに確認をした上でのことなので、少なからず慌てるかと思いますが、大切なのは事後の適切な対処です。落ち着いて対応しましょう。

このような場合には、何らかの訂正が必要になりますが、議案の上程前と上程後とでは取扱いが異なります。対応には、議会事務局との連携が必要です。

▶▶ 議案の訂正

議案を正規の手続によって議会に提出した後、提出者がその内容などに誤りがあることに気づき、その誤りを正すために議案の内容を訂正しようとするときは、議会の承認（許可）を受けなければいけません。ご自身の自治体の会議規則の内容を確認してみてください。

> ■**標準市議会会議規則**
>
> （事件の撤回又は訂正及び動議の撤回）
> 第19条　会議の議題となった事件を撤回し、又は訂正しようとするとき及び会議の議題となった動議を撤回しようとするときは、議会の承認を要する。
> 2・3　（略）

ただし、議案は、議会が招集される日より前に送付されていても、その正式な受理は、議長の開会宣言によります。したがって、招集日までの間に誤植があることに気づいた場合は、議会事務局と手直しの可否について調整の余地があります。印刷物等を適宜差し替えるほか、訂正部分にシールを貼って対処するなどの方法があります。

　また、開会後であっても、誤りの内容が印刷ミスや誤字・脱字のような軽微なものであるときは、その内容に関する正誤表を配付することにより、当初から誤りがなかったものとして取り扱われることも議会の慣行によってはあるようです。

　なお、「議案の訂正」と類似する用語に「議案の修正」があります。こちらは、議会に提出された議案を審議・審査の過程で、その一部又は全部について議会の意思で改めることをいいます。

▶▶ 議案の撤回

　議案の撤回とは、正規の手続によって提出された議案を取り下げ、当初から提出しなかったことと同様の状態にすることをいいます。条例案の内容に看過できない誤りがあったり、なお調整を要することが判明した場合や、議会で否決される見込みが高い場合などが考えられます。

　議案を撤回しようとするときは、訂正しようとする場合と同様に、議会の承認（許可）が必要です。提出者から議長に請求された後、議長は直ちにその旨を議会に諮ることになります。

6|7 ◎…議員提案の条例

▶▶ 議員提案の条例とは

　条例の提案権は、もとより、議会と長の双方にあります。地方議会においては、条例案のほとんどが長の提案によるものですが、議員定数の12分の1以上の賛成により議員による提案も可能です（法112条2項）。

　議員提案の条例は、おおまかに以下の3つに分類ができます。

①委員会条例や定数条例など、議会内部のルールを定める条例

②総合計画を議決対象とするような、長と議会との関係についてルールを定める条例

③住民生活に直接関係のある特定の行政分野について定める条例

　さらに、上記のうち③は、以下の2種類に分類することができます。

・理念的内容を中心とするもの（各種産業の振興条例など）

・規制的内容を含むもの（プレジャーボート規制条例、ピンクちらし規制条例など）

　上記①の条例に関しては、地方議会の自主性・自律性の向上のため、近年、地方自治法の改正に伴い、必要な条例を定める機会が増えました。また、②や③の条例についても、近年の議会活動の活性化から、今後おおいに活発になることが見込まれます。

　なお、議員は、予算に関する議案の提出ができないことから（法112条1項ただし書）、直接的・個別的に予算措置を伴う、各種の使用料や手数料の金額を定めることはできないものとされています。

▶▶ 議員提案条例の策定過程

　立法事実の確認を行った上で条例案の骨子を固め、これを条文化していく手順は、議員提案の場合でも長の提案による場合と違いはありません。住民生活に直接関係のある条例案の策定に際しては、その必要性や妥当性について特に十分な検討が求められます。

　議員提案の条例に多い理念的内容を中心とする条例であっても、長に具体的政策の実施を求めることになりますし、規制的な内容を含む条例であれば、その規制の対象を含め、関係者への十分な配慮が必要であるからです。

　なお、長の提案の条例案は、議会への提出前に一定の基準に従ってパブリックコメントを実施することが一般的になってきています。議員提案の条例案でも、パブリックコメントやその他の方法で住民からの意見を求める機会を設ける例が見られます。

▶▶ 誰が審査するか

　議員が条例案を作成するにあたっても、長の提案の場合と同様に、法制面の支援は欠かせません。議員自身が詳しい、あるいは詳しい仲間がいるといった場合を除けば、その支援は議会事務局の役割となります。国会における議員立法の場合は、法案の要綱（概略のことです）の作成や、条文化の作業は、衆参両議院に設置されている議院法制局の業務として行われています。

　とはいえ、小規模な自治体では、議会事務局に法制面の支援を行う専門スタッフがいないことが多いと思われます。そのような場合は、執行部の法規担当を使うのが近道ですが、議員側、執行部側とも、それをよしとするかは考え方があるでしょう。

　対応については、あらかじめ双方が話し合っておくことが求められますが、自治体によっては、執行部の法規担当が議会事務局の法規担当として併任を受け、公式に議員提案の支援を行う体制を整えている例もあ

ります。

　執行部の法規担当が審査することになった場合は、内容にどこまで立ち入るかが問題となります。基本的には、提案者の意向に立ち入らず、形式面の審査に徹することになることと思われます。

　ただ、積極的な意見具申は控えるにしても、法令への抵触が疑われる場合は、対応は相手の判断に委ねるにせよ、その指摘は行うべきでしょう。議員の意向によっては、積極的に意見を交わし、よりよい案を目指すことも考えられます。

▶▶ 議会審議と議決後の取扱い

　議員提案であっても、議長に提出された条例案は、長による提案の場合と同様に、その取扱いについて議会運営委員会に諮られ、審議日程が決められます。議会審議における提案理由の説明や質疑に対する答弁は、提案者である議員が行い、逐条解説や想定問答などの資料も、提案者である議員が準備することになります。

　条例が可決された場合は、その内容が議会から送付され、長が公布することになります。

　条例内容の具体的な執行は、長など各執行機関の役割ですので、条例施行規則が必要な場合は、その内容について検討を行わなければいけません。

　なお、制定された議員提案条例が住民生活に直接関係のある内容であれば、条例施行後の状況に関し、自治体の具体的な施策やその効果について、議会に説明できる準備を整えておくことが求められます。

6 | 8 ◎…住民提案の条例（直接請求）

▶▶ 条例に関する直接請求

　日本の自治制度は、間接民主制（代表民主制）を基本としていますが、住民自治の徹底を期するものとして、国には見られない直接民主的な仕組みが地方自治法には定められています（法2編5章）。

　そのうち、条例の制定改廃については、有権者（議会の議員及び長の選挙権を有する者）の50分の1以上の署名をもって長に請求するものとされています（法74条1項）。

　この請求があった場合、長は、直ちに請求の要旨を公表するとともに（同条2項）、20日以内に議会を招集し、意見を付けて付議しなければいけません（同条3項）。

　「住民提案の条例」ともいうべき条例の制定改廃に関する直接請求は、住民自治の伸展により、今後、活発化していくことも予想されます。

▶▶ 直接請求できる条例の内容

　条例の制定改廃に関する直接請求は、地方税の賦課徴収並びに分担金、使用料及び手数料の徴収に関して行うことはできません（法74条1項）。

　また、条例の制定を請求する場合において、その内容となるべき事項は、当該自治体の条例で規定し得るものでなければいけません。条例の改廃の請求の場合においては、対象となる条例が現に公布・施行されていることが必要とされています（行政実例昭和23年6月2日）。

直接請求の例として、合併や大規模施設の設置の可否に関する住民投票条例があることは、報道等で皆さんもご承知のことでしょう。ほかにも、国民健康保険「料」条例の改正については、地方税の賦課徴収に関するものではないため、直接請求がされることがあるようです。

▶▶ 直接請求による条例案の取扱い

　直接請求の場合は、基本的には、完成品である条例案を議会に提出することになるため、原課と相談しながら進めるといった意味での審査の余地はありません。

　ただ、前述のとおり、住民から出された条例案については、長は意見を付すこととなっていますので、この過程では、通常の審査と同様のチェックをすることもできます。

　その際、実効性や妥当性などの政策的な観点からの指摘をどの程度するかは難しい問題です。ただ、可決されればそのまま公布・施行されることを考えると、少なくとも、看過できない用字用語の誤りや、法令への抵触についての指摘はしておいた方がよいでしょう。

　具体的な意見書の例は、インターネットで「直接請求」「意見書」の語から検索すると、確認できます。事案により内容は異なりますが、直接請求に対処する際は、参考になります。

法規担当の仕事術

7 | 1 ◎…法律を理解する コツ

▶▶ 条文を読むにはコツがある

　いきなり法律の条文を読んでもなかなか内容が頭に入ってこないことがあります。ある程度の知識を持たず、またコツを知らずに条文を読むことは、地図を持たずに森に飛び込むようなものであるからです。

①法律の内容を念頭に置いて読む

　知識があまりない法律の条文を読むときは、「その法律が何を目的として定められたものか」に意識を向けてみてください。対象が住民なのか事業者なのか、規制行政に関するものか給付行政に関するものかを意識するだけでも、内容が頭に入ってきやすくなります。

　法律の新規制定や改正に関するものであれば、国の府省がその説明のために作成した解説図（「ポンチ絵」と呼ばれます）が参考になります。

　法律に目次が付されている場合は、目次の内容を確認しましょう。法律のおおよその内容を把握することができます。

②見出しをヒントにして読む

　法律の条文には、その内容を簡潔に表現した「見出し」が付されています（2－4「条文の構造」参照）。見出しから条文の内容を大まかに知ることができれば、本文を読む助けになります。

　なお、特定の内容の条文を法律の中から探そうとするときは、見出しを目で追うと、効率的に探し当てることができます。

③特別な用語を意識して読む

　法律の中で使用される特定の用語について、解釈上の疑義をなくすため、その意義を規定することがあります。これを「定義」といいます。また、長い表現の繰り返しを避け、条文を簡潔にするために「略称」を

規定し、法律の中で使用されることも少なくありません（4－4「定義規定・略称規定」参照）。

　対象を特定するための特別な名称や、日常では目にすることがない「指定○○」や「特定××」のような用語は、その意味について条文中に規定があるはずです。

　日常的に使われる「児童」の語も、法律によってその年齢の範囲が異なることがあります。用語の内容に気を付けないと、条文を読み誤ることがあります。

▶▶ 本文を分解する

　本文の文章が複雑に見えても、次のようにその構成を分解すれば、趣旨が読みやすくなります。

①主語・述語・目的語を確認する

　法律の条文は、主語・述語・目的語を明確にすることが心掛けられています。何行にもわたる長文であっても、「誰が」「何を」「どうするのか」を確認しながら文章を読んでみてください。

　資料に書き込みが可能であれば、ボールペンなどで、主語・述語・目的語に傍線を引いたりするなどの工夫をしてみましょう。

②カッコ書を飛ばして読む

　条文中にカッコ書がある場合は、カッコ書を飛ばして読んでみましょう。用語の意味や対象の例外など、補足的な説明を頭の片隅に置きながら理解を進めるのは、脳のキャパシティ上、限度があるからです。

　条文によっては、カッコ書の中に、さらにカッコ書があるものもあります。そのような場合、資料への書き込みが可能であれば、マーカーなどで、カッコごとの内容を確認しながら読み進めるのがよいです。

■地方税法（昭和25年法律第226号）

　（地方税優先の原則）

第14条　地方団体の徴収金は、納税者又は特別徴収義務者の総財産について、本節に別段の定がある場合を除き、すべての公課（滞納処分

の例により徴収することができる債権に限り、かつ、地方団体の徴収金並びに国税及びその滞納処分費（以下本章において「国税」という。）を除く。以下本章において同じ。）その他の債権に先だつて徴収する。

③法令用語を踏まえて読む

法律には、言い回しなどに細かなルールがあります。これは、条文の誤読を防ぎ、読み手を共通の理解に導く必要があるからです。

日常用語では「AND」の意味でほぼ同様に利用される「及び」「並びに」や、「OR」の意味でほぼ同様に利用される「又は」「若しくは」は、法令用語では厳密に使い分けがされています（「5－1　用字・用語」参照）。

これらの用語が含まれる文章は、併記の段階に応じ、ボールペンなどで、複数種類のカッコ書を条文に書き加えると、理解の助けになります。

■**地方自治法**（昭和22年法律第67号）

（予算の執行に関する長の調査権等）

第221条　普通地方公共団体の長は、予算の執行の適正を期するため、〔（委員会若しくは委員）又はこれらの管理に属する機関で権限を有するもの〕に対して、｛〔（収入及び支出）の実績若しくは見込み〕について報告を徴し、予算の執行状況を実地について調査し、又はその結果に基づいて必要な措置を講ずべきことを求める｝ことができる。

2・3　（略）

条文中に「ただし、」や「この場合において、」により複数の文節が存在する場合は、文節の間に「／」を書き込むなどの工夫もしてみましょう。

7 | 2 ◎…条項ずれは 恥ずかしい

▶▶ 条項ずれ

　行政は、法令に基づいて事務を執行します。具体的には、○○法第○条第○項の規定により申請してもらう、△△法第△条第△項の規定により許可する、といった具合です。

　ところが、法令の条項の番号は、制度の改正などにより、時々ずれることがあります。これを「条項ずれ」といいます。

　条項がずれたからといって、事務の内容、つまり申請や許可手続そのものが変わることはありません。しかし、条例や規則が根拠となる条項を引用しているときは、条項がずれると、一見しておかしな状態になります。

　次の例を見てみましょう。

■××市立学校管理規則

　（伝染病による出席停止）

第29条　校長は、学校保健法（昭和33年法律第56号）第12条の規定により、伝染病による児童又は生徒の出席停止の指示をしたときは、速やかに教育委員会に報告しなければならない。

　学校保健法12条とは、どのような内容でしょうか。しかし、まず「学校保健法」という法律がありません。法律番号によれば、この法律は「学校保健安全法」のようです。その12条は、次のようになっています。

出席停止とはまるで関係がありません。実は、学校保健法等の一部を改正する法律（平成20年法律第73号）により、学校保健法は、平成21年4月1日から学校保健安全法と名前を変え、12条も、内容を「伝染病」から「感染症」に改めるなどした上で19条に移動していたのです。19条は、次のようになっています。

このように、法令の改正に適切に対応をしないと、"わけのわからない"状態が生じてしまいます。これは、法令に基づいて事務を行うものとして、大変恥ずかしいことです。なぜなら、法令を見ていませんと白状するようなものだからです。

したがって、私たちの仕事のひとつは、こうした条項ずれを放置しないことにあります。法令上の用語の改正についてもそうですし、新しい制度への対応についても同様です。

そのためには、法令の改正情報をつかみ、法令の改正の施行までに（あるいは、法令の改正後速やかに）、条例や規則を改正するべきなのです。

7-3 ◎…官報の読み方・使い方

▶▶ 官報とは

官報には、国の所管する法律・政令・府省令、国会に関する事項、また、試験・入札の公告等が掲載されています。

法令の公布は、官報への掲載をもって行われるため、法規担当にとっては、どのような法令が公布されたかを確認するために大切なものとなります。

さまざまな制度改正も、官報で法令が公布されなければ、正式なものになりません。そのため、自治体では、関係する条例案を議会に提案したくても、あるいは、規則を公布したくても、前提となる法令が官報に載るまでは提案できない、公布できない、といったジレンマを抱えることがあります。

▶▶ 本紙と号外

官報は、基本的に、本紙、号外、政府調達の３つがあります。号外は、号外という名称であるだけで毎日発行されており、その内容は本紙と同じです。過去に公布された法令を探すときは、その日付の本紙だけでなく、その日付の号外の方も併せて見る必要があります。

官報の発行は、通常は平日の朝ですが、国会の解散や大臣の任命、特に必要な法令の公布などの場合には、夜間や休日でも発行されることがあります。その場合は、特別号外というものになります。

なお、官報は、これまで発行形態については特に定めがない状況で紙媒体による刊行が行われてきましたが、令和５年に「官報の発行に関す

る法律」が制定され、令和7年までには、ウェブサイトへの掲載が原則となります。

▶▶ 使い方

法規担当にとって、官報を見る目的は、基本的には法令の公布の確認です。もっとも、確認の意味としては、

①法律など、公布を待っていたものの最終確認

②省令・人事院規則など、いつ改正があるかわからないものの改正の把握

の2種類があるといえるでしょう。

また、見方によっては、さまざまなことを学ぶこともできます。例えば、

①「法令のあらまし」を見て、内容の要約のコツをつかむ。また、文面をテンプレートとして参考にする

②改め文を見て、書き方の確認をしたり、バリエーションを広げたりする

といったものです。

特に、様式や告示の改め方、公表された計画や指針の改め方などには、参考書にはない事例を見ることができます。ちなみに、法制執務の上級者ともなると、改め文に疑義のある事例を見つけることもあるようです。

▶▶ 正誤

官報に掲載された内容に、印刷上の誤字等があった場合には、正誤で訂正がされます。政省令を見ていて、明らかにおかしいと思われる箇所があった場合は、後日、正誤で訂正されている場合がありますので、確認してみましょう。正誤があるときは、巻末に掲載されています。

7|4 ◎…法令の情報を 収集しよう

▶▶ 法令の情報の収集

　法令の条項ずれや用語の改正、また制度の改正に備えるには、どうすればよいのでしょうか。それには、法令の改正情報をつかまえればよいのですが、その方法はいくつかあります。

▶▶ 官報のチェック

　自治体の例規改正の原因となるものの多くは、国の法令改正によるものです。国の法令改正は官報で公布されますので、官報を毎日チェックし、例規改正を要することになるものがないかを把握することが望ましいといえます。

　具体的には、建築基準法施行令や消防法施行令といった自治体の業務に影響しそうな法令の名称に注目し、当該改正法令の内容を見て、条項ずれが起きていないか、条例で定めるものはないか、といった点を探します。条項ずれについては、最近の自治体の例規集は電子化されていますので、適宜検索をかけて影響の有無を確認します。もし、何かあった場合は、官報の写し、例規の該当箇所の写し等を原課に提供し、作業への着手を依頼します。

　例規への影響については、都道府県から情報提供がされることも少なくありませんが、自ら早期に着手しておくに越したことはありません。

　⇒インターネット版官報

　http://kanpou.npb.go.jp/

▶▶ パブリックコメントのチェック

　政令・省令の制定改廃にあたっては、国では、原則としてパブリックコメントを行うこととなっています。こちらも、毎日チェックし、例規改正を要することになるものがないかを把握することが望ましいといえます。もし、影響しそうなものがあれば、原課に情報提供します。

　政令・省令の制定改廃は官報で公布されますから、それを見て対応してもよいのですが、パブリックコメントの時点から作業に着手しておけば、余裕をもって検討ができます。政令・府省令は、公布の日から施行という場合もありますので、例規の改正スケジュールの観点からも、早期の把握は有効です。

　　⇒e-Gov パブリックコメント
　　https://public-comment.e-gov.go.jp/servlet/Public

▶▶ 国会ウェブサイト等のチェック

　法律の制定改廃にあたっては、国会で審議がされます。そのため、国会の会期中は、国会（衆議院・参議院）のウェブサイトで議案（法案）を時々チェックすることで、例規改正を要することになるものがないかを把握することができます。何かあった場合は、原課に情報提供します。

　法案は、法案を提出した府省のウェブサイトでも見ることができ、こちらには法案の概要や新旧対照表もありますので、必要に応じて参照するとよいでしょう。

　なお、議員提出議案は、国会のウェブサイトでしか見られません。また、国会において法案の修正がされた場合の修正案の内容も、その法案を提出した府省のウェブサイトには掲載されないため、国会のウェブサイトで確認することになります。

　　⇒衆議院　議案の一覧
　　https://www.shugiin.go.jp/internet/itdb_gian.nsf/html/gian/menu

▶▶ 閣議案件（首相官邸ウェブサイト）のチェック

　法律と政令の公布は、閣議決定を経て行われます。そのため、閣議案件の一覧に法律や政令の名前があれば、その公布が間近と判断できます。日常的にチェックする必要はありませんが、公布日がいつになるかが未確定で気になる法律や政令があるときには、ここのチェックが役に立ちます。

　⇒閣議案件

　https://www.kantei.go.jp/jp/kakugi/index.html

▶▶ 総務省ウェブサイトのチェック

　地方自治制度や地方財政制度の見直し等に際しては、それに先立って制度の議論がなされるのが普通です。議論は、総務省の下で審議会・研究会の形で行われますので、総務省のウェブサイトを時々チェックし、そうした審議会・研究会の資料、議事録、答申等を見ておくこと、また、原課に情報提供しておくことは、後々、役に立ちます。

　また、総務大臣の記者会見が毎週火曜日と金曜日に行われており、その都度、内容がウェブサイトに掲載されます。例規改正との直接の関連は薄いですが、会見の中で国の考えが示されることもあり、ときには有力な情報源となります。

▶▶ 人事院勧告のチェック

　給料・手当の改定や人事制度の改正は、基本的に人事院勧告に基づきます。地方も、国の制度に準拠することになりますので、あらかじめその内容を確認し、理解しておくことが望ましいといえます。

　⇒人事院勧告

　https://www.jinji.go.jp/kyuuyo

▶▶ 例規改正の予習と準備

　法令の改正に伴う例規の改正は、原則としてその法令の改正の施行日に間に合わせなければなりません。法令の公布から施行まで一定の期間がある場合はいいのですが、公布の日から直ちに施行される場合も少なくありません。

　そのため、パブリックコメントや国会の議案などの法令改正の情報を早めに入手すること、それにより条例・規則への影響箇所を具体的に把握し、改正の準備をすることで、法令の改正後、スムーズに対処することができます。情報をキャッチしたら、原課へ提供し、早めにその調査・検討に入ってもらうことで、仕事を少しでも楽にするよう工夫しましょう。

7│5 ◎…制度の趣旨を つかむコツ

▶▶ 制度の趣旨

　自治体における例規の改正は、国による制度改正に伴うものが少なくありません。人事給与制度や税制はその典型といえますし、また、行政不服審査制度のような通則的なものもあります。

　各自治体では、国と同様の改正をすることになりますが、改正内容によっては、同様に改正すべきかどうかを考えることもあります。また、議会の審議において、改正の趣旨を問われることもあるでしょう。

　そのほか、議会の一般質問で各種の制度について問われることもあるわけですが、制度の趣旨や改正の趣旨は、どこで知ることができるでしょうか。

▶▶ 審議会・研究会

　法令改正の情報収集先とも共通しますが、地方自治制度などの見直しに際しては、総務省など当該制度の所管府省の審議会や研究会において制度の議論がなされるのが普通ですので、その資料、議事録、答申等を見ることで、背景にあった論点・考え方を知ることができます。これらは、総務省など各府省のウェブサイトで確認できます。

　また、人事給与制度については、人事院勧告を見ましょう。直近のものだけでなく、制度の導入時、途中の改正時のものも見てみると、より理解が深まることがあります。

▶▶ 記者会見

　各府省の大臣は、毎週火曜日と金曜日の閣議後に定例の記者会見を行っています。報道発表のほか、時事的な話題についても質疑応答がなされますので、これを通じて国の考えをうかがえることもあります。会見の内容は、その府省のウェブサイトに掲載されますので、チェックしてみるとよいでしょう（報道とは違ったニュアンスが感じられることもあります）。

▶▶ 国会会議録・質問主意書

　法律の制定や改正に際しては、国会において議論がありますので、その会議録から考え方を知ることができます。

　また、制度等に対する国の見解は、国会の質問主意書において示されることもあります。時事的な問題では、質問主意書が出されることは珍しくありませんので、参考になるものがあるかもしれません。どのような質問主意書が出ているかは、国会（衆議院・参議院）のウェブサイトで確認できます。

▶▶ 判例・学説

　制度の趣旨は、当該制度を巡る裁判があれば、その判決文からうかがうこともできます。例えば、附属機関の条例によらない設置や、行政委員会の委員の月額報酬の可否について争いがあれば、判決において裁判所の一定の見解が示されています。

　また、こうした裁判があると、関連して論考がなされることもあり、それらも参考になります。中には、判決を支持しないものもあり、多面的に考える上で参考にすることもできるでしょう。なお、判例・学説に関しては、無批判に追従することなく、自己の団体においてはどうなるか、自分なりに咀嚼してみる姿勢が望まれます。

7│6 ◎…お手本（ベンチマーク）

▶▶ 気になるときは

　条文を考えていると、複合語の可否や、語順その他の書きぶりについて、あるいは、改め文の書き方について、これで最善かどうかが気になることがあります。条文として致命的に誤りではないにしても、スマートさに欠ける、オーソドックスな書きぶりと異なる、というのは避けたいところです。

　そうした場合、国の法令における用例を探し、それに照らしてみて、適切かどうかを判断することがあります。しかし、この方法、ちょっと注意が必要です。

▶▶ 法令といえども

　国の法令であれば間違いがないかというと、実はそうでもありません。内閣法制局が審査している法律・政令については信頼して間違いありませんが、そうではない府省令においては、往々にして間違いやイレギュラーな書きぶりがあります。

　したがって、法令を検索して、想定した書きぶりが見つかったとしても、それが法律・政令か、府省令かで、信頼度は変えなければなりません。また、法律・政令でも、用例が数多く存在すればいいのですが、数が極端に少ない場合は、最近では使われない古い書きぶりであって、採用すべきではないかもしれません。さらには、法律であっても、議員立法の場合には、議院法制局が関与しているものの、ときにイレギュラーな書きぶりが見受けられます。それゆえ、法律であっても、見つけた書

きぶりに不安を覚えた場合は、内閣提出（閣法）か議員提出（衆法・参法）かを確認することで信頼度を測るようにします。

▶▶ 身近なお手本を持つ

　条文の書き方は、国と地方で違うわけではありませんので、基本的には国の用例を確認していれば足ります。しかし、法律は法律、条例は条例ですから、やはり条例として比較する対象がほしい場面があります。

　自治体の例規への習熟度は、実際のところまちまちですが、中には、かなりしっかりとした団体も存在します。そのような団体を（できれば同じ都道府県内で）見つけておくと、たいへん心強いです。自分の目で、あるいは、口コミで、お手本（ベンチマーク）となる団体を見つけておきましょう。

　どのような団体がそうでしょうか。例えば、参考例が提供される例規でも、参考例の書きぶりに疑問を覚えることはあります。ここは、本来はこういう書き方がよかったのでは？　そう思った点を、実際にそのように、参考例のままでなく独自に修正して規定している団体というのが存在します。そのような団体は、信頼に値します。そして、そうしたことができている団体というのは、どの例規を見ても、規定が整然としているものです。

▶▶ お手本を見分ける

　ただ、お手本を探すといっても、お手本をお手本と見分けるには、自分にもそれなりの眼力が必要です。一見矛盾する話になりますが、これがお手本だとわかるようになれば、そろそろお手本なしでもやっていける頃合いです。また、お手本とは逆に、真似をしてはいけない点がわかることも大切です。そうした見分けがつくようになることが、法規担当として一人前かどうかの目安のひとつでしょう。

7|7 ◎…検索のコツ

▶▶ いざ検索、しかし……

　インターネットの検索サイトのおかげで、自席にいながらにしてさまざまなことを調べることができるようになりました。言葉の意味、制度のしくみ、法律案、条例案、等々。昔であれば、辞書を引き、図書館に足を運び、都道府県や他の市町村に電話をかけて郵送やファックスをしてもらっていたことが、目の前のパソコンで足りるのですから、便利なものです。

　とはいえ、検索のキーワードをやみくもに打ってみても、知りたい情報にすぐにはたどりつけません。検索結果の一覧を見ても、関係の薄そうなものが数多くあります。その中から、あれを開きこれを開きして、ようやく、これは、というページにたどりつく……そんな覚えがあるのではないでしょうか。

▶▶ インターネット検索のコツ

　そこで、調べたいことに少しでも早くたどりつくための、検索のヒントをいくつか紹介します（ここではグーグルを例にします）。

①ダブルコーテーション（" "）

　検索のキーワードを複合語や短文で与えると、それに含まれる単語で検索がされてしまいます。つまり、与えたキーワードそのもので検索されてはいないのです。そこで、キーワードをダブルコーテーションでくくることで、くくられたキーワードに一致する検索がされるようになります。

例）　＂自治基本条例＂

　もっとも、条例の題名などは、自治体によって一字一句同じではない
ため、完全一致にすると、かえって検索から漏れることにもなります。
検索したい対象によっては、ダブルコーテーションをつけた場合、つけ
ない場合、双方を試してみるとよいでしょう。

②ＵＲＬ指定（inurl:）

　検索では、与えたキーワードに対して、ニュースでも個人のブログで
も何でも抽出してしまいます。しかし、知りたい情報の発信源を限定す
れば、例えば、府省や自治体に限定できれば、検索の精度を高めること
につながります。そこで、ウェブページの場所を示すＵＲＬを指定する
機能を使うことで、指定した場所と合致するものから検索されるように
できます。府省の情報であれば go.jp という場所に、自治体の情報であ
れば lg.jp という場所にありますから、キーワードと併せて、これを指
定します。

例）　＂児童手当＂　inurl:go.jp

　　　＂自治基本条例＂　inurl:lg.jp

　なお、自治体のウェブサイトはすべて lg.jp にはなってはいないた
め、県を対象に pref で、市を対象に city で指定する方法もあります。
また、例規集から検索したいときは、reiki と指定するとよいようです。

　類似の機能に、サイト指定（site:）もあります。検索サイトのヘルプ
などを参考に、自分の使い勝手のよい方法を見つけてみてください。

③タイプ指定（filetype:）

　自治体の議会の議案は、ウェブサイトに掲載されるときには、ＰＤＦ
形式が使われることが主流です。また、公報を発行している場合も、
ウェブ掲載はＰＤＦ形式が主流です。したがって、ファイルの種類をＰ
ＤＦに絞ることができれば、検索の精度を高めることができます。

例）　＂損害賠償＂　filetype:pdf

　なお、filetype: 抜きで、単に pdf を追加するだけでも、大体同じ結果
が得られます。

④期間指定

　検索においては、対象とする期間を指定することも有効な手段です。

最新のニュース、最近の定例会での提出議案、過去の制度改正など、探すものに応じて期間を絞り込めば、必要ない検索結果を省くことができます。

　期間は、検索ツールから、１週間以内、１か月以内、１年以内といったものが選択できるほか、具体的な期間も指定できます。

▶▶ 衆議院サイト検索のコツ

　法律の条文や改め文の書き方を確認したいときは、官報を眺めるのもよいのですが、衆議院のウェブサイトで過去の法案を見てみるのが便利です。トップページの右肩に「サイト内検索」があります。ここから検索することも、何も指定せず「検索」をクリックした上で検索用画面から検索することもできます。検索後は、検索結果画面の左側に「絞り込み」の欄がありますので、「制定法律」をクリックして絞り込みます。ただ、検索にあたっては、ちょっとしたコツがあります。

①漢数字を使用すること

　国の法令は、ウェブサイト等では横書きで掲載されていますが、実際にはいまでも縦書きで作成されています。データをよく見れば、数字が漢数字であったり、表の欄の示し方が左右でなく上下であったりします。また、号の細分も、ア・イ・ウでなく、イ・ロ・ハです。したがって、縦書きの書き方に合わせた指定する必要があります。

　　例）　条第一項を削り、同条第二項を同条とする。

　これは、会議録等を検索するときも同様で、例えば「平成20年」であれば、「平成二十年」で検索する必要があります。

②制定年を見ること

　検索のコツというより、検索結果に対する判断のコツになりますが、検索結果の法律については、制定年を見て、できるだけ新しいものを参考にするようにします。

　法令の表現にも、時代によって多少の差異があるため、古い言い回しというものが存在します。したがって、平成や昭和の終わりに近い年のものであれば安心ですが、戦後間もない頃のものは、参考にする前に少

し吟味する必要があることがあります。

　なお、こうしたことから、検索結果が多すぎるときには、検索のキーワードに「平」や「平成」を加えて結果を絞るのも工夫の1つです。

▶▶ カギは想像力

　検索における工夫によって、幾分早く、結果にたどりつけるようになります。しかし、実は、本当に肝心なのは、適切なキーワード（文案や字句）を与えられるかどうかです。例えば、法令文のルールから外れた"あてずっぽう"なキーワードでは、いくら検索したところで、結果は出ません。また、たまたま結果が何件かあったとしても、その結果の方も信頼性が怪しいものです。

　つまり、法令文の検索においては、いかに正解に近いものを思い浮かべられるかが重要、ということになります。検索は、皮肉な話ですが、正解にある程度近くなければヒットしないものです。

　では、どうすれば、初めから適切なキーワードを思い浮かべられるようになれるでしょうか？　それには、日頃から法令に慣れ親しんでおくことが大事です。官報や法案を数多く見ることを通じて、法令にはこういう表現があるんだ、こういうときはこういう書き方をするのか、といったことを記憶の片隅にとどめておくようにしましょう。その蓄積が、より適切な言い回しへのアプローチになります。

7|8 ◎…「規定すべき内容」 の固め方

▶▶ 手が止まってしまう原因は

　原課が作成した条例、規則等の案について例規審査を行っていると、条文を書こうとする手が止まってしまうことがあります。作業が中断してしまう原因は、大きく2つ考えられます。

　　・「規定する方法」がわからない
　　・「規定すべき内容」がわからない

　前者の場合は、法制執務の技術不足です。規定すべき内容が決まっているのであれば、条文としてそれを言語化することは可能なはずです。参考書を調べたり、法令や他自治体例規に参考となる規定がないか探してみましょう。

　しかし、後者の場合は、ちょっとやっかいです。条文で形にすべき政策が十分に煮詰められていないということになるからです。

▶▶ 「規定すべき内容」 がわからない場合

　それでは、「条文で形にすべき政策が十分に煮詰められていない」とは、どのような場合でしょうか。

　原課としては、政策の内容を十分に精査したつもりでも、条文という形にまとめるには、規定の不備や不足など、さらなる検討が必要な場合があります。具体的には、次のような例が考えられます。

　　・ある条件が適用される場合、AやBという方向性を想定しているが、想定外であったCの方向性も考えられる。
　　・条文中に規定しようとする条件が適用される場合、AやBの方向性

第7章　法規担当の仕事術

217

を想定しているが、Aに関する具体的対処方法しか想定されておらず、Bに関する具体的対処方法が想定されていない。

▶▶ 規定の「穴」を埋めていく

そのような場合は、「規定すべき内容」を原課と固める必要があります。個々の問題点を発見し、解消していく過程は、規定の「穴」を埋める作業といえます。

「こういう事業者は対象になりますか？」「こういう場合は、どのように対応しますか？」「手続の前後関係がおかしくないですか？」5W1Hから見直し、原課の担当者と対話を重ねていくと、打開策が見えてくるはずです。

ただし、「規定する内容」を条文として形にできたとしても、それが法令に抵触する内容ではいけません。自治体の例規は「法令に違反しない限りにおいて」制定することができるものとされているからです（法14条1項・15条1項）。

▶▶ 条文に無理が生じたときは

規定すべき内容に無理が生じていると、条文にも無理が生じることが少なくありません。条文を書いているうちに、おかしいと思ったら、いったん手を止めて内容に無理がないか考えてみましょう。

条文に「無理が生じている」状態とは、対象者に関する規定が複雑になりすぎたり、規定の適用にあたって過度な場合分けがされていることなどがあります。

条文を書く行為は、客観的に政策を見直す契機になります。手戻りが生じるのはやむを得ないこと。原課と一緒に、有効な政策のあり方を探っていきましょう。

79◎…法務の効果的な執行

▶▶ 適正な法執行に向けた体制作り

　法務の適正な執行は、法規担当だけで行うことはできません。法律に基づく具体的な事務を行うのは原課であるからです。

①原課への支援

　法規担当が行う原課への支援としては、例規審査や法律相談がありますが、これらが終了したからといってその後に関心を失ってよいものではありません。説明不足により相手に意図が伝わっておらず、助言が適切に反映されないおそれもあるからです。

　気になる点があれば原課の担当に声かけを心がけるほか、互いに相談しやすい、されやすい関係を構築しておくことは、後々のトラブル回避につながります。

　また、民法や行政手続法などについては、自治体の法運営の通則でありながらそれぞれの職員にまで理解が及んでいない場合もあります。庁内向けの資料を定期的に提供するなど、職員の法知識の向上に向けた取組みも検討してみましょう。

　自治体によっては、部や課に「政策法務担当」を置く例があります。政策法務担当には、法規担当との連携を密にして、法律相談に先立って一定の整理を行うなどの役割が期待されています。

②庁内研修の実施

　法規担当は、職員に向けて研修で説明の機会を得ることが少なくありません。研修で講師を務める際のコツをいくつか挙げましょう。

・座学は、１時間程度を目安に休憩を入れる。参加者の負担を軽減するだけでなく、講師の説明に「早すぎ」「遅すぎ」があった場合、休憩

時間でその後の説明内容を見直し、体勢を立て直すことができます。

・民法や行政手続法のように職員の関心を引きにくいと思われる内容は、日常業務と関係がある具体例を提示する。知識の習得の必要性を参加者に実感させることができます。

・「例えば」「具体的にいうと」を活用して、説明の内容を深める。教科書に記載の内容を説明するだけでは、参加者の頭に入っていきません。

・講師の失敗談で、聴衆の共感を得る。結構、効果的です。

・午後最初の研修では、演習も実施する。座学だけだと眠くなります。

▶▶ 法務知識の習得

　法規担当の職務に特定の資格は必要ありません。それでも、日常業務を行うに当たっての必要な知識を取得するため、資格試験や検定試験の活用は効果的です。

　法規担当の仕事に関係する代表的な資格試験としては、「行政書士試験」があります。試験には、憲法や行政法のほか、民法や商法・会社法、基礎法学から出題されます。

　自治体職員向けの法律検定試験としては、「自治体法務検定」があります。同検定には、「基本法務」と「政策法務」の2分野があります。

　なお、実際に受験しないまでも、試験向けにまとめられたテキストは、受験者が効率よく学習するため、解説が端的にまとめられています。日常業務の手頃な参考書としても利用が可能です。

　自治体によっては、上記の試験の受験を目標にして、職員の自主的な勉強会が実施されている例があります。組織を横断して参加者の交流を深めることは、知識の向上だけではなく、日頃の仕事のしやすさにもつながります。

　日頃の仕事で事務上の疑問などがあれば、課題解決の動向など、近隣の自治体への照会を行ってみましょう。困ったときに相談ができる「仲間」を作っておくことは、心強いことです。ただし、その際は、個別情報の守秘義務にご注意を。

7 | 10 ◎…必要なのは ワープロ術？

▶▶ ワープロの活用

　法規担当の仕事は条文・改め文を作成することですが、その中には、条文・改め文を原稿として仕上げることも含まれます。

　文書の作成にワープロを利用するのは現在では当たり前ですが、ワープロをうまく活用すれば、仕事をより効率的に進めることができます。

▶▶ デジタルデータの利用

　ワープロの利点の１つに、データの利用が挙げられます。

　附属機関の設置条例や給付金の支給に関する規則の制定、また、給与条例や行政組織規則などの改正にあっては、規定する内容が定型的ですから、過去の類似データを引っ張り出して所要の手直しをすることで、案文を手早く準備することができます。

　また、税条例など例規の参考例が提供されている場合や、給与条例など法律案に準拠した例規を作成するような場合には、元となる文面をデータとして取り込むことで、入力する手間を省くことができます。取り込む手順は、概ね次のとおりです。

①元の文面のコピー

　元となるウェブページやＰＤＦを開いて、対象の文面をドラッグして文字を反転させ、その上で右クリック→コピー（Ctrl＋C）。

　文面全部であれば、全部選択（Ctrl＋A）→コピー（Ctrl＋C）でもコピーできます。

②ワープロ上で貼り付け

フォントなどのコピー元の書式がそのまま反映されないようにするため、「形式を選択して貼り付け」（テキスト形式を選択）で貼り付けます。

テキスト形式での貼り付けが直接できない場合は、いったん、デスクトップ上に「新しいテキスト　ドキュメント」（.txt）を作成し、そこにコピーした内容を貼り付けて、そこからワープロ側へコピーする方法があります。

③体裁の整え

コピーされた文面について、改行、字下げなどの体裁を整えます。余計な部分がコピーされていれば、削除します。

なお、元が縦書きのものを横書きにする場合は、漢数字の表記や上下左右の示し方などについても、適宜整える必要があります。

▶▶ 機能を「使わない」工夫

近年のワープロソフトは、禁則処理や体裁の調整機能が充実していますが、条文・改め文を作成する上では、困ることがあります。

条文・改め文の形式は、通常の原稿用紙のルールとは異なり、完全に1文字1マスで記述します。カギカッコや句読点が行末に来るときは、行末に収めずに、次の行の頭に置くことになります。

そのため、行内の両端揃えや、句読点とカッコの間隔の詰めといった調整機能があっても、そうした機能によって1行の字数が1文字多くなったり少なくなったりしては、かえってよくないわけです。

そこで、ワープロの機能を理解して、そうした機能が働かないよう、適宜設定を変える必要が出てきます。

また、ワープロソフトにもよりますが、表の作成で苦労することもあります。表の項が次のページにわたるときに、まるごと次のページにとんでしまったり、わたったときに、ページの境に罫線が入ってしまったりすることがあります。そうした場合には、もちろん正しくしなければなりませんが、ひどいときは、例規の内容はできているのに、ワープロ

の操作がうまくできずに時間がかかってしまうこともあります。

　そうした意味では、ワープロに習熟することも、法規担当に欠かせないもののひとつといえるかもしれません。

▶▶ 「校閲機能」の活用

　自治体では、ワープロソフトとして Microsoft Word（以下単に「Word」とします）を利用しているところが多いのではないでしょうか。

　Word には「校閲機能」があり、これを利用すると、元となる原稿に簡単に「赤入れ」をすることが可能です。「赤入れ」とは、校正、わかりやすくいえば添削のことです。この機能を使えば、「この内容で良いでしょうか？」「第○条第○項は、このように直してみましょう」といったことを、法規担当と原課との間で文書データをやり取りしながら具体化していくことができます。

　校閲機能の使用は、Word の画面の上部にある機能切替表示（「リボン」と呼ばれます）で「校閲」のタブから行います。リボンに表示されている「変更履歴の記録」を押すと、その後の変更の経緯が記録されます（記録中はボタンに色がつきます）。

Word の「変更履歴の記録」

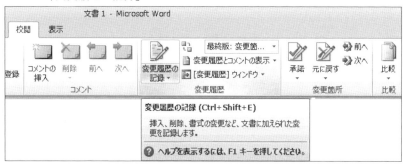

　修正箇所の表示・溶け込みは、「変更箇所／コメントの表示」の有無で切り替えることができます。修正箇所の表示は、修正者ごとに色分け

されます。

　「変更履歴の記録」に併せ、その隣に表示されている「コメントの挿入」を活用すれば、データのやり取りの中で簡単な打ち合わせをすることも可能です。

　案が固まり、「変更履歴の記録」の修正内容を反映するには、「承諾」の表示から「ドキュメント内のすべての変更を反映（D）」を選択します。

▶▶ 一太郎データには配慮を

　国から届く文書データを見ると、Microsoft Word が圧倒的な自治体に比べ、府省には根強く「一太郎」派が存在するようです。法令は縦書きで構成されることから、縦書き表記機能の技術に蓄積がある同ソフトの利用が多いのかと思います。

　一太郎で作成されたデータは、フリーソフトである「一太郎ビューア」で内容を確認することができます。しかしながら、原課のＰＣには「一太郎ビューア」がインストールされていないこともあるでしょう。一太郎形式のデータを原課に転送する際は、必要であればＰＤＦに変換するなどの配慮をしたいものです。

第8章

法律相談・訴訟対応

8 | 1 ◎…法律相談の勘どころ

▶▶ 法律相談とは

　法規担当のもとには、法令の解釈や例規の制定改廃、住民からの苦情対応など、行政上の事務執行について幅広く相談が持ち込まれます。法規担当はこれらに対し、必要に応じて調査を行い、対応方法について助言することになります。

　相談の内容には軽重があり、担当者が即答できるような案件もあれば、複数の担当者が手分けして調査し、場合によれば顧問弁護士の意見を聴く必要があるものまであります。

　また、法律相談に関する体制は、自治体それぞれで、部局ごとに担当者を決めている場合や、複数いる法規担当職員の経験の差によって管理職等が案件を振り分ける場合などがあります。

▶▶ 原課と法規担当との役割分担

　原課から相談が持ち込まれるとはいっても、「どうしたらいいですか」とは、法規担当が本来受けるべき質問ではありません。行政が解決すべき課題を認識しているのは、その業務を担当している原課の職員であり、その意思決定のラインは、長等の執行機関のトップから原課に垂直に存在するからです。

　ただし、原課の職員に対し課題解決のための法的手段を提示し、それをどのように活用できるかを一緒に考えるのは、法規担当の重要な役割です。

　実際は、問題の解決策に「ベスト」があることは少なく、むしろ「ベ

ター」の選択が多いかと思います。法規担当としては、提示した案それぞれのメリットとデメリットを示した上で、原課の政策判断のための助言を行うことになります。

▶▶ 相談で何を確認すべきか

　相談があった場合は、「何が問題となっているのか」の視点から内容の整理を行わなければいけません。

　原課にとっては、確かに解決しなければいけない具体的な問題が目の前にあるのですが、法規担当が相談を受けてみると「何がわからないかも、わからない」状況であることも、実際にはあるからです。

　込み入ったように見える相談も、解きほぐしてみれば、個別に対処できるいくつかの論点に整理できることは少なくありません。

　相談内容を解きほぐすポイントは、次の3つです。

①事実関係はどのようになっているか

　まず、事実経過の整理と併せて全体像を理解するため、問題となっている事実関係を確認する必要があります。

　相手の話を聞く際に気を付けるのは、5W1Hです。いつ（When）、どこで（Where）、だれが（Who）、なにを（What）、なぜ（Why）、どのように（How）について、時系列で内容を整理していきましょう。

　ただ、原課の事務ミスや、ミスに至らないまでも不十分な対応が問題の端緒となったような事例では、相談者の口が重いことがあります。原課が事実を不正確に伝えてしまうと、結果的に助言が無意味なものになるばかりか、問題がさらにこじれる場合があります。

　話を聴いていて説明が省略されていそうだと気が付けば、相談者の口の重さを乗り越える端緒になることがあります。ただし、事実関係を明らかにすること自体が目的ではありません。共通の課題を解決するため、法規担当は、相談者との連携関係を維持すべく信頼関係を築くことに努めてください。

②法律の解釈に関することなのか、そうでないのか

　法律の解釈の問題であれば、まず、逐条解説などの参考書を調べるべ

きです。参考書の記載だけでは不十分な場合は、解釈の参考になる資料を集めましょう。府省からの通知や他自治体の先行事例、類似事例の判例などが参考になります。原課が持ち合わせる資料で十分ではないときは、府省や最高裁判所のウェブサイトに参考になるものがないか探してみるとよいでしょう。

　一方、住民からの苦情に関する相談では、法律の解釈の問題ではなく、窓口等での対応が原因となっていることがあります。

　そのような場合は、何が問題となっているかを提示した上で、どのように対応すべきか上司と相談するよう、相談者に指示してください。

③解決できない事項はあるか

　相談される内容によっては、現行の法制度上の限界や財政上の問題から、十分な解決を図ることができない場合があります。

　ただし、「解決できない事項」を明らかにすることは、「解決できること」を見つけることと同等に重要です。そのような場合は、次善の策を検討する契機になるからです。

▶▶ 次の相談のために

　相談の内容については、その日付けや対処方法をメモにまとめ、関連する法令・例規などを抜粋して資料を作成しておくと後で重宝します。事案によっては、訴訟等になるなど、経緯の確認が必要になるものがあるからです。

　相談を受けた事項については、知識や情報を法規担当職員の間で共有する工夫も必要です。定期的なミーティングを開催したり、パソコンの共有フォルダや課内共通メールを活用するなどを検討してみましょう。

8│2 ◎…頼りにされる
相談者になるには

▶▶ まず、即答しない

　法規のベテラン職員はハードルが高いと感じてか、配属されたばかり
の皆さんのもとに相談があることがあるかもしれません。

　しかし、はっきり言っておきましょう。そのような場合、即答しては
いけません。

　というのは、不案内な新人から引き出された「YES」が、結果的に
「法規にこう言われた」と一人歩きしてしまうことがあるからです。庁
内であればまだしも、対外的にそのような見解が出てしまうと、後から
大変なトラブルになる可能性があります。

　法規担当のもとに寄せられる相談の内容の幅は広く、また、事案に
よっては、法規担当が手分けして調べたり、顧問弁護士の意見を求める
ものがあります。

　配属されたばかりの方は、特に留意して、受けた相談に即答せず、十
分な下調べと、必要に応じた内部打ち合わせの上で回答を準備するよう
心がけてください。

▶▶ 法律相談の進め方

　法規担当として配属されたばかりの方は、先輩が相談に応じている様
子を見て途方にくれるのではないかと思います。でも、いくつかのコツ
さえ覚えておけば、頼りにされる相談者になることは、そんなに難しい
ことではありません。

　前節でも説明しましたが、法律相談で確認すべき事項は、以下の３つ

です。

　①事実関係はどのようになっているか

　②法律の解釈に関することなのか、そうでないのか

　③解決できない事項はあるか

　これらを意識しながらも、受けた相談への助言に詰まった際は、

　・助言するだけの知識がないのか

　・それとも上記の整理ができていないのか

について振り返ってみる必要があります。

　逆にいえば、知識がないこと自体はそんなに大事なことではないのです。課題が明らかになれば、後はその内容について参考書を調べたり、あるいは顧問弁護士に聞けばよいわけですから。

　「何がわからないか」を自分に問いかけながら、上記の①～③についてノートなどに書き出してみると、相談内容が俯瞰的に確認できるだけではなく、気が付かなかったこと、確認すべきことが見えてくるはずです。

▶▶ ミスリードには気を付けて

　法律相談の内容によっては、法規担当のミスリードによって事態が複雑化してしまうケースもあります。

　参考書に書いてあったから、府省や都道府県に聞いた内容だから、他自治体で先行事例があるから、といった点で思考停止してしまってはいけません。助言に際しては、対処すべき事案に対し、参考にした事例の適用が妥当であるか、十分な検討が必要です。

▶▶ 法律相談のヒント

　法令の解釈として相談を受けても、その内容は、住民からの苦情対応であることも少なくありません。

　公立小学校で開催される運動会に対し、近隣住民からうるさいと苦情があったとしても、検討すべき事項は、騒音の受忍限度や賠償額、過去

の判例などではなく、一時的なイベントに際して地域の理解を求める行政の姿勢であるはずです。

また、現行の法制度の下で対処が難しいように見えても、駅前喫煙の禁止のように、自治体における自主的な立法により解決策が見いだされることもあります。

法律相談における法規担当の役割は、森で迷った際の案内人に例えることができます。本来、その「森（行政分野）」自体は、法規担当より原課の職員の方が馴染みがあるはずです。森では地図やコンパスを頼りにするように、「知識や技術（地図やコンパス）」を利用して、問題解決への「道のり」をいかに一緒に読み込んでいくかが法規担当の腕の見せ所であるわけです。

▶▶ 法律相談の知識習得には

法律相談の知識を習得するためには、法規担当職員の間で共有される知識や情報を「活きた素材」として学んでいくことが効果的です。「習うより慣れろ」とはよく言われますが、いくつかの事例を見ていけば、類似の事例や回答のパターンなどが見えてきます。

また、法規担当部署には、質疑応答の形式で書かれた相談事例集があると思います。仕事の合間には、少しずつでよいですからそれらを読み進めてみましょう。

ポイントは、六法を脇に置いて根拠法令を確認しながら読み進めることです。読みとおす頃には、法律相談の実力がだいぶ付いているはずです。

8|3 ◎…相談しやすい 法規担当になるには

▶▶ 便りがないのは「よくない」知らせ?

「内部管理部門である法規担当にとって、お客さんは原課なんだ」

法規担当に赴任したばかりの頃、先輩からこういわれたことがあります。それでも原課にとって、法律相談に関する心理的抵抗は小さくないようです。

そんな心理的抵抗を減らすためには、相談に対する敷居を低くし、早い時期に気軽に相談ができるよう工夫する必要があります。

腕を組んで待っていた方が余計な相談ごとを持ち込まれなくてよい、などと考えてしまうのは禁物です。法規担当にとって一番やっかいなのは、間に合わなくなってから相談されることなのです。

▶▶ 積極的に情報提供しよう

法務担当のもとには、国からの各種通知のほか、ニュースや法令情報誌からの最新の判例や他自治体の動向など、自治体を巡る法運用の現状について集まる情報が少なくありません。そのような情報は、積極的に参考になりそうな部署へ紹介していきましょう。

事前に情報の提供を行っておくと、同種の事例が発生したときに、一定の共通理解を前提に話を進めることができますし、紹介の際は、自分には知識がない専門的な内容を教えてもらえる好機になります。

また、日頃からの情報交換により信頼関係を構築しておくことは、お願い事をしやすくしますし、相談に対する心理的なハードルの高さも押さえられるかもしれません。

▶▶ 法律相談の心がまえ

「『やるべきこと』は何ですか？」「対処のための法的な手段はありますか？」

これらは法律相談の際に有効な問いかけです。必要な情報を聴取しながら、相手の抱える問題を整理することができます。

現場で起こる問題解決に頼りにされる法規担当ですが、逆にいえば、法規担当は、助言を行うこと「しか」できません。相談の終わりに際しては、現場の第一線で職務にあたっている職員に対し、「また何かあれば」の一声をかけたいものです。

庁内法律相談のフロー

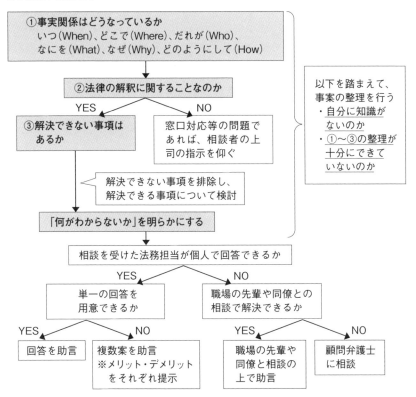

8|4 ◎…弁護士相談の 勘どころ

▶▶ 弁護士の活用

　自治体における弁護士の活用例は、少なくありません。その主なものとしては、①行政執行上の法的な問題についての相談、②自治体や自治体の行政庁を当事者とした訴訟事件に関する訴訟代理人の依頼、などがあります。

　法律相談や訴訟代理人に関する契約は、業務委託の形式がとられることが多いようです。これらを包括的に委託するか、訴訟代理人に関する委託は個別に別契約とするかは、自治体それぞれです。ただし、相談していた案件が訴訟に移行するような事例では、経緯を理解している弁護士に引き続き対応を依頼するのが一般的です。

　なお、最近では「地方公共団体の一般職の任期付職員の採用に関する法律」に基づき、任期付職員として積極的に弁護士を採用する自治体も増えてきています。

▶▶ 「通訳」になる

　弁護士への相談に際して法規担当の大事な役割は、事案を担当する原課と弁護士をつなぐ「通訳」になることです。

　原課の職員は、事案となった行政行為の根拠法令には明るくても、法的な課題解決の手段までは知識が及ばない一方で、弁護士も、個別の政策や問題となった行政行為の背景までは、十分に説明されないと理解が及ばないことがあるからです。

　したがって、法規担当としては、担当課の考えを整理して弁護士に伝

えるとともに、顧問弁護士の考えを担当課に伝えるため、行政上の問題を法律上の問題に「翻訳する」役割が期待されます。

　例えば、開発行為の許可に関し、事業者と意見の齟齬が発生している場合は、原課の職員の話から現場の状況を理解した上で、弁護士と行政行為の根拠となった法令の解釈について確認することになります。弁護士から解決方法の提示があったときは、それが実務上可能か原課の職員と打ち合わせを行い、必要な場合は、何度かそれを繰り返す手順になるわけです。

▶▶ 相談の方法

　相談は、必要に応じて実施される場合と、定期的に実施される場合とがあります。契約の形態や事案の内容により、弁護士の事務所を職員が訪れる場合もあれば、役所を弁護士が訪れる場合もあります。どちらが主なものになるかは、契約の内容によって異なります。

　相談の内容が難しいものでないときは、関係資料を郵送し、電話での回答を受けることもあるでしょう。

　相談をより効果的かつ効率的に運用するためには、事前に相談の内容や要点をまとめておくことが効果的です。そのためには、まず、原課が関係書類（図面や現場写真なども含まれます）を添えて相談内容を法規担当にしっかり伝えることが必要です。

　法規担当は、原課からの情報をもとに関係者や経過事実などの事実関係（時系列で、どのような関係者がどのように事案に関わったか）を整理し、弁護士に聞きたいポイントを明確にした上で、法律相談に臨むことになります。

　原課と弁護士とのやり取りには法規担当も同席した方がよいでしょう。原課と弁護士が意思疎通をするための「通訳」としての役割ばかりではなく、自らの知識の充実にもつながるからです。

　なお、弁護士への相談は、万能の回答を用意してくれるドラえもんのポケットではありません。「どうしたらよいでしょうか」ではなく、「このように考えますが、法的に問題はないでしょうか」という相談をする

よう心がけましょう。相談に際しては、「一緒に解決策を考える」姿勢が大事であるからです。

▶▶ 相談後の取扱い

　相談の後は、ちょっと手間ですが、簡単でもよいのでその内容についてまとめておきましょう。

　また、原課が相談の後にどんな対応をしてどのような事態に至ったのかも把握するよう心がける必要があります。原課の担当者によっては、とりあえず問題が収まったからと、相談後の対処について法規担当への報告が行われない例があるからです。

　弁護士に相談した案件は、それなりに重要と判断してパイプ役になっているわけですから、場合によっては、その後の経過について弁護士に報告しなくてはいけません。

　次頁のような形式で、相談内容やその後の経過についてまとめておくと、他の法規担当との情報の共有ができますし、後に類似の事例が発生した際に参考になります。訴訟案件など長引く事案に関しては、人事異動の際に、後任への引継資料にもなります。

弁護士相談記録

所　属　名		担当者名		総務課担当者名		
弁　護　士　名		相　談　日	令和　年　月　日	相談方法	電話・来庁・訪問	
	件　名				（第　　　回）	
相　談　内　容						
相　談　結　果						
関　連　法　令 （例規・要綱含む）						
備　　　考						

※文書法規班処理欄

担当者補足	

班　　長	班　　員	
		処理日　令和　　年　　月　　日

8 | 5 ◎…訴訟対応の勘どころ

▶▶ 法規担当職員の役割

　自治体に訴訟が提起された場合の対応は、法規担当が中心となって進めていくことになります。具体的には、訴訟に関する対外的な窓口や、庁内における関係部署の取りまとめなどの役割です。

　法規担当に赴任されたばかりでは、期限がある中での慣れない裁判手続に困惑されることと思います。でも、内容証明のやりとりなど、事務的な手順の多くは定型的なものです。事案を担当した際は、訴訟期日を確認しながら、参考書を利用して知識を習得していきましょう。

　訴訟の具体的な対応は、訴訟代理人として顧問弁護士に依頼することが多いと思います。法規担当としては、原課と顧問弁護士との調整が主な仕事となりますから、裁判となった事案については、事実関係を正確に把握するとともに、関係法令を十分に解釈しておく必要があります。

　訴訟で主張の裏付けとなるものが証拠です。時系列で事実関係を整理しながら、必要な書類等を集めていくことになります。また、答弁書や準備書面を作成する際には、参考になる判例など、法解釈の裏付けとなる資料を集める必要もあります。

　なお、原課にとっても、法規担当や弁護士に任せて訴訟対応は終わりではありません。具体的な法律に詳しいのは、弁護士より自治体の担当職員であるはずですし、政策的な判断に基づく的確な主張をするためには、原課が主体的な判断を行う必要があるからです。

▶▶ 訴訟対応のポイント

　訴訟は、事実関係と、その内容に関する法的解釈に関する確認を経ながら進行していきます。

　争点が法律解釈に限定される訴訟も稀にはありますが、事実認定から争いになっているものがほとんどです。逆にいえば、事実認定によって結論がほぼ決まるような訴訟も少なくありません。

　なお、いったん主張したことを後から訂正するのは大変な作業になります。「原課の感想や評価が事実に混じっている」又は「原課なりの判断で自治体が有利になるよう事実が曲げられている」ようなことがないよう、ヒアリングの際は、緻密かつ正確に事実を把握する必要があります。

　また、自治体への提訴は、代理人としての弁護士を置かず、原告自らの提訴による本人訴訟が少なくありません。相手方が訴訟事務に不慣れな場合は、自治体側もその対応に困惑することがあります。

　そのような場合は、原課の意図が相手に対して正確に伝わっていない場合もありますので、裁判官による訴訟指揮に従いながら、法律論よりは、行政活動の妥当性について相手方の理解を求める展開に重点が置かれることになります。

▶▶ 兆候を見逃すな

　自治体が訴訟を提起する場合を除いて、訴訟は訴状が送られてきたときから始まります。いきなり届いた訴状に少なからず戸惑うかと思いますが、事前に何らかの兆候はあるものです。

　行政処分の取消しや損害賠償を求める訴訟は、以前から原課が相談に訪れていることが多いでしょうし、住民訴訟であれば、公文書に関する情報公開請求が行われた上で、その内容について住民監査請求が行われていることと思います。

　訴訟の提起に結びつく可能性があるような動きに関しては、アンテナ

を高くして情報の収集に努めましょう。

▶▶ 議会の議決

　自治体が訴えを提起する場合は、議会の議決が必要です（法96条1項12号）。議決を欠くときは、その行為は、原則として無効となります。

　「訴えの提起」には、第1審の訴訟の提起のみならず、上訴の提起も含まれますので、議決を経て訴訟を提起したときは、訴訟が上級審に係属しても、改めて議会の議決を経る必要はありません。

　一方で、訴えに対し自治体が応訴する場合は、議会の議決を要しません。ただし、応訴の結果、その判決に不服があり上訴する場合は、議会の議決が必要です。

　訴訟の提起を行うとき、また、応訴に関して上訴する際は、訴訟期日を確認の上で、議案の準備を進めなければいけません。

▶▶ 調停の取扱い

　裁判所の敷居が低くなることに伴って、「調停」の件数も増えています。

　調停とは、訴訟とは異なり、裁判官のほかに一般市民から選ばれた2人以上の調停委員が加わって組織した調停委員会が当事者の言い分を聴き、当事者間の合意によって解決を図る制度です。訴訟ほど手続が厳格でないため、利用しやすい利点があります。

　相手方が本人による調停では、自治体側も代理人である弁護士を依頼せず、職員が直接対応する自治体も少なくありません。

　政策的判断について上司と相談しながら、必要に応じ、手順について弁護士に意見を聴くのは、訴訟の場合と同様です。

8|6 ◎…訴訟の種類と裁判の流れ

▶▶ 主な訴訟の種類

　自治体を巡る訴訟の類型は、いくつかありますが、その主なものは、次のとおりです。

①損害賠償請求訴訟

　国家賠償法に基づき損害賠償を求める訴訟です。国家賠償法に基づく訴訟は、行政事件訴訟ではなく、民事訴訟として扱われます。

■国家賠償法 (昭和22年法律第125号)

第1条　国又は公共団体の公権力の行使に当る公務員が、その職務を行うについて、故意又は過失によつて違法に他人に損害を加えたときは、国又は公共団体が、これを賠償する責に任ずる。

2　（略）

第2条　道路、河川その他の公の営造物の設置又は管理に瑕疵があつたために他人に損害を生じたときは、国又は公共団体は、これを賠償する責に任ずる。

2　（略）

　1条1項の「公務員」は、国家公務員法・地方公務員法に規定する公務員に限定されません。民間事業者であっても、その事務に関する公権力性の度合に基づいてその適用が判断されます。

　営造物の設置管理責任が問われる2条1項では、「故意又は過失」が賠償の要件ではないことに注意してください。無制限に施設の管理責任を認めるものではありませんが、1条1項に比べ、損害賠償に関する要

241

件のハードルが低いことになるからです。

②行政処分取消訴訟

　行政庁の処分その他公権力の行使にあたる行為の取消しを求める訴訟です。開発行為を例に挙げれば、不許可に対し事業者から提訴されるものと、許可に対し周辺住民から提訴されるものが想定できます。また、情報公開請求に対する非公開・一部公開の決定を巡って提訴される例は、全国でも少なくありません。

　行政処分が行われて一定期間が経過すると、私人側からは取消訴訟によってその効力を争うことはできなくなります。これを「不可争力」といいます。

③住民訴訟

　自治体の公金支出や契約等について、原則として1年以内に住民であれば、誰もが監査委員に対して住民監査請求を行うことができます（法242条1項・2項）。住民監査請求の結果や勧告に不服がある場合等に、提起することができるのが住民訴訟です（法242条の2）。

　法242条の2第1項各号に定めるところにより類型が分類され、「差止請求（1号請求）」、「行政処分の取消し又は無効確認請求（2号請求）」、「怠る事実の違法確認請求（3号請求）」、「行為者に対して損害賠償等の請求をするように、自治体等に求める請求（4号請求）」があります。そのうち事例が多いのは、4号請求です。

▶▶ 行政救済と訴訟の類型

　違法不当な行政活動に対して求める救済を「行政救済」といいます。この行政救済は、行政行為に基づく損害の埋め合わせを求める「国家保障」と、行政行為の是正を求める「行政争訟」に分かれます。

　これらのうち国家保障は、違法行為を原因とした場合の「国家賠償」（前記①の根拠になるものです）と、適法行為を原因とした場合の「損失補償」に分けられます。

　もう一方の行政争訟は、行政機関に対する「不服申立て」と、裁判所に対する「行政訴訟」に分けられます。

前記②の行政処分取消訴訟は、行政事件訴訟法で定める「抗告訴訟
（３条）」のうちの１つです（同条２項・３項）。同条が定める抗告訴訟
には、ほかにも「無効等確認訴訟（４項）」、「不作為の違法確認訴訟
（５項）」、「義務付け訴訟（６項）」、「差止訴訟（７項）」があります。

　また、同法が定める行政事件訴訟の類型には、抗告訴訟のほかにも
「当事者訴訟（４条）」、「民衆訴訟（５条）」、「機関訴訟（６条）」があり
ます。前記③の住民訴訟は、民衆訴訟の１類型です。

　これらの類型の中には事例が少ないものもあり、そのすべてについて
ここで説明することは避けますが、法規担当にとっては必要な知識で
す。徐々にでよいですから、参考書を読んで理解の幅を広げてくださ
い。

▶▶ 裁判の流れ

　裁判では、原告が訴状を提出すると、その副本が相手方へ送付されま
す。訴状の副本に同封された口頭弁論期日呼出状には、第１回口頭弁論
期日として、訴状を受け取った日から約１か月後の日が指定されます。
ただし、案件によっては、口頭弁論期日が指定されず、当事者が対席し
て（原則として非公開）、争点の整理を行う「弁論準備手続」が進めら
れる場合があります。

　被告は、第１回口頭弁論期日に先立って答弁書を提出します。答弁書
では、原告側の請求とそれを裏付ける請求原因事実に対して、どの部分
を認め、どの部分を争うのかの認否を行います。

　第１回口頭弁論期日では、訴状と答弁書がそれぞれ陳述されます。そ
の後は事実関係や法律解釈について、準備書面のやりとりを経て、争点
を明らかにしていきます。争点とは、原告と被告の主張が違う点のこと
をいいます。

　時代劇でおなじみの「遠山の金さん」は、北町奉行（裁判官！）とい
う身分を隠して自ら情報収集に努めます。しかしながら、通常の訴訟
は、争点を巡る互いの主張について法的な解決を図るものです。した
がって、訴訟の場で主張するにあたっては、必要な証拠と意見の裏付け

を提示する必要があります。

　口頭弁論の進行ですが、実際は、書面の確認と次回の日程の確認がほとんどです。裁判官からの「準備書面の内容を陳述しますか？」という確認に対し、同意することにより弁論を行ったこととされます。

　「準備書面」の名称は、本来は、陳述を行う「準備」のためであったのですが、上記のやり取りは裁判を合理的に進める工夫であるわけです。

　このような口頭弁論が何度か行われた上で、裁判所が、原告と被告の双方が主張しつくしたと判断すると弁論が終結し、結審に至ります。

▶▶ 判決言渡し後の処理

　結審後、判決の言渡しには約1か月後の日（案件によっては、もっと期間が取られる場合があります）が指定されます。

　判決は、確定すれば法的拘束力を持ちますから、直ちにその内容の受け入れ可否について検討しなければいけません。内容が受け入れがたい場合は、決められた期間内に上訴の準備を行う必要があります。

　案件によっては議会に内容を報告する必要があるでしょうし、社会的な注目を集めている事案であれば、報道向けの説明など広報活動も検討する必要があります。

　法規担当としては、必要に応じて、今後の手順について弁護士との相談を進めることになります。

8|7 ◎…訴訟を意識した
日常業務を

▶▶ 「訴えてやる」と言われた

　「訴えてやる、って窓口で言われたんだけど、普通に仕事をしていて
も裁判になることってあるの？」

　心配そうな顔をした原課の職員から相談を受けたことがあります。

　端的にいえば、法令に基づいて適正な事務を執行していても、訴えを
提起される可能性はあります。訴訟の提起は、憲法が保証する国民の権
利であるからです（32条）。

　ただし、訴訟の提起が可能であることと、その提訴が当を得ているか
は別問題です。また、その内容が、損害賠償請求なのか行政処分の取消
訴訟なのか、あるいは住民訴訟なのかで対応は変わってきます。

　上記の相談を受けた際は、その内容を確認し、事務の根拠と対応に問
題がなかったことから、心配はいらない、訴訟になっても全面的にバッ
クアップする、と回答しました。幸い、提訴には至らなかったようで
す。

▶▶ 職員個人に対する提訴

　事案がこじれた場合は、役所ではなく対応した職員個人を相手に損害
賠償請求の訴えが提起される例もあります。

　大阪府では、職員が職務上の行為で個人として損害賠償請求訴訟を起
こされた場合に関し、支援制度が整備されています（「職員等の職務上
の行為に係る損害賠償請求訴訟に係る弁護士費用の負担に関する規則」
平成21年4月施行）。これは、訴訟の遂行を弁護士に委任した職員の勝

訴が確定した場合に、その費用を補助金として交付するというものです。

　地方分権に伴い自治体の役割が大きくなる中で、そのような体制の整備も、これからは必要になっていくかもしれません。

　なお、損害保険である公務員賠償責任保険の種類によっては、訴訟に関する費用についてカバーするものがあります。

▶▶ 日常業務が「証拠」になる

　ある自治体では、訴訟の場で、隠し録りされた音声データが相手方の証拠として提出されたことがあったといいます。小型の機器で長時間の録音が可能な現在、そのような例は増えることが考えられます。

　情報公開請求に基づいて公開した行政資料が、そのまま相手の証拠として提出されることもあり得ます。訴訟の相手方だからという理由で、情報公開請求に対し不開示として取り扱う選択肢はないからです。

　このように見ると、私たちの日々の仕事は、その一つひとつが訴訟の際の証拠になりうることがおわかりいただけると思います。

　ただ、逆にいえば、法的な根拠に基づいて適切な事務を執行し、その内容を行政資料として正確に記録していれば、証拠として力強い後ろ盾になるということでもあります。

　自治体の職員は、日頃から「この対応や行政資料が、法廷に出ることがあるかもしれない」という緊張感を持って仕事にあたらなければいけません。

8 ◎…適正な行政手続

▶▶ 行政手続法（条例）の順守

　訴訟を意識した日常業務を、という意味では、事務そのものを適正に行っていくことも大切です。自治体が行った行政処分を巡って相手方と争いになったときに問われるのは、内容はもちろんですが、自治体がその事務を適正に執行していたかどうかです。

　許認可等に関しては、行政手続法（条例）により基本的なルールが定められています。同法（条例）は、行政機関に次のようなことを求めています。

　・許認可等の審査基準を定めること。

　・処分までに要する標準処理期間を定めること。

　・許認可等を拒否するときは理由を付記すること。

　・不利益処分の処分基準を定めること。

　・不利益処分をするときは理由を付記すること。

　・（一定の場合には）行政指導指針を定めること。

　もしも、不利益処分に際して、処分基準を定めていなかったり、理由を示していなかったりすると、行った処分が裁判で取り消される場合があります。なお、理由を示す際は、単に条項を示すだけでなく、十分に具体的である必要があります。

　したがって、行政手続法（条例）の理解と順守は、大変重要です。研修等の機会を通じて、担当課に浸透させたいものです。

▶▶ 2つの教示

　行政処分の通知文書には、基本的に2つの教示（相手への情報提供）が必要です。

①行政不服審査法の教示

　行政庁は、不服申立てをすることができる処分又は裁決をする場合には、その処分又は裁決の相手方に対し、不服申立てをすることができる旨、申立て先、申立期間を教示しなければなりません。

②行政事件訴訟法の教示

　行政庁は、取消訴訟を提起することができる処分又は裁決をする場合には、その処分又は裁決の相手方に対し、取消訴訟の被告とすべき者や出訴期間等を書面で教示しなければなりません。

　教示の具体的な内容は、審査請求に対する裁決後でなければ取消訴訟を提起することができないなどの類型に応じて異なります。また、やり方も、様式に組み込むことに限らず、別紙で交付するなどの方法も可能です。

　いずれにしろ、これらの教示は、相手方に適切な情報を提供し、権利利益の救済を得る機会を十分に確保しようとするものです。例規の審査においては、教示を漏らすことのないよう留意しましょう。

8|9 ◎⋯行政不服審査制度

▶▶ 行政不服審査制度とは

　「行政不服審査制度」とは、不許可処分や公文書の非開示決定などの行政処分に関し、裁判所における訴訟に代えて簡易迅速な救済を求めるため、行政機関に対し不服申立てを行うことができる制度です。

　行政救済を求める手段としては、行政事件訴訟法に基づく「行政訴訟」と行政不服審査法に基づく「審査請求」があり、原則としてどちらも行うことができます。ただし、行政処分の内容によっては、個別の法律の規定に基づいて、審査請求に対する裁決を経た後でなければ、訴訟を提起できないとするものがあります（地方税法19条の12など）。

　なお、審査請求自体は、対象となった処分の効力を停止させるものではありません。

▶▶ 審査請求の手順

　長の下級機関が「処分庁」である場合は、長が「審査庁」となりますが、自治体では処分庁と審査庁がともに長であることが少なくありません。また、市の福祉事務所が行った生活保護の決定に係る審査請求に対しては都道府県知事が審査庁になるなど、個別の法律の規定に基づく手順もあります（生活保護法64条）。

　審査請求の審理手続は、原則として、「審理員」（処分に関与していないなどの要件を満たす職員から、審査庁が指名する）が行います。ただし、教育委員会など行政委員会が審査庁である場合は、審理員が指名されない場合があります。

審理員は、審理手続の結果を「審理員意見書」として取りまとめ、審査庁に提出します。これを受けた審査庁は、原則として、第三者機関（行政不服審査会など）へ諮問を行い、これへの答申を受け、裁決を行います。

手続きの主な流れ

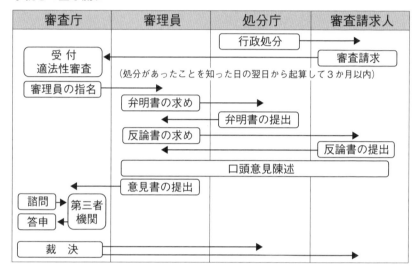

▶▶ 審査請求への対応

　平成28年に行政不服審査法が改正され、不服申立てが行いやすくなったことから、自治体が審査請求に接する機会は多くなりました。それでも、審査請求に接した際は、対象となる行政処分を行った原課には、少なからず戸惑いがあると思います。

　原課から法規担当に相談があった際は、関係法令を確認の上、必要な手順に応じ、適切な助言を行えるようにしましょう。

8|10 ◎…情報公開制度の対応

▶▶ 情報公開の原則

　情報公開の原則は、「出せない理由がないものは出す」ということです。「出す・出さないは行政が（総合的に）判断する」という考え方は誤りです。「出したくないから」という理由が通用しないことはいうまでもありません。これは出せない、というものであれば、非公開の条項のいずれかに当てはまるはずです。この原則は、情報公開条例の条文からすれば明らかなので、事務・事業の担当課には、誤解がないよう、日頃から周知を図りたいところです。

▶▶ 事例にあたる

　情報公開を巡っては、制度の開始から年月を重ねており、これまでに国・自治体の情報公開審査会の答申、あるいは判決といった形で、さまざまな事例とその判断が蓄積されてきています。

　情報公開の可否は、出せない理由があるかどうかであり、各自治体の条例の規定に照らして判断することになりますが、非公開の規定に該当するかどうか悩ましいこともあります。そのような場合には、過去の答申や裁判例から類似の事例を探して参考にするとよいでしょう。直接合致する事例がなくても、どのような主張が通り、どのような主張が通らなかった、という感触は、きっと参考になるはずです。また、日頃から、情報公開関連の情報誌を精読したり、新たな答申や裁判例を集めたりすることも望まれます。

▶▶ 「おそれ」とは

　情報公開の可否の判断にあたって特に難しいのは、不利益や支障等の「おそれ」の有無です。「おそれ」があるというには、一般論としては、ある程度の蓋然性が必要であり、抽象的な危険性では足らない、といわれます。

　とはいえ、その見立ては、主張する人によって開きがあることも少なくありません。行政側としては、「おそれ」の有無の判断について、不服申立てや裁判になっても耐えられるように、丁寧に検討しておくことが求められます。仮に、類似の裁判例では異なる判断があったとしても、事案が異なれば、また、その自治体を取り巻く環境に違いがあれば、違った結論もあり得ますので、しっかりとした立論をしましょう。

▶▶ 運用の改善

　情報公開の制度が定着してきたことで、運用の改善の動きも見られます。最近では、頻繁な大量請求や公開決定後の受領遅滞について、一定の定めを置く例が見られるところです。また、企業のノウハウに関するものについて、あらかじめ非公開の取扱いを明記するといった運用上の工夫も見られます。予防的法務の観点から、制度のアップデートを提案することも、法規担当にできることのひとつでしょう。

▶▶ 行政不服審査制度の特例

　行政不服審査法は、条例に特別の定めを置くことで、審理員を置かないことを可能としており（9条1項ただし書）、自治体によっては、開示決定等に対する審査請求について情報公開条例にその旨を定め、別途、有識者等からなる「情報公開審査会」を置いています。これは、インカメラ審理等の実施により、情報公開に関しては、事案における処分の適否が判断しやすいことなどが背景にあります。

ブックガイド・参考文献

■法規担当者にオススメのブックガイド

基礎知識の習得に役立つ書籍をご紹介します。

【法律知識】

○自治体法務検定委員会編『自治体法務検定公式テキスト　基本法務編』（第一法規）

○自治体法務検定委員会編『自治体法務検定公式テキスト　政策法務編』（第一法規）
　→検定テキストという内容を超えて、参考書としてもわかりやすい。

○法制執務用語研究会『条文の読み方（第2版）』（有斐閣）
　→お値段安く、内容も充実。

○吉田利宏『元法制局キャリアが教える　法律を読む技術・学ぶ技術（改訂第4版）』（ダイヤモンド社）
　→法律入門書のベストセラー。読みやすく、わかりやすい。

○長野秀幸『法令読解の基礎知識（第1次改訂版)』（学陽書房）
　→初心者向けのわかりやすい記述。

【法制執務】

○法制執務研究会編『新訂　ワークブック法制執務（第2版)』（ぎょうせい）
　→国家公務員の法制執務バイブル。自治体の法規担当職員も必携。

○石毛正純『法制執務詳解（新版Ⅲ)』（ぎょうせい）
　→全国の自治体に絶対ある1冊。付箋を立てまくり、背表紙がボロボロになるまで読むこと。

○吉田利宏『新法令用語の常識（第2版)』（日本評論社）

○吉田利宏『新法令解釈・作成の常識』（日本評論社）
　→自治体の例規についても説明があります。

○伊藤和之『基礎から分かる！　自治体の例規審査』（学陽書房）
　→例規審査の視点から、法制執務についてわかりやすく解説。

【公用文】

○小田順子『令和時代の公用文　書き方のルール』（学陽書房）
　→70年ぶりに見直された「公用文作成の要領」を解説。例文も多い。

○澤俊晴『通る起案はここが違う！　公務員の文書起案のルール』（学陽書房）

　→行政事務の基本である起案について、わかりやすく解説。

○工藤勝己『一発ＯＫ！　誰もが納得！　公務員の伝わる文章教室』（学陽書房）

　→悪い文章の修正例が具体的。「こう直せばよい」が一目瞭然。

【議会事務】

○地方議会運営研究会編『地方議会運営事典（第２次改訂版)』（ぎょうせい）

　→議会運営について迷ったら、最初に調べる本。

○野村憲一『いちばんやさしい地方議会の本』（学陽書房）

　→地方議会の制度と仕組みがわかりやすく解説されています。

【法律相談】

○石川公一『新　図解　自治体職員のためのトラブル解決事例集』（ぎょうせい）

　→事例を図解で分析し、わかりやすく解説。

○地方自治課題研究会編著『地方自治課題解決事例集（第４次改訂版)』（ぎょうせい）全３巻

　→「行政編」「人事編」「財務編」で構成されています。

■参考文献

　本書の執筆にあたっては、ブックガイドに挙げたほか、以下の書籍を参考にしました。

○松本英昭『新版　逐条地方自治法（第９次改訂版)』（学陽書房）

○松本英昭『要説　地方自治法（第10次改訂版)』（ぎょうせい）

○村上順・白藤博行・人見剛編『新基本法コンメンタール　地方自治法』（日本評論社）

○地方自治制度研究会編『地方自治関係実例判例集』（ぎょうせい）

○兼子仁・北村喜宣・出石稔共編『政策法務事典』（ぎょうせい）

○北村喜宣・山口道昭・出石稔・礒崎初仁編『自治体政策法務――地域特性に適合した法環境の創造』（有斐閣）

○田中孝男・木佐茂男編『新訂　自治体法務入門』（公人の友社）

○田村泰俊・千葉実・吉田勉編著『自治体政策法務』（八千代出版）

○石川公一『実践政策法務――地方行政における「法」とは』（ぎょうせい）

○山本庸幸『実務立法技術』（商事法務）

○林修三『法制執務』（学陽書房）

○上田章・笠井真一『条例規則の読み方・つくり方（第2次改訂版）』（学陽書房）

○ぎょうせい法制執務研究会編著『全訂 図説 法制執務入門』（ぎょうせい）

○大島稔彦編著『法令起案マニュアル』（ぎょうせい）

○大島稔彦監修『法制執務の基礎知識（第4次改訂版）』（第一法規）

○山本武『地方公務員のための法制執務の知識（全訂版）』（ぎょうせい）

○田島信威編著『立法技術入門講座2 法令の仕組みと作り方』（ぎょうせい）

○河野久編著『立法技術入門講座3 法令の改め方』（ぎょうせい）

○礒崎陽輔『分かりやすい法律・条例の書き方（改訂版（増補2））』（ぎょうせい）

○田島信威・高久泰文『よくわかる 条例審査のポイント——新版 市町村クリニック』（ぎょうせい）

○吉田利宏・いしかわまりこ『法令読解心得帖——法律・政省令の基礎知識とあるき方・しらべ方』（日本評論社）

○文書事務研究会編著『10日で身につく文書・政策法務の基本』（都政新報社）

○ぎょうせい編集部法制ソフト課編『実務相談 法制執務』（加除式・ぎょうせい）

○大塚康男『議会人が知っておきたい危機管理術（改訂版）』（ぎょうせい）

○中島正郎『議会実務ガイドブック（新訂）』（ぎょうせい）

○（財）地方自治研究機構「自治体法務研究2009年増刊号 自治体法務実例・判例集」（ぎょうせい）

○行政関係訴訟事務研究会編『地方公共団体の訴訟事務の手引——地方公共団体職員のための訴訟対策ガイド』（ぎょうせい）

○中邨章・牛山久仁彦編著『政治・行政への信頼と危機管理』（芦書房）

○成田頼明監修『指定管理者制度のすべて——制度詳解と実務の手引き（改訂版）』（第一法規）

○東京都地方財務実務研究会編著『地方財務実務講座5 財産及び公の施設』（ぎょうせい）

○実務地方自治問題研究会編著『Q&A 実務地方自治法——行政・財務』（加除式・ぎょうせい）

○月刊農業編集局編『これだけは知っておきたい 地方公務員のための消費税基礎知識』（ぎょうせい）

●著者紹介

塩浜　克也（しおはま・かつや）

千葉県佐倉市財政部財政課長
1968年生まれ。1997年佐倉市役所入庁。行政管理課、債権管
理課長等を経て、2022年より現職。主な著書に、『「なぜ？」
からわかる 地方自治のなるほど・たとえば・これ大事』（共
著・公職研）、『疑問をほどいて失敗をなくす 公務員の仕事
の授業』（共著・学陽書房）、『月別解説で要所をおさえる！
原課職員のための自治体財務』（第一法規）ほか。自治体学
会会員。地方行政実務学会会員。

遠藤　雅之（えんどう・まさゆき）

埼玉県八潮市健康福祉部長
1965年生まれ。1988年八潮市役所入庁。総務人事課、市民税
課長等を経て、2023年より現職。

自治体の法規担当になったら読む本〈改訂版〉

2014年 3 月20日　初版発行
2024年 4 月23日　改訂版発行

　著　者　塩浜克也・遠藤雅之
　発行者　佐久間重嘉
　発行所　学 陽 書 房
　　　　　〒102-0072　東京都千代田区飯田橋1-9-3
　　　　　営業部／電話　03-3261-1111　FAX　03-5211-3300
　　　　　編集部／電話　03-3261-1112
　　　　　http://www.gakuyo.co.jp/

　ブックデザイン／佐藤　博
　DTP制作・印刷／加藤文明社
　製本／東京美術紙工